고혜련의
지구촌 인문산책
Best 30

청소년과 함께하는 가족 여행

고혜련의
지구촌 인문 산책
Best 30

고혜련 지음

(주)제이커뮤니케이션

들어가며

깨달음을 위한 '방황 본능'

　인간 세상이 제아무리 어지러워도, 대자연 순환의 순리는 어김이 없다.
　마구 흔들리는 세상사, 인간 심성의 혹독한 겨울은 쉽게 떠나려 하지 않지만 여전히 세월이 흐르면 천지에 새싹이 돋고 꽃이 피어 세상을 다르게 만들어 낸다. 자연에 봄, 여름, 가을, 겨울 4계(界)의 변화가 있듯 인간사에도 그런 변화무쌍함이 있어 세상은 살아볼 만한 가치가 있는 것이리라.
　그 변화의 중심에 일탈과 설렘의 기쁨을 안기는 멋진 지구촌 여행이 있다.

　소싯적 교과서나 책에서 읽었던 역사의 현장을 바로 마주 서는 일은 가슴 뛰는 일이다. 책에서 보는 단편적인 세계 역사의 지식이 맥락을 타고 현실에서 되살아나는 일은 자신이 몸담고 있는 한 지역을 넘어 글로벌 시대, 세계 시민으로 발돋움하게 하는 그야말로 개인 역사의 서사가 새로 열리는 길이다.

지구 곳곳을 스쳐 지나간 다양한 역사와 문화는 우여곡절의 지구촌 사람들에게 우리의 선조들이 험난한 세상을 어찌 살아냈는가를 말없이 전해준다. 우리 일상의 삶 터에서 일탈해 지구촌 이웃들의 삶을 엿보는 기회는 다양하면서도 또 다른 드넓은 시야를 열어준다. 아름다운 산천의 풍광 속에서, 강요당하지 않고, 쫓기는 일 없이 스스로 깨달아, 보다 성숙하고 지혜로운 자세로 살아내라고 은근하게 일러준다. 생명이 없는 건물이나 장소에도 이야기가 덧입혀지면 마치 생물처럼 때론 정겹고 연민의 정이 솟게 하는 다른 느낌으로 다가온다.

우리는 늘 떠나고 싶어 한다. 인간은 주어진 생명이 붙어있는 한 살아내기 위해 끝없이 움직여야 하는 생명불식(生命不息)의 존재라고 하지 않던가.

여행은 주어진 일상에서 벗어나 휴식과 즐거움을 위해, 내 자리가 아닌 타 지역으로 이동하면서 새로움을 접하는 기회인 것이다. 그 변화 속에서 부지불식간의 깨달음과 안식, 그리고 호기심을 충족 후 제자리로 돌아와 보다 원숙하게, 다시 생기발랄하게 감사하며 살아낼 기운을 얻는 존재인 것이다.

여행을 위한 움직임은 단지 육체만의 것이 아니다. 마음과 정신이 함께 겪는 것. 새로운 것을 보고 그 다름을 즐기는 것을 넘어 내 안에 충만한 화학적 반응을 일으키는 일이다.

새로운 미지의 세계에 깃들어 사는 다른 생명체들과 문화를 찾아 나서는 일은 모험이요 도전이다. 그래서 여행을 뜻하는 '트래블(Travel)'이라는 단어의 어원이 어미가 출산할 때 겪는 산고(産苦)의 고통을 뜻하는 라틴어, '트라베일(Travail)'에서 유래됐다 하지 않는가. 물론 문명의 발달로 여행길의 육체적 고통은 많이 줄었다. 다행이며 아니기도 하다.

여행의 기반이 되는 모험과 탐구심은 조물주가 인간의 몸에 넣어준 본능이다.

여행의 역사는 수천 년 세월을 거슬러 올라간다. 인류는 제 앞에 디딜 땅이 나타나는 한, 부지런히 달려가고, 쪽배를 만들어 타고라도 그 끝을 점유하고야 마는 유전자를 지니고 있다. 고대 세계사를 보더라도 이미 수천 년 전에, 힘들지만 새로운 것을 겪은 여정의 경험을 후손에게 전달하려 애쓴 흔적이 보인다. 그렇게 해서 인간은 투지의 생존과 번식을 해왔다.

광대무변한 자연 속에서 영육의 자발적 경험을 통해 생존의 지혜와 깨달음을 터득한 인간은 그런 신비롭고 흥겨운 여행의 마력에 이끌려 또 다른 여행길에 나서곤 한다. 여행길에서의 갑작스러운 깨달음으로 인생 여정이 다른 길로 들어서게 된 필자의 경험이기도 하다.

"여행의 최종 목적지는 장소가 아니라 사물을 바라보는 새로운 시야를 갖는 것이다.", "인간은 지향이 있는 한 방황한다"라고 갈파한 선인들의 말을 되새기며 오늘도 나는 이웃들에게 어서 떠나라고 부추긴다. '만권만리(萬卷萬里)'라는 격언도 있지 않은가. 태어나 죽을 때까지 만권의 책을 읽고 만리를 다녀봐야 비로소 인간 세상을 제대로 알게 된다는 말이리라.

시간이 많지 않다. 크고 높게 또 멀리 내다보면 우리에게 주어진 시간은 결국 한순간에 불과하다. 과거와 미래를 잇는 현재라는 시간에 주어진 유효기간 보증서는 없다.

세상사 무엇이든 시들하고 무감각하게, 시간을 눅진하게 깔아뭉개지 말고 주어진 시간을 감사하며 아끼자. 우리보다 앞서 떠난 이들이 그렇게 살고 싶어 했고 꿈꾸었던 미래가 우리 앞에 매일 축복인양 펼쳐지고 있다. 한번 잃으면 다시는 되찾을 수 없는 게 생명이요 인생이니 어서 만끽하자는 얘기다.

자주 여행에 나선다는 어느 작가는 그의 저서에서 "책도 여행 장소도 읽고 보는 나이·상황·깊이·횟수에 따라 감상이 달라진다. 사람이 보이면 그 장소에 그 인간의 영혼이 스며들어 장소는 꿈 깨듯 살아난다"고 말한다. 그의 얘기처럼, 문필가들의 번득이는 글을 보면 그 안에는 여행과 방랑으로 인한 설렘과 삶의 변화, 사랑과 환희, 번뇌, 깨우침 등이 거의 공식처럼 얽혀들어 있음을 발견하게 된다.

어느 곳으로 발동을 걸든 그 나라의 역사와 그 안에 담긴 사람과 문화에 대한 기본 지식들을 알고 떠나자는 것. 그래야 더 많은 것을 익히고 느끼고 공감해 완전히 내 것으로 소화할 수가 있다. 평범하지만 그게 진수(眞髓)다.

무언가를 제대로 알기 위해선 그 밑거름이 필요하다는 것! '아는 만큼 보인다'는 말은 지나치지 말아야 할 격언이다. 일단 나에게 확신을 주는 작은 실천으로 나 자신을 응원할 것.

왜 그들의 역사가 그렇게 흘러가 오늘의 그 나라들과 세상을 바꾸었는지 그 전후 사정을 알고 떠나자. 인간은 수천 년 전 창조주의 존재를 찾고 신권(神權)을 어떻게 행사했으며 왕권을 견제하기 위한 신권(臣權)은 어떻게 작동했는지, 영속할 듯 막강했던 사치스러운 왕가는 왜 무너져 산산조각이 됐는지 알아야 그 화려한 궁전 속 인간사 애환이 처절하게 느껴지는 것이리라. 또 왜 그 쟁쟁한 작가와 음악가들이 그곳에 매달려 전 세계 후세 사람들을 울리게 됐는지는 결코 우연의 산물이 아닌 것이다. 인류 문명의 발상지는 현재 어떤 모습으로 변했는지 궁금하지 않은가 말이다.

여행을 제 삶을 지탱하는 3대 축의 하나로 세워놓고 시간 되는대로 지구촌 곳곳을 주유(舟遊) 중인 필자가 꼭 보아야 할 장소들을 선별했다. 지면 사정상 나머지 추천 장소들은 다음 편에 실을 예정이다. 여러분이 동행하는 사랑스러운 가족들과 친구들이 여행지에서 함께 더 많은 것을 느끼고 얻을 수 있게 부디 잘 읽어주길 바라는 마음 가득하다.

"여행에서 깨달음을 얻어 돌아오고 싶다면 지식을 몸에 지니고 가야 한다"는 새뮤얼 존슨(Samuel Johnson. 1709~1784, 영국의 시인이며 평론가)의 얘기가 가슴 깊이 다가온다. 절대 그냥 한 말이 아닌 것이다.

※ 이 책은 2023~2024년 월간중앙에 연재된 원고들을 기반으로, 인문기행에 꼭 필요한 지역만을 선정해 필히 알고 떠나야 할 내용들을 소개하고 있습니다.
※ 지난 2023년 말에 발간된 《고혜련의 지구촌 여행 - 생생인문산책 1》, 즉 동일 저자의 첫 번째 기행서적은 저자가 여행하며 겪은 개인적 경험에 보다 중점을 두고 있습니다.

목 차

● **들어가며**　깨달음을 위한 '방황 본능'　004

제1부

멋진 가족 여행을 위한 첫걸음

- 자 떠나자, 일탈의 기쁨 속으로　　　　　　　　　　　　022
- 왜 '인문기행'인가?　　　　　　　　　　　　　　　　　029
- 청소년기 자녀에게 주는 가장 값진 선물, 가족 여행　　　034

제2부

그곳에 가고 싶다

1. 에베소 - 튀르키예　　　　　　　　　　　　　　　　　042
　○ 2천 년 전 우상 숭배 본거지에서 신약성경을 써낸 최고의 복음자리
　　▶ 예수 체포에 앞장섰던 로마 핍박자에서 숭배자로 변신한 사도 바울의 복음화 전진 성지. 신약성경 전체 27권 중 절반인 13권이 만들어진 곳.
　　▶ 세례 요한과 성모 마리아가 말년에 죽음을 맞이한 곳.
　　▶ 에베소는 아스라한 세월의 숨결을 담아놓은 '시간 저금통장'. 고대 최고의 켈수스 도서관과 거대한 야외음악당, 환락가, 세례 터와 화장실 살펴보기.

- ▶ 에게 해 연안 중심 도시로 아르테미스 여신 등 우상 숭배의 본거지.
- ▶ 주변에 2백여 개의 공동체가 자리한 지중해 3대 상업 도시 중 하나.

2. 프라하 - 체코　　　　　　　　　　　　　　　　　　　053
○ 보헤미아 왕국의 중심지, '동유럽의 파리'
- ▶ 신성로마제국 황제 카를 4세가 위세를 떨친, 보헤미안 정신의 본고장.
- ▶ 끝없는 외세의 침입·억압·분노의 역사를 예술로 응축한 블타바 강변 수도.
- ▶ 체코의 민족음악가, 스메타나의 기일에 매년 열리는 '프라하의 봄 음악제', 그가 작곡한 '나의 조국'은 언제나 개막곡.
- ▶ 실존주의 문학의 선구자, 불세출의 문인 카프카와 밀란 쿤데라의 조국.
- ▶ '신세계 교향곡'으로 성가 드높인 드보르자크를 배출한 곳.
- ▶ 독일 서정시인 라이너 마리아 릴케의 출생지.

3. 피렌체 - 이탈리아　　　　　　　　　　　　　　　　064
○ 르네상스를 불러온 다빈치, 미켈란젤로 등 천재들의 요람
- ▶ '꽃의 도시', '예술의 도시'로 메디치가가 르네상스의 모태 역할을 한 곳.
- ▶ 레오나르도 다빈치, 미켈란젤로의 고향, B.C. 1세기의 격자형 계획 도시.
- ▶ 거대한 쿠폴라를 통해 중세 건축 기술의 놀라움을 보여주는 피렌체 랜드마크인 두오모 성당.
- ▶ 아르노 강가에서 여인에게 빠진 사랑을 '신곡'으로 승화시킨 단테의 고향.
- ▶ 이곳 태생인 마키아벨리는《군주론》을 써 메디치가에 헌정.

4. 론다 - 스페인　　　　　　　　　　　　　　　　　　076
○ 투우와 열정의 도시, 대문호 헤밍웨이가 사랑한 도시
- ▶ 영혼을 뒤흔든 맹렬한 펀치를 찾아 헤매던 대문호 헤밍웨이가 강렬하게 집착한

곳. 헤밍웨이는 4년 동안 투우 1천여 회 관람하며 산간 마을 요새서 집필에 몰두.
- 명저《태양은 다시 떠오른다》,《위험한 여름》의 탄생지, 거주지도 실재.
- '론다의 양아들'로 불리며 그가 거닐던 산책로에 헤밍웨이 동상이 관광객 반겨.
- 피 튀기는 투우사의 붉은 망토와 방랑자의 혼을 빼는 플라멩코 아직도 건재한 투우 발상지.

5. 시안 - 중국   088
○ 중국 고대 13개 왕조의 도읍지이자 실크로드의 출발지
- 불로장생을 꿈꾼 진시황의 무덤, 죽은 자의 호위부대 병마용갱 볼거리.
- 당나라 현종과 양귀비의 불륜 러브 스토리가 숨 쉬는 온천욕장·연못 등도 인기. 현종을 몰락시키고 양귀비가 자결하게 만든 최측근 신하 안록산의 난이 터진 곳.
- 중국 공산당이 기사회생하고 장개석이 몰락한 단초 제공, 시안사변의 발생지.
- 중국 2천 년 역사가 살아 숨 쉬는 곳, 13개 왕조의 도읍지에 실크로드의 출발지였던 중원(中原)의 수도.
- 시진핑 주석 부부의 출생지로 인구 증가 중인 현재 '일대일로' 중심지.

6. 아테네 - 그리스   100
○ 전 인류의 박물관, 민주주의의 발상지, 서구 문화·문명의 뿌리
- 아크로폴리스 언덕에 지은 파르테논 신전은 유네스코에서 지정한 세계문화유산 제1호. 유네스코 심볼 로고도 파르테논 신전 형상화.
- 고내 아고라는 B.C. 6세기부터 아테네의 정치·경제·문화 중심지, 수도, 배수시설 조성 후 광장 중심으로 신전과 상점, 시장, 법원 등 조성. 철학자 소크라테스, 플라톤, 아리스토텔레스 등이 연이어 이곳에서 토론 활동.
- 소크라테스가 독약을 받고 사망한 석굴 감옥도 여전해 이목 집중.
- 케라메이코스 박물관 구역 절반은 B.C. 5세기의 무덤 1천여 개가 발굴.

7. 프랑크푸르트 – 독일   113

○ 세기를 뛰어넘은 대문호이자 불세출의 천재, 괴테의 고향

▶ 중부 유럽의 관문, 독일 정신의 상징이며 우상인 '괴테'가 태어나 자란 곳.

▶ '파우스트'와 '젊은 베르테르의 슬픔'을 쓴 괴테의 생가와 박물관이 유명. 생가 근처에 그가 세례받은 교회, 동상, 산책로 등이 있어 관광객 발길 이어져.

▶ 세계 98개국에 그를 기리는 괴테 인스티튜트 159개소 설치. 한국은 경기 여주에 괴테 마을 조성 중.

8. 잘츠부르크 – 오스트리아   125

○ 모차르트가 살아 숨 쉬는 음악과 축제의 도시

▶ 음악의 신동 모차르트 생가가 있고 연중 4천 회 이상의 음악축제가 열리는 곳. 그의 모습을 담은 초콜릿 등이 반기는 소금의 도시.

▶ 걸작 영화 '아마데우스'의 배경지. 2인자 콤플렉스 지칭하는 '살리에리 증후군'이란 말 낳아.

▶ 아름다운 정원이 백미인 미라벨 궁전이 소개된 영화 '사운드 오브 뮤직'의 촬영지.

▶ 성탄 캐럴 '고요한 밤 거룩한 밤'의 탄생지.

9. 쿠스코 – 페루   138

○ 세상에서 사라진 잉카 제국의 찬란한 고도, 마추픽추

▶ 마추픽추는 '신(新) 세계 7대 불가사의' 중 하나, '잃어버린 공중 도시', '태양의 도시'로 불려. '세상 한가운데 배꼽'으로 불리는 페루 쿠스코는 시간과 공간을 초월한 신비가 가득한 곳.

▶ '비밀의 도시' 산꼭대기 1천여 명 원주민들, 1백여 명의 노인과 처녀 생매장 후 어디로 사라졌는지 시신 발굴 후 1백여 년이 지나도 아직 미스터리.

▶ 경사도 50도 넘는 산등성이에 조성된 무수하고 정교한 건축물들.

▶ 계단식 밭, 염전지대 수준에 탄성이 절로. 시간이 정지한 듯한 '느린 여행'이 상상의 나래 펴게 해.

10. 부다페스트 - 헝가리 150
○ 다뉴브의 진주, 유럽 최고의 야경을 뽐내는 곳

- ▶ '아름답고 푸른 다뉴브 강'의 전설, '헝가리언 랩소디'의 멜로디가 마음을 사로잡는 곳.
- ▶ 피아노와 작곡의 거장 프란츠 리스트와 '세계 신문왕'으로 권위 있는 퓰리처상을 제정한 조셉 퓰리처의 출생지. 노벨상 수상자 17명 배출한 과학기술 강국.
- ▶ 박물관과 미술관으로 쓰이는 부다 왕궁, 헝가리 최초 기독교 국왕을 기리는 이슈트반 성당은 국왕의 거대한 묘소. 헝가리인들은 우랄알타이어족으로 한국과 유사점 많아.
- ▶ 부다페스트에 있는 120개 야외온천장도 주목거리. 1913년에 세워진 유럽 최대 복합온천 단지인 세체니 온천은 지하 1.2km에서 끌어올린 섭씨 76도의 지하수가 인기.

11. 코펜하겐 - 덴마크 161
○ 안데르센의 숨결이 살아있는 동화의 땅이자 상인의 항구

- ▶ '인어공주'의 저자 안데르센, 실존주의 철학자 키르케고르의 나라. 바닷가 뒤하운 항구에 안데르센이 살던 집과 '인어공주' 동상, 구경거리.
- ▶ 셰익스피어 '햄릿'의 배경 무대, 시간을 초월한 생명력 가진 예술혼들 살아 숨 쉬어.
- ▶ 1인당 GDP 7만 달러 자랑하는 강소국, 레고의 발상지.
- ▶ 세계적인 놀이공원, 디즈니랜드의 모델이 된 '티볼리 가든'의 탄생지.

12. 로마 - 이탈리아 174
○ 기원전부터 전 인류의 자랑거리. 모든 예술의 발상지

- ▶ '모든 길은 로마로 통한다'는 도시 전체가 문화유산으로 지정된 인류의 보물. 2천년 전 240개 출입문 세트를 만들어 레고 블록처럼 연결 완성한 4층 높이의 조립식 원형경기장 로마 콜로세움.

- 유럽에서 가장 아름다운 분수, 바로크 양식의 트레비 분수 자랑거리.
- 르네상스 문화의 중심지로 미켈란젤로, 라파엘로, 브라만테 등 거장들이 몰려들어 교황을 위한 예술 활동 펼쳐.
- 1953년 초연돼 세계적인 히트를 친 영화 '로마의 휴일'은 아직까지 로마의 최고 홍보대사.

13. 두브로브니크 - 크로아티아   186
○ 하나님이 숨겨놓은 '신의 정원'을 품은 아드리아 해의 보석

- '신성한 아름다움이 빼어난 플리트비체 호수공원에 탄성 연발. 원시림 속 16개의 청록색 호수가 90여 개 폭포를 담아내 장관.
- 영화 '아바타'의 배경으로 각광받아 '요정의 숲', '인간을 겸허하게 만드는 곳'이라는 찬사 쏟아져.
- 외부 침략자 방어용인 성벽 위 길을 산책하며 5개의 요새와 16개의 탑도 감상.
- '유럽의 화약고'라는 오명과는 거리가 먼 두브로브니크 천상의 풍경이 환상적.
- 3세기 로마 황제가 여생을 위해 아드리아 해, 스플리트 근교에 호화 궁전을 지은 '황제의 도시'이자 '휴양의 도시'.

14. 오슬로 - 노르웨이   197
○ 피오르의 장엄한 절경 속 빛나는 도시

- '세계 최장 협만에 도열한 송네 피오르 등의 장엄한 절경. 끝없이 펼쳐져 바람에 휘날리는 하얀 자작나무숲은 눈부신 조물주의 예술혼이 담긴 작품.
- 유럽 현대 미술의 대표주자, 표현주의 선구자로 '절규'를 그린 화가 에드바르트 뭉크의 나라.
- 민족주의 작곡가 그리그의 '솔베이지의 노래'가 플롬 산악열차 안에 울려 퍼져.
- 희곡작가 헨릭 입센의 탄생지, 남·북극 탐험 선구자 난센과 아문센의 조국.
- 매년 말 노벨평화상이 수여돼 세상의 주목받는 곳.

15. 기자와 룩소르 - 이집트　　　　　　　　　　　　　　　　206
○ 피라미드와 스핑크스, 신전, 왕가의 계곡과 장례 사원, 오벨리스크

- ▶ 4대 문명 발상지인 나일 강 하류. 4천5백 년 전 고대 왕조 유물들 가득. 광활한 모래밭 한가운데 자리한 3개의 피라미드는 도전적이고 위협적.
- ▶ 세계 최고·최상의 보물창고인 이집트 박물관에는 신전이나 파라오에서 찾은 유물 10만여 점 보관돼 인류·고고학 발전에 큰 기여.
- ▶ 기자 근처 사카라 고고학 지구에는 왕족과 귀족들의 무덤이 있는 장례 사원이 볼거리.
- ▶ 룩소르에는 왕가의 계곡 자리 잡아. 룩소르 신전은 B.C. 14세기 건립한 것으로 제19왕조 람세스 2세의 오벨리스크가 자리.

16. 베네치아 - 이탈리아　　　　　　　　　　　　　　　　215
○ 나폴레옹도 감탄한 '유럽의 응접실', 지구촌 최고의 놀이터

- ▶ 15개 운하, 120개 섬을 400개 다리가 연결해 이룬 '아드리아 해의 보석', 서로마 제국 멸망 후 해상 무역으로 번창한 '물의 도시'.
- ▶ '동방견문록'의 저자, 마르코 폴로가 태어난 곳, 국제공항도 같은 이름.
- ▶ 카사노바가 노닐던 바다의 도시.
- ▶ 신약 마가복음의 저자 마가의 납골당이 안치된 산 마르코 대성당 유명.
- ▶ '이탈리아의 알프스'가 압권인 근처 돌로미티 산맥에서 봄철에도 스키 만끽.

17. 아를 - 프랑스　　　　　　　　　　　　　　　　　　　227
○ 비운의 천재 화가, 반 고흐가 병마와 싸우며 말년을 보낸 곳

- ▶ 고대 로마 제국 시대 번영했던 3대 도시 중 하나. 2천1백 년 전 건립.
- ▶ 2만5천 명 수용 가능했던 거대한 원형경기장. 로마 콜로세움과 유사.
- ▶ 35세의 고흐가 정신병에 입원해 광적으로 그림을 그린 '에스파스 반 고흐'. 고갱과의 불화로 귀 자르고 이곳에서 치료차 요양하면서 1년 반 동안 100여 점의 작품 탄생.

▶ 커피 애호가였던 고흐가 자주 들리면서 '밤의 카페 테라스' 그림에 담았던 노란색 '카페 반 고흐'는 아직도 영업 중.

18. 리스본 - 포르투갈　　　　　　　　　　　　　　　　　　　　238
○ 세계 지도를 확장한 모험의 땅, 대항해 시대의 본진

▶ 서유럽 땅끝마을 까보 다 로카, 대서양 절벽에 서다.

▶ '바다의 제왕'으로 불리며 거친 바다 탐험대의 전진기지 역할. 제로니무스 수도원 안에 인도 항로 발견자 바스쿠 다 가마와 애국시인 카몽이스의 유해 안치.

▶ 해양왕 엔리케의 통솔과 지원 아래 최초의 세계 일주 탐험가 마젤란, 아메리카 대륙 발견 콜럼버스와 아메리고 베스푸치 등의 활약상 눈부신 곳.

▶ 세계 3대 성모 발현지 파티마 대성당에 순례자들 몰려들어.

19. 산티아고 - 칠레　　　　　　　　　　　　　　　　　　　　　250
○ 세상에서 가장 긴 나라, 문화 강국의 수도

▶ 예수 열두 제자 중 첫 번째 순교자인 성 야고보에서 산티아고 도시명 유래.

▶ 독재 철권 휘두르며 경제 발전 이룬 '문제적 인간', 피노체트의 나라. 현재 대통령 집무실인 모네다 궁전은 쿠데타로 군인들이 당시 대통령 아옌데를 살해한 곳.

▶ 칠레 민중시인이자 노벨문학상 수상자인 시성(詩聖) 파블로 네루다의 나라.

▶ 산티아고 국제공항은 삼성전자 전시장인 양 온통 삼성 광고. '남미의 보르도'라 불리는 칠레산 와인 인기 치솟아.

20. 와이카토 - 뉴질랜드　　　　　　　　　　　　　　　　　　　261
○ 몽환적인 자연 풍경이 태곳적 세상을 상기시키는 화산지대

▶ 수만 마리 반딧불이가 동굴 속 밤하늘을 연출하는 뉴질랜드 북섬 와이토모 동굴 대단.

▶ '유황의 도시'로, 로토루아의 화산지대에 60개 온천 작동. 뜨거운 수증기 자욱해

- '지옥의 계곡' 연상시켜.
- ▶ 키가 100m 이상 솟구쳐 '살아있는 마천루'라 불리는 빽빽한 레드우드의 수목원 압권.
- ▶ 한국 6.25전쟁에 참전한 마오리족의 전통민속 쇼, 전통요리도 여행의 별미.

21. 스톡홀름 - 스웨덴　　　　　　　　　　　　　　　　　　　　272
○ 노벨상과 전설적 팝 그룹 '아바'의 도시
- ▶ 한해를 마감하는 매년 12월, 전 세계 이목이 쏠리는 노벨상 수여 도시. 노벨이 죽은 12월 10일 문학, 의학과 생화학, 물리학 등 6개 부문 수상자들에게 각각 1,000만 크로네 거금 수여.
- ▶ '댄싱 퀸' 등으로 1970~1980년대를 뒤흔든 아바의 태동지.
- ▶ 이케아, 볼보, 에릭손 등 우수 브랜드 줄줄이 탄생. 평화와 낭만의 복지 왕국.

22. 아시시 - 이탈리아　　　　　　　　　　　　　　　　　　　　284
○ 사랑과 헌신의 성자, 성 프란치스코의 향기가 짙게 밴 산간 마을
- ▶ 가난한 맨발의 이탈리아 성자가 태어나고 죽은 영혼의 안식처.
- ▶ 그가 노래한 '평화의 기도'가 세계인들 가슴에 안식, 평화, 사랑을 선사.
- ▶ 프란치스코를 추모하는 수도회 한국 포함 세계 곳곳에 설립돼.
- ▶ 구도의 삶 지향한 시인, 헤르만 헤세가 10년간 써서 헌정한 전기소설 돋보여.

23. 부에노스아이레스 - 아르헨티나　　　　　　　　　　　　　　　　296
○ 탱고가 흐르는 도시 한복판 거대한 레콜레타 '가택묘지'
- ▶ 묘지와 탱고, 그 극과 극의 공존 터, '남미의 파리', '죽은 자들의 마을'로 별명 붙은 도시, 수억대 가택묘지 수천 채가 관광자원 역할.
- ▶ 아르헨티나 수도 한복판, 부촌에 자리. '살아있는 자 모두 즐거워라', '죽음을 기억하라'는 교훈을 주는 곳.

- 여가수 출신 에바 페론 전 대통령 시신, 20년간 떠돌다 입주. 관광객들의 발길 이어져. 그녀의 이야기, 뮤지컬 '에비타'로 엮어져 히트.
- 활력 넘치는 시장 곳곳엔 '멈추지 않는 춤' 탱고 물결 거세. 탱고의 발상지인 라보카 지역 항구에는 탱고 추는 연인들로 활기 넘쳐.

24. 앙코르와트 - 캄보디아　　　　　　　　　　　　　　　307
○ 9백 년 전, 정글 속에 지은 세계 최대 불교 사원
- 정글 속에 묻혀 '유령 도시로 잊혀진 곳, 500년 후 발굴. 크메르인들이 돌로 만든 최대 사원. 총 2만6천여 평에 동서 길이가 1.5㎞ 남북이 1.3㎞에 이르는 거대 규모.
- 당시 거주 인구 100만 명 어디로 사라졌는지 아직도 미스터리.
- 유네스코가 지정한 세계문화유산 중 하나. '세계 7대 불가사의' 중 하나로 불림. 사원 앞 연못 둘레 5㎞ 길이의 해자(垓字)에서 보는 일출 풍경 장관.
- 1800년대 캄보디아를 보호령 삼은 프랑스, 상당수 유물을 루브르 박물관으로 옮겨 원성 자자.

25. 빈 - 오스트리아　　　　　　　　　　　　　　　　　316
○ 유럽을 제패한 합스부르크 왕가의 영광과 몰락의 비운이 담긴 곳
- 화려함이 극에 달한 왕가의 전성기를 보여주는 쇤브룬 궁전이 자리한 곳. '아름다운 샘물'이란 의미를 지닌 쇤브룬 궁전은 합스부르크 왕가의 여름 별궁.
- 대치 상태에 있던 프랑스 부르봉 왕가의 베르사유 궁전보다 더 웅대하고 화려하게 짓겠다는 목표 달성.
- 이곳에 걸어놓은 왕족의 초상화들이 거대 제국의 인맥과 그에 따른 문제를 드러내 줌.
- '결혼으로 만든 제국'. 이웃 나라와 전쟁 대신 혼맥을 형성, 전쟁을 피해감. 혈족들과 근친혼을 거듭하자 열성 유전자 폭발. 거듭되는 유산, 기형 및 저능아 출생으로 몰락 초래.

26. 우유니 - 볼리비아　　　　　　　　　　　　　　324
○ 해발 3,700m 산 정상에 자리한 광대무변의 소금사막
- ▶ 서울 9배 크기에 1백억 톤 소금 저장, 세계 리튬 매장량의 70% 차지.
- ▶ 남미 여행의 꽃, 여행자 버킷리스트 1위로 꼽혀.
- ▶ 각국 경제의 주요 변수로 작용한 라틴어 소금(Sal)에서 급여(Salary) 단어 유래.
- ▶ 과도한 소금세에 반발한 프랑스와 인도 시민들, 혁명과 독립운동으로 나라의 운명 바꿔.

27. 바르셀로나 - 스페인　　　　　　　　　　　　　　333
○ 신이 내린 건축가 '가우디'와 피카소, 미로, 달리의 작품 본향
- ▶ '신의 대리인'이라 불린 가진 가우디 작품 모두 세계문화유산으로 지정.
- ▶ 바티칸 교황청에서 가우디를 성인(聖人) 반열에 추대하기 위한 작업 중.
- ▶ 청소년 시절 이곳에서 머문 피카소의 박물관에도 관람객 줄 이어.
- ▶ 초현실주의 화가로 저명한 호안 미로· 살바도르 달리 미술관도 필수 코스.

28. 바티칸 시국(市國)　　　　　　　　　　　　　　347
○ 세계에서 가장 작은 나라, 영적 지배력은 세계 최고
- ▶ '카노사의 굴욕', 십자군 전쟁 등 역사 속에 세속 권력자 황제와 가톨릭계 대표 교황의 세력 다툼 결과 여실히 나타나.
- ▶ 예수가 "하늘나라 열쇠 주겠다"고 선언한 베드로를 반석 삼아 지은 세상에서 제일 작은 극소국가, 영향력은 가장 큰 곳.
- ▶ 약하고 가난한 이들의 성자 프란치스코 교황, 2025년 4월 별세, 장례식에 세계 정상 60여 명 참석.
- ▶ 새 교황 뽑는 콘클라베 통해 5월 초 레오 14세 선출; 세계 이목 집중.

29. 울란바토르 - 몽골　　　　　　　　　　　　　　　　360
○ 몽골의 영원한 황제, 칭기즈 칸의 혼이 살아있는 곳
- ▶ 13세기, 전 세계 반을 장악한 '무서운 정복자' 기념 공항과 지폐, 기마상이 곳곳에.
- ▶ 칭기즈 칸의 지도력, 천재적 용병술, 민첩하고 용맹한 말들의 합작품이 낳은 기적.
- ▶ 광활한 초원의 멋, 유목민의 문화, 음식, 기기묘묘한 풍광과 별빛, 무지개 환상적.
- ▶ 민주공화국으로 재기 후 옛 명성 되찾으려 발 빠른 변신, 광업과 관광업 발전 기대.

30. 헬싱키 - 핀란드　　　　　　　　　　　　　　　　372
○ 백야와 극야의 나라, 시벨리우스의 영혼이 숨 쉬는 곳
- ▶ 교향시, '핀란디아'로 뭉쳐 강대국 압제 탈피 후 복지 국가로 부상.
- ▶ 16만 개의 섬과 18만 개의 호수가 환상적, '사우나' 원조 나라.
- ▶ 세계적 캐릭터 '무민'을 탄생시킨 토베 얀손과 건축가 알바 알토를 배출한 디자인 강국.
- ▶ 지구촌 어린이들이 열광하는 '산타 할아버지'가 살아있는 곳.

● **나가며**　여행의 최종 목적지　384

제1부 ･････････････････････････････････▶

멋진 가족 여행을 위한 첫걸음

자 떠나자, 일탈의 기쁨 속으로

나는 나라 밖으로 멀리 떠나는 인천공항 출국장에 서 있는 내 상황을 가장 좋아한다. 입가에 저절로 미소가 번지고 몸무게도 훌쩍 줄어든 듯 실제 가뿐함이 느껴지기까지 한다. 인간의 정신이 육체를 지배한다는 말이 적확하게 들어맞고 이해되는 경우다. 왜일까? 스스로 의아할 때가 있다. 고개를 갸우뚱거리며 내가 가까스로 꺼내놓는 답은 '일상의 온갖 구속을 털어낸 탈출감 덕분'이다.

혹자는 언제 누가 당신을 어떻게 구속했냐고 물어오리라. 일상은 누구에게나 중압감의 총 집합체이다. 그게 일이든 보람이든 기쁨이든 희열이든 슬픔이든 그리움이든 나름의 무게를 던져준다. 일의 성취는 계속 지켜내야 하는 무게가 주어지고 기쁨 역시 곧 사라질 두려움에 안절부절못하게 만든다.

지금은 약속이나 한 듯 다들 하늘나라로 떠나신 부모님에 대한 그리움과 미안함, 회한이 고스란히 담겨 집안에 모셔져 있는 사진과 집기 몇 점들이 불현듯 수시로 나를 슬픔 속으로 몰아넣곤 한다. 때론, 소심하게 자신을 들볶는 나를 놓아주고 싶다.

물론 그 구속자는 나 자신이다. 과거 어느 시점의 가족, 친구, 이웃, 직장동료 등과 함께 내가 쌓은 경험이며 편견들일 게다. 공항 대합실에서 비행기를 기다리는 순간은 바로 새로운 공간으로의 탈출을 대기하는 시간인 것이다. 나의 기억과 현재의 일상을 잠시 따돌리는 그 시간과 낯선 공간 말이다.

그렇게 공항을 벗어나고 나면 비행기 안에서 내 주위는 일면식도 없는 낯선 사람들로 채워진다. 어쩌다 우연히 비행기 안에서 회사동료라도 만날 때면 내 매일의 일상이 어느새 다시 곁으로 다가와 일탈감에 제동을 걸어온다.

그래서 직업적인 일과 엮여 체면치레해야 하는 이들과의 출장 여행은 내게 완전한 여행이 아닌 것이다. 그건 그대로 내 시간과 공간, 기억을 고스란히 이끌고 오는 일상의 또 다른 재현인 것이다. 그 크기와 강도만 다를 뿐.

내가 유별난 피해의식의 소유자인가 고개가 갸웃거려질 때가 있다. 남의 얘기에 귀가 솔깃해질 때도 있다.

"인생에서 비행기를 타고 하늘로 올라가는 몇 초보다 더 해방감을 주는 시간은 찾아보기 힘들다"라고 자신 있게 토로한 스위스 태생의 세계적인 베스트셀러 작가 알랭 드 보통(Alain de Botton, 1969~)은 그의 저서, 《여행의 기술》에서 말한다. "비행기의 빠른 상승은 변화의 전형적인 상승이다. 우리는 비행기의 힘에서 영감을 얻어 우리 자신의 삶에서 이와 유사한 결정적인 변화를 상상하며 우리 역시 언젠가는 지금 우리를 짓누르고 있는 많은 억압들 위로 솟구칠 수 있다고 상상한다"고 단언한다.

수시로 여행길에 오른다는 한국의 소설가 김영하 역시 그의 에세이집,《여행의 이유》에서 토로한 얘기들을 보고 그 느낌에 공감하며 안도한 적이 있다. 나만 유난스러운 게 아니구나 하면서.

그는 이렇게 말한다.
"나는 그 어디로 수시로 떠나게 되고 그 여정에서 내가 최초로 맛보게 되는 달콤한 순간은 바로 예약된 호텔의 문을 들어설 때이다. 호텔을 좋아하는 이유, 호텔은 집이 아니다. 집은 의무의 공간이다. 언제나 해야 할 일들이 눈에 띈다. 설거지·빨래·청소 같은 즉각 처리 가능한 일도 있고 큰 맘 먹고 언젠가 해치워야 할 해묵은 숙제들이 있다. 집은 일터이기도 하다. 나는 컴퓨터 모니터만 봐도 마음이 무거워진다. 아니, 책꽂이에 꽂혀 있는 책들만 봐도 그렇다. 책들은 내가 언젠가는 하지 않으면 안 될 일, 그러나 늘 미루고 있는, 글쓰기를 떠올리게 한다. 내가 소파에 누워있는 순간에도 다른 작가들이 부지런히 멋진 책들을 쓰고 있다고, 그러니 어서 책상 앞에 앉아 글을 쓰라고 질책하는 것만 같다."

나 역시 이에 못지 않은가 보다. 일생 무언가 일을 해왔고 어떤 일이든 몰입할 일이 없으면 안절부절못하는 사람인 것이다. 일없이 빈둥거리는 시간은 불안과 초조, 외로움을 불러일으킨다.

《검은 행성》,《문학은 어떻게 내 삶을 구했는가》 등의 저자인 미국인 작가 데이비드 실즈(David Sills, 1956~) 역시 "고통은 수시로 사람들이 사는 장소와 연결되고 그래서 그들은 여행의 필요성을 느낀다. 그것은 행복을 찾기 위해서가 아니라 자신들의 슬픔을 몽땅 흡수한 것처럼 보이는 물건들로부터 달아나기 위해서다"라고 말했다. 그의 말에는, 동질감에 나를 안도하게 하는 힘이 있다.

김영하 작가는 여행 중 잠깐 머무는 호텔에서의 소감을 이렇게 전한다.
"우리는 '슬픔을 몽땅 흡수한 것처럼 보이는 물건'들로부터 완벽하게 자유롭다. 모든 것이 제자리에 잘 정리돼 있으며 설령 어질러진다 해도 떠나면 그만이다. 호텔 청소의 기본 원칙은 이미 다녀간 투숙객의 흔적을 완벽히 제거하는 것이다. 이제는 그저 세제와 방향제 냄새로만 지각되는 그 익숙한 향의 습격을 받는다. 그 덕분에 우리는 호텔의 방문을 열고 들어설 때마다 마치 새집에 들어선 것 같은 설렘을 느낀다"라고.

그는 "호텔에선 언제나 삶이 리셋되는 기분이다."라고 주장한다.
"처음 들어설 때도 그렇고 다음날 외출하고 돌아올 때도 그렇다. 호텔은 집요하게 기억을 지운다. 그래서 일상사가 번다하고 골치 아플수록 여행지의 호텔은 더 큰 만족을 준다. 적어도 그 순간만큼은 그 문제들로부터 아주 멀리 떨어져 있는 것 같고 나에게 그 어떤 영향도 주지 못할 것 같다. 삶이 부과하는 문제가 까다로울수록 나는 여행을 더 갈망했다. 그것은 리셋에 대한 희망이었을 것이다. 풀리지 않는 삶의 난제들과 맞서기도 해야겠지만 가끔은 달아나는 것도 필요하다."

그는 이어 "기억이 소거된 작은 호텔방의 순백색 시트 위에 누워 인생이 다시 시작되는 것 같은 느낌에 사로잡힐 때 보이지 않는 적과 맞설 에너지가 조금씩 다시 차오르는 기분이 들 때, 그게 단지 기분

만은 아니라는 것을 아마 경험해 본 사람은 알 것이다"라고 덧붙인다. 이에 1백% 동감하는 바이다.

2백 년 전 25세의 나이에 《젊은 베르테르의 슬픔》을 써서 일약 세계적인 스타가 된 독일의 대문호 괴테(Johann Wolfgang Goethe, 1749~1832). 바이마르 공국의 재상이요 변호사며 시인, 과학자이기도 했던 그 역시 이웃 나라인 이탈리아로 도망치듯 남몰래 떠나 2년 남짓 떠돌며 한 얘기는 너무도 유명하다.

그렇게 방황한 흔적을 소상하게 엿볼 수 있는 것이 그의 저서로 유명한 《이탈리아 기행》이다. 로마에 도착한 이후의 소감을 그는 이렇게 적고 있다.

"나는 이 길고 고독한 여행을 하기로 결심하고 어찌할 수 없는 욕구에 이끌려 이 세계의 중심지를 방문하게 됐다. 지난 몇 년 동안은 마치 병이 든 것 같았는데 그것을 고칠 수 있는 길은 오로지 내 눈으로 직접 보며 이곳에서 지내는 것뿐이다"라고.

괴테는 로마에 가서 자유롭게 떠돌면서 "내 젊은 시절의 모든 꿈들이 지금 이 순간, 내 눈앞에 생생히 되살아나고 있다", "내가 로마 땅을 밟게 된 그 날이야말로 제2의 탄생일이자 나의 진정한 삶이 다시 시작된 날"이라고 여행기에 적었다. 괴테는 그 당시 이탈리아 전역을 누비며 치열하게 고뇌했던 '가치 있고 진정한' 삶에 대한 해답을 얻어냈던 걸까?

"인간은 지향이 있는 한 방황하기 마련이다"라는 말을 남긴 그가 후세의 나와 같은 여행자들에게는 큰 위로가 된다. 2백 년이 지난 이 시점의 인간에게 말이다.

비행기와 호텔만이 그런 일상에서의 탈출감을 주는 것은 아니다. 내가 낯선 도시에 도착해 이리저리 기웃거리며 특히 유럽의 소도시 길모퉁이나 벤치, 휴게소 등에 앉아 자유롭고 경쾌함을 온몸으로 느끼며 이 나이에 새롭게 소생하는 듯한 느낌을 갖는 것 역시 나만의 기분이 아니었던 것이다. 그런 동지의식을 가진 사람들의 말은 내 여행욕심에 정당성을 부여하고 편안하게 나를 놓아준다.

알랭 드 보통은 《여행의 기술》에서 또 "나는 휴게소 한쪽 구석에 앉아 손가락처럼 생긴 초콜릿 바를 먹으며… 외로웠다… 그러나 부드러운 심지어 유쾌하다고 할 외로움이었다. 웃음소리와 동료애를 배경으로 펼쳐지는 외로움이 아니었기 때문이다. 만일 그랬다면 내 기분과 주위환경 사이의 대조로 인해 괴로웠을 것이다. 그러나 이곳에서의 외로움은 모두가 나그네인 곳, 의사소통의 어려움과 사랑을 향한 좌절된 갈망이 건축과 조명에 의해서 인정을 받고 또 잔인하게 기념되는 곳에서 피어올랐다."

그렇다. 나는 그들의 동조에 위안을 받고 오늘도 낯선 거리에 서기를 주저하지 않는다. 일탈의 후련함과 자유스러움을 찾아서.
묵직하게 나이 든 지금은 사실 초조하다. 내게 주어진 디리와 심상이 언제까지 나의 '철없는 방황'을 받아줄지 미리 걱정되는 나이인 것이다.
오늘도 나는 만사 제치고 올해도 떠나야 할 곳들을 여기저기 기웃거리며 찾아낸다. 동시에 내 방황에 정당성을 부여할 선인과 동시대

인물들의 작품들을 접하며 용기와 추진력을 얻어낸다.

　우리의 삶은 지나간 추억에 기대어 살면서, 다시 의미 있고 설레는 추억거리와 '의미거리' 발굴을 위해 끝없이 움직이며 채워가는 여정이 아닌가 하는 생각이 든다.

왜 '인문기행'인가?

　세상을 만나러 떠나는 일, 그 여행이 많은 사람들의 버킷리스트 상단에 늘 자리 잡고 있다. 필자 역시 예외가 아니다. 지난 세월 그토록 세상 곳곳을 돌아다녔어도 여전히 어딘가로 떠나는 일은 나를 늘 설레게 하는 '연애 대상'인 것이다.
　우리나라의 경우 매년 한 해에 인구의 절반인 2천5백만 명이 여행길에 나서기 위해 비행기에 오르는 일들이 놀람과 감탄의 기삿거리로 회자되고 있을 정도다. 일단 나만의 유별남이 아닌 듯해 느긋한 마음으로 반기게 된다.

　요즘 여행의 트렌드에서 특히 '인문기행'이 주목을 받고 있다. 과거의 여행이 단순한 호기심으로 '어서 세상 구석구석을 주마간산식이라도 둘러보자'에서 서서히 벗어나고 있는 것이다. 그만큼 여행이 일상으로 자리 잡았다는 얘기가 될 것이다.

　여행은 이제 단순한 관광을 넘어서 새로 찾아가는 지구촌 어느 땅과 사람들이 사는 곳에 깃든 역사와 철학, 사람과 그들이 엮어낸 문화를 함께 느끼고 사색하려는 요구가 점점 커가고 있음을 말해준다.

깊이 있는 여행경험은 감동과 배움을 배가시킨다. 그냥 아름답고 경치 좋은 곳을 둘러보는 여행에 더해 그 장소와 사람들이 안고 있는 사연과 의미를 음미하고 거기서 얻는 경험과 배움이 우리의 사고와 사유를 성숙하게 만들기 때문일 것이다. 지난 수천 년간 지구 곳곳의 그들은 무슨 생각을 하고 그 생각으로 무엇을 빚어냈는지 아는 게 얼마나 흥미진진한가 말이다.

여행지에서 멋진 성당이나 궁전을 보더라도 그 건축물이 만들어진 그 시대의 상황과 여건을 알게 되면 대상은 전혀 다른 의미로 다가오기 때문이다.

세상에 사연을 안고 있지 않은, '이유 없는 유물'은 존재하지 않는다. 그 시대의 상황을 알게 되면 졸지에 그 건축물은 전혀 새로운 의미를 안겨주고 바짝 다가온다. 이런 인문학적 접근이 중요한 것이다.

인간이란 존재는 단순히 생존하는 존재가 아니라, 의미를 찾고 감정을 느끼며 관계를 맺는 존재로 태어났다.

그것이 어쩔 수 없는 인간의 본성인 것이다. 창조주의 피조물인 인간은 '나는 왜 사는가?', '행복한 삶이란 무엇인가?'와 같은 근본적인 질문을 꾸준히 던지고, 인문학적 접근은 이에 대한 다양한 관점을 제공한다는 것을 깨닫게 된다.

인문학적 접근이 중요한 이유를 간별하면, 삶의 의미와 가치를 탐구함, 비판적 사고와 통찰을 기름, 공감과 소통 능력을 키움, 창의적 사고를 촉진하는 것으로 대충 정리할 수 있겠다.

이런 접근은 세상을 그대로 받아들이는 것이 아니라, '왜 그런가?', '이게 정말 옳은가'를 고민하는 힘을 키우게 된다. 이를 통해 세상을 더 깊이 이해하고, 현상 이면의 본질을 파악하는 능력을 점차 갖게 되면 연이어 기쁨과 환희, 보람을 맛보게 되는 것이다. 인문학은 결국 사람의 본성과 그들의 삶, 역사를 이해하는 학문으로 새로운 길을 열어준다.

문학, 역사, 철학을 공부하면서 우리는 다양한 시대와 문화 속에서 살아온 사람들의 고민과 감정을 이해하게 되며 이는 다른 사람을 공감하고 더 좋은 인간관계를 맺는 소통 능력을 키워준다. 이런 인문학적 시각을 바탕에 깔고 있을 때 기존의 틀을 깨는 창의적인 접근도 가능해진다.

요즘 같이 불확실하고 혼란하며 불안한 시대에 이런 인문학적 접근과 사유는 사람들에게 자기 확신을 키워주며 똑바로 기립해 앞을 보고 자기의 방식대로 자신 있게 헤쳐나갈 힘을 안겨준다. 늘 '자기확신'을 목말라하는 사람들에게 그 방향과 길을 열어주는 지침 역할을 하는 것이 바로 인문학적 사고와 접근인 것이다.

인문학 지식은 단순 암기로 이루어지는 것이 아니라 직접 겪고 체험하면서 스스로 길러내야 하는 과정과 작업이 필요하다. 그럴 때 필요한 문장이 '아는 만큼 보인다'는 명제다. 역사의 현장에 서면 그 결과물들을 깊이 이해하기 위해 사전의 바탕 지식이 상당 부분 필요한 것이다.

그래야 여행지 곳곳에서 역사적 사건이나 사상, 관련된 인물과 그들이 만들어 낸 예술작품들을 접할 때 어느덧 여행자는 그 객체 안에 자신을 끌어넣어 주체화하는 작업을 할 수 있게 된다. 자기의 삶을 돌아보고 성찰하고 자신이 당장 몸담고 있는 사회와 국가, 그 역학관계를 떠올리게 만든다.

여행사들이 제공하는 패키지여행의 무리 속에서 주마간산식으로 곳곳을 둘러보며 먹고 마시며 잘 노는 여행에서 이제 벗어나야 할 때다.

실제로 어느덧 그런 패턴에서 점차 벗어나 깊게 보고 잘 느끼고 터득해 배운 것을 실제의 생각과 생활 속에 접목하면서, 보다 나은 내일을 기대하는 여행 패턴의 선진화가 자리 잡고 있는 것이다.

인문기행은 보다 더 넓고 깊게 자리를 잡을 것이다. 그러려면 단지 패키지여행 일정에 몸과 생각을 맡기기보다는 자신의 여행 일정을 보다 알차게 할 사전 공부와 지식, 여행 방식이 절실함을 저절로 깨닫게 될 것이다.

이 실용과 물질 만능주의가 최고의 가치인양 자리 잡은 사회에서 소외되었던 자신을 다시 삶의 주인으로 끌어올리기 위해서 우리에게는 이제 진짜 인문학적 사고와 행동이 필요한 때가 도래했다. 일상의 갈등과 고민, 아픔들에 침식당하지 않고 분연히 제 목소리를 내며 일어설 수 있기를 소망하면서.

그 사고의 바탕이 되는 "아는 만큼 보인다"는 명제를 사고와 행동에 옮겨 제대로 깨닫는데 이 책이 부족하나마 마중물 역할을 해줄 것을 기대하며 내놓는다. "여행은 당신을 놀라게 하고 개방·변화시킨다"고 한 마크 트웨인(Mark Twain, 1835~1910, 미국 소설가, 언론인)의 말을 실감하는 여행이 되길 바라면서….

청소년기 자녀에게 주는 가장 값진 선물, 가족 여행

부모로서 한창 시야가 트이는 청소년에게 줄 수 있는 가장 의미 있고 값진 선물은 무엇일까? 나는 단연코 지구촌 곳곳을 탐방하는 여행이라 말하련다.

나 자신, 오랜 세월 수차례의 직·간접 경험에서 우러나오는 말이기도 하다.

타국의 유학생으로 취재기자 및 특파원으로, 학생들의 선생으로, 학부모의 한 사람으로 헤아릴 수 없이 많이 여행하면서 각국의 청소년들을 접해왔던 결과다.

청소년들이 각종 인문, 사회, 역사 교과서를 탐독해서 얻은 단편적인 주입식 지식에 생명을 부여하는 일이 바로 여행이기 때문이다.

왜 남의 나라 역사를 달달 외워야 하는지, 각 나라 박물관에 담긴 유물이 어떤 의미가 있는지, 남의 나라 언어는 뭐 때문에 익혀야 하는지 그 공부의 필요성을 스스로 자연스레 터득하게 하는 힘을 길러주는 덕분이다. 여행은 그들의 질문에 자연스레 답을 달아준다.

책 속에서 암기한 활자 지식이 생명이 있는 듯 슬슬 일어나 그 자신에게 다가오는 느낌을 자각하게 되리라. 거두절미의 암기식, 지겨웠던 역사 공부는 어느새 현실적이고 흥미진진한 다큐멘터리로 다가와 악수를 청한다.

때로는 오래된 지난 과거의 교훈들이 현재와 미래, 어떤 일에 관심을 갖고 계속 정진해야 하는지 갈 길을 제시해 주기도 한다.

청소년기의 해외 인문기행은 단순히 남의 나라 산천의 다른 모습을 구경하는 것에 그치지 않는다. 무엇보다 개개인의 정체성을 확립하는데 크게 기여한다. 내 나라와 다른 나라가 지리, 역사, 문화적으로 상호 어떻게 영향을 미치며 그런 영향이 오늘날의 내 조국과 내게 어떤 결과로 빚어졌는지 알게 하니까 말이다. 그런 상황을 파악하는데 영어 등 외국어 공부 또한 필수불가결한 존재임을 간파하게 마련이고 쓰임이 있는 공부는 재미 만발이다.

바깥세상의 존재조차 모른 채 그 세계를 활자와 연표로 암기하는 일은 죽은 지식과의 헛싸움이다. 아무 흥미와 애정없이 숫자 외우듯 암기한 정보는 시험 후 자연스레 기억 밖으로 용도 폐기된다. 상호 연관성과 가치, 쓸모가 없어 보이는 지식은 거기서 수명을 다하게 된다.

청소년들은 여행을 통해 꿈틀거리는 여러 지식의 융합과 상호 맥락화를 겪게 되리라. 교과서에서만 접했던 지식이 살아 움직이며 말을 걸어오니까.

평소 무조건 암기해야 하는 숙제 속의 과거 인물과 역사가 자신과 어떻게 연결되는지 현장에서 체험하게 된다. 무사고의 암기식 교육에서 벗어나 비판적 사고와 맥락 있는 연관성에 대한 이해가 가능하게 만들어 준다. 왜 그 시대, 그 사건을 꼭 알아야 하는지 그 이유를 저절로 깨우치게 된다.

한국인들도 사랑하는 서구의 음악, 미술, 문학 분야 예술가들의 본향을 방문해 그들이 어떠한 환경과 고통 속에서 신음했으며 그 고통의 감내가 어떻게 예술로 승화돼 후세 세계인들의 가슴을 울리는지 알게 되면 그의 작품들이 전혀 다른 감흥과 차원으로 보이고 들리게 마련이다.

중세시대 650년 동안 유럽의 거의 전 지역과 북부 아프리카, 포르투갈, 헝가리, 필리핀까지 손아귀에 넣었던 막강한 합스부르크 왕가가 결국 근친혼의 병폐로 인해 몰락한 스토리를 모른다면 어찌 그 후 재편된 유럽 전역의 역사를 이해할 수 있을까 말이다.

우리나라 창경궁 정도의 크기를 가진 바티칸 시국이 한국의 기독교도들을 포함한 13억 인구에게 왜, 어떤 영향력을 행사하게 됐는지 모른다면?

또 2차 세계대전 중 일본이 하와이 진주만을 공격하자 이에 격분한 미국이 미드웨이 해전에서 승기를 잡은 후 1945년 8월 히로시마와 나가사키에 원자폭탄을 퍼부은 것이 한국의 독립과 어떤 연관성이 있는지 관련 장소들을 여행하면서 알 수밖에 없게 된다.

유럽이나 북남미 대륙의 사건들이 역사 속에 살아있는 듯 꿈틀거려 수백, 수천 년이 지나 극동의 작은 나라, 한국에까지 영향을 미친다는 것을 알게 되면 전율을 느끼게 될 것이다. 굳이 외우지 않아도 내가 겪은 현실인양 그대로 머리와 가슴속에 처박혀 잊을 수 없게 되는 것이다. 그렇게 되면 세계 곳곳의 역사는 하나의 커다란 물줄기를 이루며 현재를, 미래의 지형을 바꿔감을 느낄 수 있게 되리라. 자연스레 관심이 증폭되기 마련이다.

해외 인문기행은 각국의 역사는 물론 다양한 문화, 종교, 언어를 직접 체험하게 해준다. 먼 나라이면서 이웃 나라인 세계를 바라보는 글로벌 감각과 문화 이해의 확대는 청소년들이 다양성을 존중하고 세계 시민으로 성장하는 데 밑거름이 된다.

여행은 한 나라 국민으로서만이 아니라 동시에 세계 시민으로서의 소양 교육이 가능하다는 측면에서 매우 의미 있고 소중한 활동이다.
청소년들에게 가족과의 여행, 또는 인솔자 선생님의 안내로 또래들과 어울려 하는 여행은 가족, 그리고 친구들과의 유대 강화, 지적 성장, 정체성 형성의 멋진 계기를 선사한다. 특히 부모와 자녀가 함께할 경우 재미와 안정감 속에 상호 간의 자연스러운 소통 효과가 배가 될 것이다.

평소 부모와 아이들은 같은 집에 살면서도 대화의 주제가 일상사와 학교에서 겪는 일 정도로 국한돼 있다. 아이들은 일상에서 부모에게 자신의 걱정이나 관심사를 노출하기가 쉽지 않다. 여행 중에는 이이의 관심사나 진로, 친구와의 우정 및 선생님과의 관계 등에 대해 부담이나 어색함 없이 자연스럽게 얘기할 기회를 만날 수 있다.

방금 본 여행지에 대한 소감을 격의 없이 나누다 보면 저절로 마음이 편해져 일상의 주변 관심사들을 자연스레 곁들이게 된다. 솔직한 아이의 감정과 진심을 접하게 된다. 여행을 통해 친구 같은 편한 관계가 형성되고 아이들도 평소에 몰랐던 부모의 다른 생각과 느낌을 접하게 될 수 있다. 결국 부모와 자식 간에 자연스럽게 공감과 이해가 쌓여 관계가 돈독해진다.

아이들 역시 새로운 경험에서 얻은 신선한 충격과 감동으로 어느덧 자신의 정체성에 대해 생각하고 자기 성찰을 경험하게 된다. 이는 청소년기의 중요한 심리적 성장 요소이다. 유적지 방문과 예술 작품, 역사 현장을 통해 인문학의 실질적인 가치를 체감하면서 자신의 흥미 분야나 진로에 대한 단서를 발견할 수 있다. 진로 탐색과 인문학적 소양이 강화된다.

낯선 곳에서의 생활은 책임감과 자율성의 증진을 불러온다. 익숙하지 않은 외국의 환경에서 자기 주도적으로 일정 준비와 관리 등을 해보고 실제로 헤쳐나가는 경험에서 그야말로 산지식을 깨우치게 된다. 그간 배운 외국어 등을 활용하는 기회를 갖게 되면서 외국어 공부의 필요성과 당위성을 알게 된다.

여행 전 부모와 함께 목적지에 대한 책이나 다큐멘터리를 함께 보고 사전 이해도를 높이면 여행 이유와 흥미를 깨닫게 되므로 그 효과는 배가된다.

이런 여러 종류의 소득 외에도 눈여겨볼 사항은 '디지털 디톡스'의 시간을 갖게 된다는 것. 최근 청소년은 물론 그들 부모조차 하루 대부분을 휴대전화에 집중해 보내는 시간이 나날이 늘어나고 있다.

식사를 하는 식탁에서조차 대화 없이 각자 유튜브 등에 눈을 박고 있다. 그 후 무차별적으로 쏟아진 정보와 내용을 무비판적으로 받아들이는 악순환이 반복된다. 부모와 자식 간의 대화는 거의 사라진 상태다. 여행은 호텔에서 떠나기 전이나 돌아온 후 침상에서 추후 일정과 다녀온 소감들을 도란도란 나누게 하니 좋다. 심리적으로 무장해제를 겪는다.

여행 일정을 다 소화한 후는 집에 돌아와 일기나 시각자료(PPT)로 여행기를 정리하면서 또 다른 감회와 서로의 친밀감을 되새기게 된다. 여행에의 경험담은 일생을 살면서 수시로 튀어나와 자연스러운 심적 교류와 대화를 가능하게 하는 독특한 매력을 지닌 자산임에 틀림없다. 청소년 시절, 그런 자료들을 묶어 책이라도 한 권 내서 저자가 되는 날은 새 단계로 진입하는 충격적인 사건으로 기억될 것이다. 세상을 향해 자신의 정체를 열어 보이며 말을 건네는 일이니 말이다. 예상치 못한 도약의 순간이 될 것이다.

"당신이 어떤 행동이나 결정을 하든 그것은 미래의 당신이 갚아야 할 비용, 아니면 미래의 당신에 대한 투자다." 조직 심리학자로 세계적인 명성을 얻고 있는 벤저민 하디(Benjamin Hardy)가 베스트 셀러가 된 그의 저서,《Future Self》에서 최근 한 말이 그럴싸하게 다가온다.

제2부

그곳에 가고 싶다

[1]

에베소 – 튀르키예

▷ 2천 년 전 우상 숭배 본거지에서 신약성경을 써낸 최고의 복음자리

··· 유적지 한가운데 부서진 유적들의 잔재가 황량하게 서 있는 모습

2천여 년 전 고대 그리스·로마의 숨결이 배어있는 에베소 유적지는 아스라한 시간의 성지(聖地)이다. 유럽과 아시아를 잇는 튀르키예 지중해 한쪽 황량한 벌판에 폐허로 남겨진 돌무더기들을 접하면 줄지에 가던 방향을 황급히 돌려 세월을 역방향으로 초고속 질주하는 착각에 빠져든다. 동시에 육신이라는 옷을 걸친 지구촌 인간들이 21

세기 초반 어느 한 시점과 지점을 지금 막, 통과 중이라는 것을 새삼 자각하게 만든다. 햇빛이나 공기처럼 늘상 주위에 퍼져있는 시간의 존재를 새삼 떠올려 놓고 이리도 농밀하게 느껴본 적이 언제 있었던가. B.C. 9세기 그리스인이 만든 도시로 한창 번창하다 A.D. 10세기에 몰락, 버려졌던 에베소. 그로부터 거의 1천 년이 지난 19세기 중반(1863년) 발굴이 시작된 기독교 주요 성지 중 한 곳이다.

 역시 아득한 고대 건축물들이 즐비하게 늘어선 이집트 룩소르나 로마, 아테네 등을 여행했을 때와는 달리 까마득한 세월이, 만져지는 물체인양 느껴져 왔다. 잘 닦여지고 보존된 유물들이 마치 최근의 건축물들인 듯 우뚝 서 있던 그곳들과 폐허의 돌무더기, 에베소는 달랐다.

 풍요와 다산(多産)을 상징하는 아르테미스(Artemis) 여신의 신전, 그에 참배하기 위해 군중들이 몰려들어 한때 최고의 번영기를 누렸던 지중해 연안 상업 도시. 이제는 황무지가 된 드넓은 숲속 빈터에 회색빛 돌덩이 기둥과 지붕들이 여기저기 나뒹굴어 시간의 무덤 같은 느낌이 들었다. 산산이 부서진 잔재들이 죽은 시간의 시신들인 양 드넓은 폐허를 적막하게 내리누르고 있었다. 그 사이사이 무더기로 피어나 속절없이 들녘 바람에 휘둘리는 진홍색 양귀비들이 처연함을 더했다. 그런 에베소에서 화려했던 옛 시절의 번영과 영광의 흔적은 찾기 어렵다.

 더구나 오랜 시간이 흐르는 동안 바다의 침전물들이 켜켜이 쌓여 바다와 유적지 사이에 육지를 만들어 고대의 에베소는 해안선에서 깊숙이 밀려 들어와 있는 셈이 됐다.

2천여 년 전, 20만여 명이나 거주했다는 에베소 유적지. 지금은 튀르키예가 된 소아시아 서부 해안에 위치한, 당시 교통과 상업의 최대 중심지였다. 사도 바울이 이곳에서 전도여행을 했음이 신약성경의 사도행전 첫 문장에 언급돼 있다. 아시아 복음화의 전진기지 역할을 했던 이곳은 철학과 문화, 예술의 도시로서 세계 7대 불가사의 유물로 손꼽히는 아르테미스 신전과 대형 야외극장이 있었다. 지구촌 곳곳에서 군중들이 몰려들었다. 하지만 소아시아 대륙 서쪽 돌출부인 카이스테르 강 하구에 위치했던 에베소는 점차 지난날의 화려한 모습을 잃어갔다.

당시 이 도시의 과도한 번창으로 무분별한 삼림 벌채 및 훼손이 자행됐고 지나친 육류 소비가 불러온 거대한 가축 방목이 문제가 됐다. 산림 훼손이 심각해지자 헐벗은 산이 무너져 내렸고 흙들은 에베소를 수렁으로 만들었다. 폭우 때는 진흙이 그대로 바다로 쏟아져 결국 항구 부근 마을을 메워버리게 됐다는 것이다. 에베소 옛 항구의 흔적은 나중 한참 떨어진 내륙에서 발견됐다. 그리고 기독교 선교에 나선 바울 시대의 항구와 해로, 육로가 발달했던 이곳이 갈대 무성한 습지로 변하고 만 것이다.

에게 해 연안의 중심 도시 에베소는, 소아시아 최대 도시로 애굽의 알렉산드리아, 수리아(Syria 헬라식 명칭)의 안디옥과 함께 지중해 연안 3대 도시로 손꼽혔다. 에베소 주변에는 200여 개 이상의 지역공동체들이 있어 에베소와 거래한 것으로 기록돼 있다. 당연히 기독교인들에게는 복음화를 위한 전진기지로 관심을 모았다. 하지만 원주민들이 숭배하던 우상들의 본거지였던 만큼 광적인 그들의 거센 저항과 항쟁의 두꺼운 장벽을 뚫고 복음을 전파하기에는 많은 도전과 어려움이 따랐다는 것.

신약성경 속 에베소는 전도의 최대, 최고의 '복음(福音)자리'이며 신약성경 전체 27권 중 절반에 가까운 13권이 만들어지는 데 중심 역할을 했다. 그 중심에 예수 체포에 앞장섰던 끈질긴 핍박자에서 최고의 숭배자로 변신한 사도 바울(A.D. 5~67, 생몰연도 이견 분분함. 히브리 본명은 사울)의 열정적인 헌신이 자리한 곳이다. 그가 중앙아시아 전 지역을 4차례에 걸쳐 순회하면서 예배와 강론을 하고, 멀리 떨어진 교인들에게는 로마 감옥에서조차 눈물의 서신들을 보낸 내용들이 집대성된 것이 신약성서의 주된 내용인 것이다.

신약 에베소서에는 그가 3년 정도 머문 에베소에서 교회를 세우고 목회하면서 전한 하나님의 말씀이 담겨있다. 그는 에베소의 강연장, 두란노 서원(Hall of Tyrannus) 등을 빌려 복음을 전해 이 서원의 이름이 세계 곳곳에서 기독교 관련 장소와 서점 등에 쓰이게 된다. 또 로마서, 고린도 전서와 후서, 디모데 전서와 후서, 빌립보서, 빌레몬서, 골로새서, 갈라디아서 등의 내용이 다 바울에 의해 채워진 것이다.

사도 바울은 구약의 선민과 신약의 그리스도인들 모두 예수 그리스도의 축복을 누릴 수 있다고 선포함으로써 초대교회를 괴롭히던 유대인과 이방인 사이의 장벽을 무너뜨렸다.
"사랑을 받는 자녀같이 너희는 하나님을 본받는 자가 되고 그리스도께서 너희를 사랑하신 것 같이 너희도 사랑 가운데에 행하라. 그는 우리를 위하며 자신을 버리사 향기로운 제물로 하나님께 드리셨느니라." 에베소서 5장 초입에 쓰여있는 바울의 가르침이다.

유대인 출신의 바울은 애초 예수의 제자가 아니었다. 더더욱 '예수의 열두 제자'와는 무관한 사람이었다. 예수를 직접 본 적이 없다고 기록돼 있다. 바울은 원래 유대교를 신봉한 광적인 신자였다. 엄격한 랍비 교육을 받으며 로마에 거주하던 바리새인으로 그리스도교인들을 박해하는 데 앞장서 왔다. 그러던 어느 날 예수의 음성을 접한 후 회심, 이방인을 위한 선교에 전 생애를 바친 사람이다. '거룩한 자, 분리된 자'란 의미의 바리새인은 사두개파, 에세네파와 함께 유대교 3대 종파 중의 하나. 당시 바리새인들은 율법주의, 극단적 분리주의, 권위주의 등 특권의식에 빠져 예수의 책망을 받았다는 기록이 마태복음과 누가복음 등에 쓰여있다.

오늘날 한국의 교인들 사이에서 바리새인을 '겉과 속이 다른 사람', '유난히 권위적인 사람'들을 지칭하는 용어로 사용하고 있는 이유다.

에베소 두 번째 선교 여행 때는 성령 강림 후 방언과 예언을 했다고 전해진다. 사도 바울은 서기 47년, 제1차 여행을 시작한 후 3차까지 11년간(A.D. 47~58) 중앙아시아 지역에서 전도 활동을 했다. A.D. 61~63년 로마에서 가택연금을 당하고 로마 제국 감옥에도 수감되었다가 '로마 대화재'의 주범으로 기독교인들을 몰고 간 네로 황제에 의해 다시 투옥돼 67년쯤 순교한다. 감옥 안에서조차 아시아 여러 교회에 전도 서신을 보내 초기 기독교 정착에 큰 기여를 한 인물이다.

에베소의 역사는 B.C. 9세기로 거슬러 올라간다. 에베소를 점유

했던 아테네의 한 왕자가 멧돼지와 물고기를 만나는 장소에 도시를 건설하라는 신탁을 받고 식민지의 주민들과 세운 것이 효시다. B.C. 555년경 에베소를 정복한 아나톨리아 고대지방 리디아 지배층들은 에베소 도시 전체를 풍요와 다산(多産)을 가져다준다는 여신에게 헌납했다. 그 다음인 B.C. 290년쯤, 그리스와 페르시아, 그리고 인도에 이르는 마케도니아 대제국을 건설, 새로운 헬레니즘 문화를 이룩한 알렉산드로스(알렉산더) 왕조가 현재의 위치에 세 번째 에베소 도시를 건설한다. 그 잔재가 오늘날의 에베소 유적지를 형성하고 있다. 그 다음 150년간은 에베소가 로마의 통치하에 들어간다. 로마 치하에서 에베소는 주요 요새지가 됐으며 주변 7대 교회와 함께 초기기독교 시대에 매우 주도적인 역할을 감당했다.

에베소 유적지는 1863년 영국의 한 건축가(존 터틀 우드)가 발견한 이후 아직까지 발굴을 지속 중이다. 현재는 80% 정도 발굴이 진척됐는데 여기저기 드높이 솟아 작업 중인 크레인이 폐허 분위기 속 건축현장을 연상시킨다. 작열하는 한여름의 태양이 여과 없이 쏟아져 내려 회색 돌더미들과 황량한 벌판을 뜨겁게 달구었다.

에베소로 들어가는 출입문은 남쪽과 북쪽 문 두 개다. 이 안에 담겨 관광객을 빨아들이는 곳은 고대 3대 도서관 중 하나인 켈수스 도서관, 당시 2만여 명을 수용해 갖가지 공연을 벌였다는 야외 음악당 겸 극장, 민중 삶의 터전이었던 마을 집터와 시장터, 환락가들이다.

이곳 유적지 중 뼈대만으로도 아름답고 우아하게 옛 흔적을 품고 있는 곳은 켈수스(셀수스, Celsus) 도서관이다. 도서관 앞면의 골조와 조각들만 남아있을 정도로 상당히 훼손되었으나 남겨진 부분의 조형미가 뛰어나다. 주변의 자연 풍광과 어울려 완전체를 능가하는 쓸쓸한 아름다움을 보여준다. 1만2천여 권의 양피지와 파피루스로 된 두루마리 장서가 보관돼 있었으며, 당시 최고로 불렸던 이집트 알렉산드리아 도서관과 함께 3대 도서관 중 하나로 손꼽혔다. 책을 잘 보존하기 위해 습기 방지용 이중벽도 설치했다니 지혜롭다.

⋯▸ 켈수스 도서관

이 도서관은 이곳을 관장했던 로마 총독 지배 시절인 서기 117~135년에 걸쳐 지은 건물. 하지만 그 후 이 지역을 강타한 외부 전투 세력과 지진 등으로 파괴 및 매몰되었던 것을 일부 고고학자들이 도서관 건물의 정면인 파사드 형체를 복원해 현재의 모습을 남겨놓았다고 한다.

1층은 이오니아식, 2층은 코린트 양식으로 지어졌던 도서관 건물 정면에는 3개의 출입구가 있는데 그 벽면에 조각된 4개의 여성상이 눈길을 끈다. 정면을 바라보는 위치에서 왼쪽부터 각각 지혜를 상징하는 소피아(Sophia)상, 지식을 상징하는 에피스테메(Episteme)상 등이 보인다. 진품은 최초 발굴자라 주장하는 오스트리아의 비엔나 박물관에 있고 일부는 이 나라 이스탄불 박물관에 소장돼 있으니 복제품인 셈이다.

흥미로운 것은 공부하는 장소인 도서관 바로 건너편이 그 당시 성매매업소가 즐비했던 홍등가였다는 것. 근처 반질반질하게 닳아있는 길바닥 돌판에 새겨있는 문양은 남성의 발자국과 동전, 유흥업소 방향안내 표지판 등을 담은 광고판으로 당시 상황을 유추하게 한다. 남성들이 많이 드나들던 도서관 근처가 영업장소로는 아주 제격이었던 모양이다. 일부 자료에 의하면 그즈음 고린도, 에베소 등 신전이 있었던 곳에는 수백 명의 여성 사제들과 신전 창녀들이 공공연히 성매매를 하였고, 보다 풍성한 출산을 욕망하는 풍습이 자리 잡았었다 전해진다.

에베소 유적지 중심 산기슭에 자리 잡은 것은 당시 2만여 명 이상의 관객이 이용했다는 원형 극장이다. 산 아래 수십 단의 계단을 반원형으로 굽이굽이 돌려 마련한 객석은 아직도 형태를 그대로 유지하고 있다. 맨 위 계단 잡풀이 무성한 돌계단에 앉아있으면 에베소 유적지가 한눈에 들어온다. 눈 아래 저 밑에서 이어지는 쿠레테스 신작로 길가와 풀숲에는 그동안 사방에서 발굴한 도리아식 커다란 원형 기둥, 무너진 돌담 등 수백, 수천 점들이 갖가지 모양으로 부서진 채 방치돼 있어 비장미를 선사한다. 그 사이를 별 긴장감 없이 드나드는 견공과 고양이들은 먹을 것도 별로 없는 그곳에 왜 와있는지, 마치 분위기 연출을 위해 풀어놓은 소품처럼 여겨진다.

에베소 고대 유적지 언덕 계곡 안 대로변을 중심으로 둘러보면 당시 주민들을 위한 화장실도, 욕탕도 볼 수 있다. 화장실은 벤치같이 길쭉한 돌의자를 만든 후 가운데 둥근 구멍들을 내놓고 그 밑으로는 물이 흐르게 해 요즘의 수세식 변기와 비슷한 모양새다. 1~2세기에 건축되었다는 대규모 욕탕은 현대의 대규모 온천지대처럼 냉탕과 온탕, 열탕, 사우나 등을 고루 갖추고 있다.

3개의 기둥이 늘어서 있는 곳은 법률 제정과 행정 집회 장소로 이용되었던 곳으로, 국가 아고라(STATE AGORA)라고 한다. 아고라 북쪽의 키가 큰 3개의 기둥이 나란히 서 있는 곳은 바실리카라 부른다. 원래 로마 시대 법정들로 사용됐던 직사각형의 회당을 가리키는 말이었다. 기독교가 로마의 국교가 된 4세기 이후엔 교회나 성당을 뜻하게 됐다.

탐방로 옆 대리석에 새겨진 그리스 문자는 '예수 그리스도 하나님의 아들 구세주'라는 의미를 담은 '익투스'. 당시 기독교인들이 로마 제국의 박해를 피해 다닐 때 서로를 알아보기 위해 은밀하게 사용했던 암호라고. '물고기'라는 뜻도 내포하고 있는데 다섯 개의 떡과 두 마리의 물고기로 오천 명을 먹였다는 예수의 오병이어(五餠二魚) 기적을 암시하는 듯한 표현이다.

이들 에베소 유적지에서 북동쪽으로 2㎞ 떨어진 셀추크(Seljuk)에는 예수의 열두 제자 중 한 사람인 사도 요한(Joannes, A.D. 6~100)이 당시 기독교인 핍박을 피해 산속 깊은 이곳에 성모 마리아를 모시고 와서 은닉하며 살았다는 얘기도 전해진다. 돌로 지은 집과 이곳에서 영면한 마리아를 위한 제단, 기념 동상 등이 있어 특히 가톨릭 신자들에게는 최대 성지 중의 한 곳으로 손꼽힌다. 촛불을 켜고 기도할 수 있는 제단, 기도문을 담은 쪽지들을 매단 담장과 치유의 약수터도 있다.

셀추크 시내에 자리한 성 요한 대성당은 사도 요한이 묻혀있는 무덤 위에 세워진 성당으로 그 규모가 상당했음을 보여준다. 전형적인 비잔틴 시대의 건축물 모양새다. 예수의 열두 제자 중 한 사람인 요한은 후세에 그리스도교의 성인으로 추대됐고 요한복음, 요한 1~3서, 요한 계시록의 저자로 알려져 있다. 예수가 애제자 베드로만큼 사랑해 많은 일들을 맡겼었단다. 에베소 유적지 반대편에는 바울의 제자이며 동역자로 2차 전도여행에 동행했던 누가의 무덤도 자리하고 있다. 의사이기도 했던 누가는 사도행전과 누가복음의 저자다.

성 요한 대성당 근처 들판에 기둥 하나만 우뚝 서 있는 곳이 바로 문제의 신전 터다. 이 신전은 원래 그리스 신화에 나오는 달의 여신, 아르테미스 여신에게 바쳐진 것이었다. 가슴에 유방이 24개나 달린 여신상의 머리에는 바빌론을 상징하는 성이 있고 대리석 등으로 만들어진 몸에는 사자, 호랑이 등 다양한 동물들이 부조돼 있는 것이 특징. 처음과 두 번째 신전은 홍수와 화재, 전쟁 등으로 파괴됐고 세 번째는 알렉산더 대왕의 지시로 재건축돼 1천 년을 버텼었다고. 그러나 게르만족 이동 시 고트족에 의해 파괴됐고 당시 수집한 신전 대리석들은 이스탄불로 옮겨져 성 소피아 성당 건축 시 건물을 지탱하는 주된 기둥들로 활용했다 한다. '고대 7대 불가사의의 하나'로 불렸던 이 신전은 그전에 이미 지어졌던 그리스의 파르테논 신전의 두 배 크기였다고. 18m 높이의 신전 기둥이 무려 127개나 됐다니 대단했을 터. 현재는 첫 번째 신전을 본떠 만든 축소된 모형이 이스탄불 미니아튀르크에 전시돼 있다.

신전이 있던 원래 자리에는 현재 쓸쓸한 신전 터와 돌기둥 하나, 부서진 파편들이 세월의 무상함을 드러내고 있다. 신전과 여신, 그 추종자들이 득세했던 아득한 그 옛날, 사력을 다해 로마의 감옥에서 에베소서 등을 집필하고 기독교 복음을 전달했던 사도 바울. 그는 "이방인들이 하나님의 백성이 된 것은 창조 전부터 준비된 하나님의 계획"이라며 "모든 그리스도인들은 사회적 계층을 초월한 사랑을 원동력으로 삼고 살아가야 할 의무가 있다"는 깨달음을 신약성경 여러 편을 통해 2천 년이 흐른 현세까지 거듭 전하고 있는 셈이다.

지금은 그저 처연하고 황량함이 짙게 드리워진 에베소 유적지가 기독교 역사에서 소중한 유산으로 빛나며 큰 획을 긋는 이유다.

〚 2 〛

프라하 – 체코

▷ 보헤미아 왕국의 중심지, '동유럽의 파리'

⋯▸ 프라하 구시가지 올드타운 광장의 모습

　흐르는 강물을 천천히 보고 있노라면 한 때의 복잡나던했던 세상도, 그 안에 담겼던 사람들도, 아픈 기억도 아무 일 없었다는 듯 어디론가 흘러가 버린다는 감상에 젖곤 한다. 체코의 수도, 프라하를 관통하는 블타바(몰다우) 강가에 서서 프라하 시내를 바라보면서도 그런 생각이 들었다. 특히 그 강가에 서서 보헤미안 떠돌이 악단들이 들려주는 〈나의 조국(祖國)〉을 듣게 되면 그들 국민들이 사랑했던 체코의 지난 세월과 전설, 아름다운 강산(江山), 민족의 위험과 저항의 역사 속으로 곧바로 진입하게 된다. 이 나라의 민족음악가인 스메타나(Smetana)가 들려주는 교향시 〈나의 조국〉 말이다. 그래서 이들의 상징 기호인 '프라하의 봄' 음악제는 매년 그의 기일에 열리면서 개막곡으로 〈나의 조국〉을 영접하는 모양이다.

그래야 민족의 정기가 한곳에 오롯이 모이니까. 타지에서 온 일반 여행객들에게도 워낙 익숙한 〈나의 조국〉은 체코인의 정서를 묘사하는 6개의 서정적인 테마를 담고 있어 외지인들조차 그 이야기의 발자취를 따라가며 구슬픈 보헤미안들의 지난 세월에 이끌리게 된다. 기실 체코라는 이름은 체코를 형성하는 세 개의 지방 가운데 하나인 보헤미아의 체코어 표기인 '체히(Cechy)'에서 유래된 말이니까.

집을 떠나 밖으로 한참 떠돌다 보면 종종 '조국'이라는 단어가 마음에 꽂힐 때가 있다. 평소에 쓰기에는 좀 멋쩍어 머뭇거리게 되는 단어지만 대체 불가능한 단어임을 절감하게 된다. 마치 흔하디흔한 '사랑'이란 단어가 그렇듯, 필요할 때는 별도리가 없이 쓰게 되는 언어다.

내가 태어나 몸담고 있는 나라, 그 근거지의 소중함이 감사해서다. 돌아갈 곳이 없는 여행은 방랑에 다름 아니고 외로움 투성이임을 때때로 느끼기 때문이다.

프라하는 인구 132만 명을 보유한 체코 최대의 도시이며 수도. 중부 보헤미안 지방의 중심지로 알려져 있다. 한때는 신성로마제국의 수도로 찬란한 영광과 위세를 누린 후 오스만 제국과 오스트리아 등 외세의 침략으로 억압과 분노의 세월이 흘러간 곳이다. 이어 3백 년간의 오스트리아 지배로부터 벗어나기 위해 저항하고 독립운동을 하던 나라. 한동안 그 지배에서 벗어나 독립 국가로서의 위상을 찾았으나 20년 후 다시 나치 독일의 점령과 합병을 거쳐 2차 세계대전 후 1945년에는 소련의 위성국이 된 나라가 체코슬로바키아였다.

1968년 헌법으로 체코슬로바키아 사회주의 연방공화국이 되기도 했다. 1989년 11월 벨벳 혁명을 통해 체제 전환을 시작했고 1993년 1월 1일 국가 분리를 단행해 슬로바키아와 결별, 체코공화국이 되었다. 벨벳 혁명으로 의회민주주의와 시장경제를 받아들였고 1999년 북대서양 조약기구인 나토(NATO)와 2004년 유럽연합에 가입했다. 파란만장한 역사의 소용돌이 속에 민주공화국으로 살아남은 것이다. 지금은 프라하특별시와 13개의 주로 구성돼 있다.

프라하는 2차 세계대전의 무차별적 파괴 속에서도 본래의 옛 모습을 가장 잘 간직한 도시로 사랑받고 있다. 게다가 '프라하의 봄'이라 명명된 저항운동을 통해 극적으로 국가 운영 체제를 변신시킨 그 기억의 세월들이 고스란히 담겨있어 소중함과 신선감을 더해준다. 그러니 프라하 거리에서 듣는 〈나의 조국〉은 충분히 감동을 불러일으킨다.

프라하 시내에 들어서면 제일 먼저 찾게 되는 곳이 프라하를 관통하는 블타바 강, 그 위에 세워진 '카를교'다. 그 다리를 건너기 전이나 후에 도시 전체를 내려다볼 수 있는 전망대에 올라가는 게 그 다음 순서다. 칼날처럼 뾰족하고 급경사의 수직적인 첨탑이 위세를 뽐내는 중세 고딕 양식의 '백탑(百塔)'이 즐비해 도시의 미관과 특징을 형성하고 있다는 걸 확인하게 된다. 무려 1백여 개인 실제의 첨탑이 하늘로 뻗어 경쟁하듯 손짓을 해대니 자연스레 '백탑의 도시'라 이름 지을 만한 것이다. 독특한 도시 실루엣을 형성한다.

⋯▸ 카를교

'유럽에서 최고로 사랑받는', 멋진 다리임을 인정받는 이 다리에 이름을 내준 인물도 주목거리다. 카를은 바로 이 다리를 14세기에 완공(1367~1402)한 당시 보헤미아 왕국의 국왕인 카를 4세(1316~1378)의 이름. 그는 62세까지 생존하는 동안 재위 기간만 32년(1346~1378)으로 이 유명한 다리가 탄생하게 만든 장본인이다.

그는 신성로마제국 황제였던 하인리히 7세의 손자였으며 보헤미아 국왕 겸 룩셈부르크 백작의 맏아들이었다. 1331년에는 아버지와 함께 이탈리아와의 전쟁에 참여했다.

　결국 이탈리아 국왕도 지냈으며 신성로마제국의 황제(1355~1378) 자리도 23년이나 거머쥔 절대 권력의 소유자였다. 카를은 당시 흑사병이 확산되지 않았던 프라하를 신성로마제국의 수도이며 보헤미아 수도로 정한 이후 프랑스 파리를 모델 삼아 도시 재건 사업을 밀고 나갔다.

　이곳을 문화·교육의 중심지로 확장해 가기 위해 중부 유럽 최초의 대학교인 프라하 카렐대학교를 설립한 황제이기도 하다. 프라하가 '동유럽의 파리'라고 불리는 단초를 제공한 셈.

　원래는 보헤미아 바츨라프 2세 국왕이었던 외할아버지 이름을 딴 바츨라프였지만 고모부였던 프랑스의 샤를 4세의 이름을 본떠 카를로 개명한 것이다. 어린 시절 샤를 4세의 프랑스 궁정에서 7년 동안 거주하면서 프랑스식 교육을 받았다. 그의 족적을 되새기게 되는 카를교는 19세기 초까지는 프라하 올드타운과 소지구 등을 연결하는 유일한 다리였으므로 지난 7백여 년 동안 프라하의 상징인 양 시민들에게 아낌을 받아왔다.

　길이 약 600m의 카를교는 오랫동안 동서 유럽을 연결하는 주요 교역로 역할을 했다. 폭 10m 정도의 도로가 항상 관광객들로 와글거린다. 특히 16개의 둥그런 아치 아래로 선박들이 다니게 한 이 석조 다리 위에는 마치 전시장을 연상케 하는 30여 체코 성인들의 조각상이 세워져 있어 볼거리를 제공한다. 전 세계 관광객들이 운집하는 곳이다 보니 자연스레 거리의 화가들이나 악단들의 공연과 전시도 시시때때로 열린다.

7백 년의 세월을 거슬러 카를 4세를 접견하려면 프라하 성채로 가야 한다. 성채 안의 비투스 대성당에 그의 유해가 안치돼 있다. 프라하 성은 세계에서 가장 큰 중세 성채 단지로 현재 기네스북에도 올라 있는 프라하의 랜드마크다. 카를교를 지나 직진한 후 나오는 오르막 길을 따라 오르면 1918년 이후 현재까지 대통령 집무실로 사용 중인 성채에 당도한다.

이 성채에는 구(舊) 왕궁과 비투스 대성당 및 이 성의 정원, 황금 소로(小路) 등이 자리 잡고 있다. 르네상스 스타일이 혼재된 정원 안에는 화려한 꽃밭과 아름다운 분수들로 구성돼 있으며 현재는 국가 행사장으로 종종 쓰이고 있다.

프라하 성의 제 3정원에 자리 잡고 있는 비투스 대성당은 길이 124m, 너비 60m, 높이 33m 규모로 웅장하고 화려한 자태를 자랑한다. 기골이 장대해 단연 프라하의 대표 건축물임을 드러낸다. 바츨라프 1세가 9세기에 지어 첫 원형을 이루고 두세 번의 재건축을 통해 로마네스크 양식과 고딕 양식을 가미해 지금에 이른다. 무려 1100년에 걸쳐 이룬 성당인 셈이다.

성당 남쪽 탑은 96.5m 서쪽 탑은 82m에 이른다. 성당 가운데에는 이곳을 지배했던 합스부르크 왕가의 페르디난트 1세와 그 가족들이 잠든 16세기 묘소가 있다. 또 제단 오른쪽에는 '체코의 국민적 성인'으로 왕에 의해 순교를 당한 얀 네포무츠키의 묘와 2톤의 은을 사용해 만들었다는 좌상이 놓여있다. 왕비이자 자기 아내의 고해성사 내용을 알려달라는 보헤미안 왕, 바츨라프 4세의 명령을 거부, 블타바강에 던져졌지만 끝까지 침묵으로 저항한 신부로 널리 숭상받고 있다. 또 유럽을 대표하는 아르누보의 아이콘이라 알려진 체코 태생, 알폰스 무하(Alphonse Mucha, 1860~1939)의 작품도 있으니 눈여겨볼 일이다.

빨간 지붕과 회백색의 담장이 현란하면서도 산뜻한 조화를 이루는 수십 채의 상가 및 가정집으로 둘러싸인 구시가지, 올드타운 광장은 사람들이 밀물처럼 몰려드는 곳이다. 12세기 초, 유럽 무역의 교차로 역할을 한 곳인데 독특한 외양으로 눈길을 끄는 틴 성모 교회와 6백 년 전에 설치된 천문시계, 다양하고 유서 깊은 건축물들이 눈길을 사로잡는다. 그래서 '세계 건축의 박물관'이라는 이름이 붙었다. 광장 한가운데 서 있는 동상은 가톨릭 개혁을 주장하다 화형당했다는 종교지도자, 얀 후스(Jan Hus)다. 이곳 시민들은 이 개혁자로 인해 체코 민족이 불의에 눈감지 않고 저항하는 '보헤미안 정신'의 계승자가 되었다는 주장을 펴고 있다.

광장 한쪽, 프라하 구시청사의 천문시계탑은 15세기 당시 천체와 시간을 시각적으로 표현한 정밀한 시계 장치다. 세계사에서 거론되는 대표적인 천문시계다. 1410년께 프라하 시청사의 요청으로 두 명의 시계공과 수학자가 제작한 것. 두 개의 시계판 중 위 시계판은 왕과 귀족들이 볼 수 있는 시계로 해와 달의 움직임을 표현했고 또 하나는 문맹자 농민들에게 계절마다 농사 관련 날씨 정보를 알려주기 위한 것이었다. 여행객들의 관심을 끄는 것은 그 시계의 외관상 아름다움에 더해 매시간 정각이 되면 종이 울리며 예수의 열두 제자를 상징하는 인형들의 퍼포먼스가 행해지기 때문이다. 근처의 틴 성모 교회는 하늘을 찌를 듯 송곳처럼 치솟은 2개의 종탑이 약간은 아리송하고 그로테스크한 느낌도 들어 그냥 지나치기 힘들다.

　황금소로는 애당초 프라하 성을 지키던 군인들의 막사 용도로 쓰였으나 16세기 후반부터는 금과 은을 세공하던 장소라 해서 그 이름이 주어졌다. 지금은 대부분 기념품점으로 채워졌다. 특히, 황금소로의 허름한 집들 중 푸른 빛이 감도는 길가 한 작은 방에 사람들이 몰리고 있다. 이곳 태생의 실존주의 작가며 《변신》, 《성(城)》 등의 작품으로 오랫동안 연구대상이 되고 있는 프란츠 카프카(Franz Kafka, 1883~1924)의 작업실과 주변의 동상들이 있기 때문이다. 그는 유대인 계열의 체코인 소설가로 현재 프라하 유대인 묘지에 안장돼 있다.

　그는 운명적 부조리, 존재의 불안과 허무, 소외감을 안고 살아가는 인간 존재를 통찰하는 작품 등을 써내 실존주의 문학의 선구자로 평가받고 있는 인물이다. 체코에서 태어났으나 독일어를 쓰는 유대인으로 분류, 소외돼 늘 이방인으로서 고독을 숙명처럼 안고 살아왔다는 것. 프라하 대학에서 법률을 전공한 후 보험공사 직원으로 살았다. 하지만 문학에 대한 목마름으로 퇴근 후에는 여동생이 마련해 준 이 허름한 공간(22번지)에 들려 글을 써왔다는 것이다. 34세의 나이에 폐결핵 진단을 받고 여러 요양원을 전전하며 《성(城)》, 《배고픈 예술가》 등의 소설을 써오다 7년 후인 1924년 41세로 요절한다. 카프카가 평소 유언을 남긴 친구에게 토로한 문학에 대한 견해는 숙연하다.

　"한 권의 책은 우리 안의 얼어붙은 바다를 부수는 도끼여야 한다. 우리에게 필요한 책은 큰 고통을 주는 불행처럼, 우리가 정말 사랑하는 사람의 죽음처럼, 우리가 모든 사람에게서 떠나 숲속으로 추방당한 것처럼, 자살처럼 충격을 주는 것이어야 한다." 마치 목숨을 바쳐 글을 쓰는 듯한 그의 작가 정신이 숭고해 보인다.

근처에는 독특한 모양의 카프카 동상이 있어 눈길을 끈다. 작품명은 〈회전하는 머리의 프란츠 카프카(Franz Kafka Rotating Head)〉로 데이비드 체르니의 작품이다. 수백 개의 투명한 백색 알루미늄으로 조합된 듯한 이 동상의 얼굴 조각들은 칸칸이 따로따로 회전, 그때마다 주변 상황을 그대로 비추면서 작품의 의미를 다변화한다. 마치 시시각각 변신해 가는 동상이, 고뇌하는 인간이 벌레로 바뀌어 가는 상황을 이끌어 낸 소설 《변신》처럼 '카프카적 느낌'을 잘 표현하고 있다는 생각이 든다. 카프카 탄생 120주년을 기리기 위해 2003년 세운 또 다른 동상은 빈껍데기 인간 위에 무등을 탄 카프카를 그려내고 있다. 조각가 자로슬라브 로나(Jaroslav Rona)의 작품이다. 높이 3.75m, 무게 800kg에 달하며 올드타운과 구 유대인 마을 사이 경계에 서 있다. 두 작품 다 함의하는 바가 다중적이고 무거워 보인다. 카프카 문학은 장 폴 사르트르, 무라카미 하루키, 밀란 쿤데라 등의 작가에도 영향을 미쳤다. 독일어권과 영어권에서는 난해하고 혼란스럽다는 의미의 'Kafkaesque(카프카스럽다)'가 형용사로 흔히 쓰일 정도다.

체코가 자랑하는 또 한 명의 작가, 밀란 쿤데라(Milan Kundera, 1929~2023)는 《참을 수 없는 존재의 가벼움(The unbearable Lightness of Being)》이라는 장편소설(1984년 발행)로 유명하다. 이 책은 영화(1988년 개봉)로도 만들어졌다. 한국에선 〈프라하의 봄〉이라는 제목으로 상영됐지만 여타 지역에서는 소설 원제목 그대로 쓰였다.

이 영화는 프라하의 봄을 배경으로 4명의 남녀가 펼쳐가는 모순적인 사랑과 이중적 사고, 그들이 처한 체코의 사회적 분위기와 역사, 이데올로기의 소용돌이 속 고뇌와 맞물리면서 '결국 인간이란 더할 나위 없이 가벼운 존재임을 깨닫게 된다'는 것이 주된 내용이다. 1989년 벨벳 혁명으로 체코 공산정권이 붕괴될 때까지 그의 모국에서는 금서로 지정됐었다.

체코 역사 속 '프라하의 봄'은 1968년 체코슬로바키아에서 일어난 민주 자유화 혁명운동을 지칭한다. 프라하 시내 중심부에 있는 바츨라프 광장은 이 운동의 혁명 광장이며 격동적인 체코 근현대사의 주무대로 알려져 있다. 이 운동은 소련 지배하의 체코 보수정권의 소련 추종에 반발한 지식인들이 중심이 됐다. 소련은 이런 움직임이 동유럽 공산국가에 전파될 것을 우려해 무력침공을 감행한다. 4개월 후인 8월 20일, 소련군은 20만 명의 여러 나라 군사들을 동원해 이 운동을 저지하고 주도자들을 숙청했다. 또한 개혁파 중심인 둡체크 당 서기 등을 강제 해임하고 개혁파를 추종한 50여만 명의 당원도 제명하거나 숙청한 사건이다.

이런 위기 속에서 민족의식을 소환하는 음악과 문학작품들은 저 아래 감춰진 기억을 불러내 곧장 현실 속에서 뜨거운 기운과 충동으로 작동하는 힘을 발휘한다.
자신의 조국을 애끓는 마음과 존경으로 흠모하며 6편의 교향시로 엮어낸 스메타나의 음악 역시 그랬다는 게 현지 국민들의 소회다. 교향시(交響詩, Symphonic poem)는 관현악에 의해 시적, 회화적, 심리적인 내용을 음악적으로 표현하는 표제음악(Program music).

살아생전 오스트리아 통치 아래 살았던 스메타나는 혁명에 가담했으며 이후 한동안 스웨덴에서 망명 생활을 하다 고국으로 돌아온다. 몇 년에 걸쳐 작곡에 매달리다 귀가 안 들리는 말년에 〈나의 조국〉을 완성하고, 마지막엔 프라하 정신병원에 입원 후 숨을 거뒀다. 1884년 5월 12일이다. 그의 기일에 '프라하의 봄' 음악제가 열리는 이유다.

체코를 떠올리게 하는 또 한 명의 저명한 작곡가는 드보르자크(Antonin Dvorak, 1841~1904)다. 그는 프라하에서 활동하다 미국 음악원의 초청으로 이주, 첫 교향곡으로 〈신세계 교향곡〉을 발표해 큰 성공을 거뒀다. 그 후 한동안 조국, 보헤미아의 향수를 담은 작품들을 잇달아 내놓아 관심을 끈다. 그리고 54세에 프라하 음악원으로 돌아와 창작 활동에 전념하다 9년 후인 1904년 프라하 자택에서 사망했다.

오스트리아 출신의 독일 시인으로 알려져 있는 불세출의 서정시인, 라이너 마리아 릴케(Rainer Maria Rilke, 1875~1926)까지 프라하에서 태어났다니 프라하는 이래저래 더 정감이 가는 곳으로 느껴진다. 그는 20대 초반 프라하 대학교에서 문학, 법학, 역사 등을 공부한 후 독일로 건너갔다.

그렇게 '프라하'라는 이름은 내게 매력적이고 자극적이며 독재적이다. 그 이름 석 자는 한꺼번에 여러 느낌과 사고를 강제한다. 개인의 생각은 일생 동안 자신이 소유한 편협한 지식과 경험을 바탕으로 생겨나고 세상을 바라보는 인간의 눈이라는 게 어쩔 수 없이 다 그런 것 아닌가. 누가 옳고 그른지 쉽게 얘기하기 힘들다. 한 인간이 세상을 보는 눈은 좁고도 좁다. 그래서 다름을 보려는 여행이 필요한지도 모른다.

[3]

피렌체 - 이탈리아

▷ 르네상스를 불러온 다빈치, 미켈란젤로 등 천재들의 요람

⋯ 두오모 성당

세월이 흐른 후 다시 한번 가보고 싶은 장소들이 있다. 이번에는 제대로 천천히, 찬찬히 음미하며 맨 처음 방문 시 느낀 여행의 보람과 흥분을 다시 맛보고 싶다는 생각을 하게 하는 곳들 말이다.

지난 세월 운 좋게 여행 애호가로, 외국 거주 유학생으로 또는 언

론사 취재차 참으로 많은 나라, 다양한 곳을 돌아보았지만 감탄에 감탄을 거듭한 곳이 몇 군데 있다. 주위 사람들에게도 꼭 가보도록 추천하고 싶은 보석 같은 곳들이다.

내겐 그중 한 곳이 이탈리아 중부의 피렌체(Firenze, 영어로는 Florence)이다. 로마에서 초고속열차를 타면 1시간 30분 만에 피렌체의 중앙역인 산타마리아 노벨라 역에 도착할 수가 있다. EU 국가에서 오는 대부분의 열차가 정차하는 곳이기도 하다.

많고 많은 여행지 중 왜 하필 피렌체냐고 물을 수도 있을 것이다. 우선 볼거리가 무궁무진해 일정이 바쁜 사람이 매번 쫓기듯 여행을 하면 아쉬움이 크게 남는 곳이기 때문이다. 어찌 한 도시가 수백 년 전에 이렇게 찬란한 예술인들을 무더기로 배출해 눈부신 작품들로 후손들을 열광하게 만드는지 연신 감탄을 거듭하게 되기 때문이다. 유네스코가 이 도시 전체를 세계문화유산으로 지정한 이유를 단박에 알듯도 하다.

오죽하면 예술작품을 감상 후 가슴이 뛰는 현상을 의미하는 언어, '스탕달 증후군'이란 단어까지 이곳에서 만들어졌을까 생각하면 동서고금을 망라해 나, 개인만의 느낌이 아니로구나 해서 더욱 그렇게 된다. 또 있다. 그곳을 향하고 되돌아오는 길목에 기가 막히게 아름다운, 보석 같은 강과 산, 숲 등 자연유산을 함께 곳곳에 펼쳐놓고 있어 충분히 만끽하기에는 턱없이 미진하다는 느낌 속에 매번 발길을 돌려야 하기 때문이다.

'꽃의 도시', '예술의 도시'라는 별칭이 어울리는 피렌체는 14~16세기 르네상스 문화를 꽃피운 가장 아름다운 도시로 알려져 있으며 로마에서 북서쪽으로 233㎞ 떨어진 곳, 내륙지방의 아르노 강과 멋진 구릉을 끼고 위치해 있다. 피렌체라는 이름이 '꽃'을 뜻하는 이탈리아어의 '피오레'에서 유래됐다니 딱 맞는 이름이다.

⋯▶ 피렌체를 관통하는 아르노 강변 모습

게다가 서양 문화의 모태인 고대 로마와 그리스 문화를 부흥, 만개시키는 주도적인 역할을 했으니 이곳에 발을 디디면 타임머신을 타고 시간을 거슬러 올라가는 환상적인 체험을 할 수가 있다. 현재의 시간이 멈추고 '카이로스의 시간'이 시작되는 것이다.

작은 도시 국가였던 피렌체는 까마득한 B.C. 1세기에 이미 퇴역군인들의 거주지를 마련하기 위해 동서남북으로 반듯하게 구획한 격자형 계획도시로 건설되었다는 사실은 놀라울 뿐이다. 그곳이 전설적인 예술가들인 단테, 마키아벨리, 미켈란젤로, 레오나르도 다빈치의 고향이기도 하니 진정 르네상스를 잉태한 요람인 곳이다. 어찌 한 도시에 이런 인물들이 줄지어 태어나 활약했는지 신기할 정도다.

더구나 전 세계 사람들에게 사랑하는 여인의 대명사기가 돼 흔히 사용되는 '베아트리체'가 시성(詩聖) 단테의 짝사랑 연인의 이름이었다는, 그래서 그 가슴 떨림과 회한으로 평생 기막힌 시를 쏟아내게 됐다는 사연을 접하면 피렌체는 사랑과 번민, 고뇌의 인간 스토리까지 고루 갖춘 완벽히 매력적인 장소가 되는 것이리라.

피렌체에서 몰락한 가문의 아들로 태어난 단테(Dante)는 그가 아홉 살이 되던 해인 1274년 피렌체에 있는 한 유력자의 집에 들렀다가 그 집 딸, 베아트리체(Beatrice)에게 한눈에 반하게 된다. 그의 인생은 완전히 그녀에 사로잡혀 흔들리기 시작한다. 그러나 이들은 집안의 의견차로 결혼을 하지 못한 채 떠돌다 한참 후 우연히, 길에서 극적으로 재회한다. 그는 당황한 채 그저 의례적인 인사만 나눈 후 다시 헤어져 영영 만날 수 없는 한을 품고 살아가게 된다. 그 후 자신의 영육을 지배했던 그녀가 이른 나이에 세상을 하직하자 단테는 20년간 실성한 듯 그녀를 그리워하며 쓴 시를 묶어 《새로운 인생》이라는 시집을 세상에 토해낸다.

한동안 뛰어난 언변과 지성으로 유력한 정치인으로도 활약했던 그는 반대파에 밀려 피렌체에서 쫓겨 난 후 불후의 장편서사시 〈신곡(La Divina Commedia)〉을 집필하기 시작한다. 죽기 전인 1321년 〈신곡〉의 마지막 '천국편'을 완성하고 피렌체로는 돌아가지 못한 채 사망한다. 그 후 못다 이룬 사랑의 대상인 베아트리체의 이름은 아직까지도 전 세계인들에게 '티 없이 아름답고 순진무구한 연인'을 지칭하는 대명사가 됐다.

피렌체를 통과하는 아르노 강 위, 아치 형태로 지어진 폰테 베키오라는 오래된 다리를 만나게 된다. 그 다리가 바로 단테가 꿈에도 잊지 못한 베아트리체를 우연히 만났던 '운명의 다리'다. 한때 아르노 강의 홍수로 파괴됐었으나 다시 복구돼 지금은 다리 안쪽에 보석상, 기념품 가게들이 들어서 있다. 짝사랑의 실연으로 아파하는 연인들의 마음을 찡하게 하는 관광 명소로 자리매김하고 있다. 그곳에서 결혼기념 반지 등을 구입하기도 한단다.

가게 주인에게 물었다. "여행 도중 결혼용의 비싼 진품 보석을 사는 사람이 있느냐?"고 , "물론이다. 많이들 그렇게 한다"고 응수한다. 물어보면 쓸데없는 잔소리라는 투다. 하긴 장사하는 사람에게 어리석은 질문이다.

피렌체의 산타 크로체 광장에는 14세기에 지어진 성당이 작은 규모로 자리하고 있지만 역시 발길을 재촉하게 만든다. '스탕달 증후군(Stendhal syndrome)'이란 용어의 탄생지인 피렌체 산타 크로체 성당 전면부에는 단테의 조각상이 서 있어 이래저래 피렌체는 가슴을 뛰게 하는 곳이 됐다. 이 증후군은 예술품을 보고 순간 격한 감동과 전율을 느껴 마치 몸에 이상을 느끼게 되는 현상을 말한다.

프랑스 작가 스탕달이 바로 이 성당을 보고 심장이 뛰어 쓰러질 것 같은 이상 증세를 느낀 게 계기가 되어 이 단어가 유래됐다. 성당 벽면 안내판은 조각가 미켈란젤로, 천문학자 갈릴레이, 정치철학자 브루니, 작곡가 로시니 등 3백여 명 유명인의 유해가 안치돼 이곳이 이탈리아의 '국가적 판테온(神殿)'이 되었다고 소개하고 있다. 정작 단테 본인은 이곳에 묻히기 싫다 하여 빈 무덤만 놓여있는 상태라나. 현대의 이탈리아 표준어가 단테 작품의 영향으로 피렌체가 속한 토스카나 방언을 기반으로 했다는 업적으로 그의 조각상이 성당 전면에 자리하고 있다는 설도 있다.

또 그곳에는 단테의 짝사랑 연인이었던 베아트리체, 그리고 나중 그녀를 잃고 집안에서 강권해 이곳 성당에서 결혼식을 올렸던 전(前)부인도 이곳에 모두 묻혀있어 흔히 '단테 성당'으로도 불린다. 이곳 베아트리체 묘소 부근에 편지를 두고 가면 사랑이 이루어진다는 속설도 있어 짝사랑으로 가슴을 앓고 있는 젊은이들의 발길을 재촉하게 만든다고.

피렌체에는 또 단테가 어린 나이에 사랑에 빠져 시를 쏟아냈던 생가가 자리하고 있어 그의 생애를 짐작해 볼 수 있는 기회를 갖게 해준다. 그가 생존했던 13세기의 피렌체를 고스란히 보여주는 이 생가에는 단테 탄생 700주년을 기념해 1965년에 지은 박물관이 자리해 그를 자세하게 소개하고 있다.

특히 1층은 그의 생애가 연대별로 잘 정리돼 있어 그의 족적을 살펴볼 수 있다. 단테의 얼굴을 3차원으로 재구성한 홀로그램을 볼 수 있다. 단테의 침실이 놓여있는 2층에는 그가 위대한 사상가며 시인이 되기까지 고뇌했던 문학적, 철학적 여정을 보여주고 있어 그를 이해하는 데 도움을 준다. 단테가 죽은 지 174년 후(1495년) 전설적인 화가 산드로 보티첼리(1445~1510)가 그린 〈단테의 초상화〉는 매우 침울해 보여 고달팠던 사랑의 후유증을 가늠케 한다. 나만의 감상일 수도 있겠다.

→ 단테 조각상

단테가 12년 만에 완성한 그 유명한 서사시, 〈신곡(神曲)〉은 인류 문학사에 길이 남을 위대한 작품으로 평가되고 있다. 이 작품 속에서 그는 고대 로마의 사랑했던 한 여인 베아트리체의 인도를 받아 사후 세계인 지옥, 연옥, 천국을 여행한다. 신화 혹은 역사 속 인물들과 조우하며 하나님의 섭리와 구원, 인간의 자유의지 문제, 당시의 기독교 신앙을 통찰 등을 운문 속에 담아내고 있다. 극 중의 단테는 결국 천국에 이르게 된다.

그 시의 일부 내용을 보면 그의 인간적 고뇌와 몸부림이 배어있음을 엿보게 된다.

우리 인생길 반 고비에 / 올바른 길을 잃고서 / 난 어두운 숲에 처했었네 /
아. 이 거친 숲이 얼마나 가혹하며 완강했는지 얼마나 말하기 힘든 일인가!

/ 생각만 해도 두려움이 솟는다

나를 통하여 통곡의 거리로 / 나를 통하여 영원의 별을 / 나를 통하여 죄 많은 지옥의 백성이 모이는 거리에 이르니니 / 그 무엇도 내 앞에 없고 / 그 무엇도 내 뒤에 없으니 / 모든 희망을 버려라 / 큰 문을 지나는 자여!

― 《신곡》 지옥편 중에서

빛이 내리네 / 노랫소리 울려퍼지고 / 빛이 내리네 / 우리의 사랑을 / 여기 있어 더욱 넘치게 하는 한 사람 / 빛은 힘 / 지혜의 빛 사랑의 빛 / 빛은 모든 것

― 《신곡》 천국편 중에서

산타 크로체 성당에는 이탈리아 르네상스 시대의 정치사상가인 마키아벨리(1469~1527)도 잠들어 있어 잠시 생각의 발길을 그쪽으로 돌리게 된다.

당시의 피렌체 권력자인 메디치 가문에 1513년 그가 헌정했다는 그 유명한 《군주론》에서 언급한 대목은 500여 년 전 마키아벨리의 전략적·정치적 사고의 일단을 엿보게 된다.

"군주에게는 운명과 상황이 달라지면 그에 맞게 적절히 달라지는 임기응변이 필요하디. 할 수 있다면 착해져라. 하지만 필요할 때는 주저 없이 사악해져라. 군주에게 가장 중요한 일은 나라를 지키고 번영시키는 일이다. 일단 그렇게 하면 무슨 짓을 했든 칭송받게 되며 위대한 군주로 추앙받게 된다." 그가 권력자에게 발탁될 목적으로 썼다고 하나 그 뜻은 성사되지 않았고 불운함 속에 여생을 살다 1527년 58세에 눈을 감았다니 그 순간 그 역시 얼마나 허망, 허탈했을까.

그는, 귀족은 어떻게 권력을 잃게 되는지, 계급 간 권력 투쟁은 어떤 방식으로 전개되는지도 언급했다. 현세까지 자주 회자되는 그의 유명한 어록, "목적이 수단을 정당화한다"는 말을 그는 세상을 떠나면서도 여전히 가슴속에 품고 있었을까? 5백 년 전 그때나 지금이나 인간의 처세술과 욕심은 별반 다르지 않다는 느낌을 잠시 하게 만든다.

이들 희로애락의 인간사가 기분을 잠시 무겁고 진지하게 만들지만 줄지어 운집해 있는 대단한 문화유산들은 여행자들을 어김없이 또 다른 감동의 도가니로 바삐 몰아넣는다.

우선 산타마리아 노벨라 중앙역에서 내려 10여 분을 걸어가면 피렌체의 정수인 두오모 대성당으로 갈 수 있다. 이들 멋진 문화유산들은 역을 중심으로 동서남북 방향 도보 30분 이내면 핵심 볼거리를 모두 즐길 수 있으므로 당연히 두오모로 달려가야 한다. 유럽, 특히 이탈리아는 두오모가 가는 곳마다 넘치지만 이 성당은 사뭇 모양새부터 파격적이라는 느낌을 준다.

이탈리아 어느 지역이든 대성당을 의미하는 두오모(Duomo)가 있지만 '꽃의 성모 교회'라 불리는 이곳 두오모는 색다르다. 중세 피렌체가 얼마나 대단한 도시였나를 가늠하게 하는 기념비적인 건축물로 산타 마리아 델 피오레 성당으로 불린다. 대부분 대성당 하면 위압적인 고딕식 첨탑을 떠올리지만 높이 115m 두오모의 주황색 둥근 돔(쿠폴라)은 지름이 43m인 품 넓고 푸근한 모습으로 관광객들을 맞이한다. 별다른 지지대 없이 그 거대한 돔을 꼭대기에서 떡 버티게 만든, 르네상스 건축 양식의 창시자인 브루넬레스키의 건축 기술에 요즘의 전문가들도 혀를 내두를 정도라고 한다.

성당 전체를 둘러싸고 있는 기하학적, 모자이크식 검은색 줄무늬가 있는 흰색 대리석 몸체는 성당이라기보다는 색다른 왕궁을 보는 듯하다. 착공 140년만인 1436년에 완성한 작품으로 그 규모가 위풍당당이다. 옥상 전망대로 가는 4백여 개의 계단을 숨차게 올라가면 중세풍의 피렌체 전체를 조망할 수 있어 인기다. 정작 크기가 대단한 두오모의 모습은 한눈에 볼 수가 없으니 그 옆에 자리한 '조토의 종탑'에서 다시 4백여 개의 계단을 올라 건너편 쿠폴라를 보기도 한다. 두오모 바로 옆 8각형의 '산 조반니 세례당'은 6세기에 세워진 것으로 로렌초 기베르티가 만든 '천국의 문'을 포함한 3개의 청동문 안에 담긴 조각작품들이 세계의 관광객들을 끌어모으고 있다.

1581년 개관, 유럽 3대 미술관의 하나로 손꼽히는 우피치(Uffizi) 미술관은 이탈리아에서 가장 많은 미술품을 소장하고 있어 피렌체 여행의 필수 코스. 이 건물 기둥에는 피렌체의 빛나는 예술인들의 모습이 새겨져 있어 눈길을 끈다. 입장객이 몰리다 보니 15분 간격으로 30명에 한해 입장시키고 성수기에는 대기시간이 5시간에 이르므로 온라인 예약이 필수임을 알고 가야 허탕을 치지 않는다. 이탈리아의 명문가, 메디치 가문이 수집한 작품들로 가득 채워져 있다.

피렌체가 중세를 지나 르네상스 시대의 본고장이 된 배경에는 메디치가의 역할이 절대적이다.
당시 금융업으로 큰 재산을 일군 메디치가는 부의 축적을 죄악시했던 사회 분위기와 여러 가문들의 권력 투쟁을 잠재우기 위해 자기

재산을 사회에 환원하는 방식으로 학자들과 예술가들을 후원했다. 그런 방법이 곧 자신들이 지닌 권력의 정통성을 확보하고 가문의 영광을 드러낼 수 있는 좋은 수단임을 간파했기 때문이다. 천재 화가 보티첼리가 그린 성서나 신화의 인물 속에 메디치 가문의 인물들이 버젓이 등장하게 되는 것도 그런 경우의 예다.

우피치 미술관에 소장된 〈동방박사의 경배〉를 보면 예수 탄생을 축하하기 위해 모인 사람들이 메디치가의 인물들을 연상케 그려져 시민들에게 경이로움과 위압감을 부지불식간에 심어준다.

피렌체 공화국의 초기 역사는 여러 가문들의 권력 투쟁으로 점철돼 있었으나 이를 수습, 리더십을 발휘한 가문이 바로 메디치가이다.

우피치 미술관 2~3층에는 르네상스 시대를 몰고 온 내로라하는 예술가들의 본격적인 회화, 조각작품들이 즐비하게 전시돼 있다. 대표적인 것으로 우리나라 교과서 등에서도 등장해 한국인들에게도 유명한 보티첼리의 〈비너스의 탄생〉, 레오나르도 다빈치의 〈수태고지〉, 티치아노의 〈우르비노의 비너스〉 등이 전시돼 있다. 미켈란젤로, 라파엘로, 마르티니 등이 총망라돼 있어 그저 감탄사를 연발하게 된다.

또 아카데미아 미술관은 전 세계적으로 가장 지명도가 높은 조각작품인 미켈란젤로의 〈다비드상〉 원본을 소지하고 있는 곳이다. 공화국의 자유정신을 표현해 달라는 피렌체 정부의 요청으로 미켈란젤로가 약관 29세의 젊은 나이에 5m의 흰색 대리석으로 빚어낸 다비드상은 불후의 명작이 되어 관광객들을 유혹한다.

피렌체나 로마, 베네치아 등의 도시들이 벌어드리는 관광 수입이 "이탈리아를 먹여 살린다"는 말이 진정 실감 나는 현장이다. 우리 대한민국은 과연 무엇으로 전 세계 관광객을 끌어모으나 조바심도 생긴다. 한국인 관광객들은 올해 초봄부터 피렌체를 휩쓸고 있는데 말이다. 그런데 여러 번 들렀던 이 나라에서 필자가 처음 겪어본 이상 기운이 감지됐다. 때마침 3월은 아마도 유럽 고교생들의 수학여행 기간이었던 것 같다.

그들이 한국 여행객들을 들뜨게 했다. 이탈리아와 스페인의 고교생 무리들은 "야! 한국사람들이다"라고 환호하며 달려왔다. 유튜브를 통해 BTS 공연을 보았고 넷플릭스로 〈오징어 게임〉을 보았다며 현재 한국어를 배우고 있다고 자랑했다. 여러 차례 겪었다. 때마침 나폴리에서 맹활약 중이던 축구선수 김민재의 이름도 외쳐댔다. 한국도 조만간 관광대국으로 자리매김할 수도 있다는 신호탄이 아닐까 기대해본다.

저녁이 되면 피렌체 전체 모습을 조망할 수 있는 미켈란젤로 언덕으로 가자. 고풍스러우면서도 우아한 주황색 지붕들이 넘치는 중세풍의 환상적인 옛 도시를 통째로 감상할 수가 있다. 특히 일몰이 아름답기로 소문난 야경은 잊을 수 없는 추억거리가 된다. 피렌체에서 영육으로 보고 느끼고 겪고 상상했던 모든 것들이 노을 속 풍경과 어우러져 진한 감동과 몰입 속에 당신의 시간을 다시금 한동안 멈추게 할 것이다.

가만히 내려다보면서, 우리의 삶은 지나간 추억에 기대어 살면서, 다시 의미 있고 설레는 추억거리 발굴을 위해 끝없이 움직이며 채워가는 여정이 아닌가 하는 생각도 들었다.

[4]

론다 – 스페인

▷▶ 투우와 열정의 도시, 대문호 헤밍웨이가 사랑한 도시

⋯▶ 까마득하게 높고 깊은 론다의 엘타호 협곡과 마을 모습

　남부 유럽 하면 우선 남서쪽 이베리아 반도에서 전 세계 관광객을 빨대처럼 빨아드리는 '태양과 정열의 나라', 스페인이 떠오른다. 우선 피 튀기는 투우사의 붉은 망토와 혼을 빼는 플라멩코, 끝없이 펼쳐지는 녹회색 올리브 나무 구릉이 떠올려지는 나라다. 스페인 중에서도 남쪽 지방을 따라 지중해를 끼고 달리면서 주욱 줄지어 늘어서 있는

멋진 풍광들과 그 뒷이야기만 따라가도 금방 가슴이 뭉클해지는 곳이니 말이다. 어여쁜 황금색 열매를 주렁주렁 매단 가로수길 오렌지 나무들을 만나면 가슴이 금세 쿵쾅거린다.

올해 초봄, 그간 억눌렸던 여행에의 갈증을 해소하기 위해 우선 들린 곳은 다시 유럽이다. 이번에는 한 달 여정으로 남부 유럽을 좀 찬찬히 천천히, 음미하면서 가자는 게 목적이었다.

그중에서도 특히 한 곳, '론다'. 그곳을 생각하면 '인간은 생명불식의 존재'임을 온 육신과 정신을 다해 입증이라도 하듯 격렬하게 자신의 존재를 드러낸 사람이 있기에 더욱 그렇다. 저항할 수 없는 마력이 있는 인물 말이다.

"정말 흥미진진한 글을 쓰려면 수많은 강펀치를 맞아봐야 한다"며 전 생애에 걸쳐 세상 곳곳을 떠돌며 미친 듯이 살아냈던 사람으로 남의 나라 전쟁터도 불사한 그는 바로 미국의 대문호 어니스트 헤밍웨이(Ernest Hemingway, 1899~1961)다. 영혼을 뒤흔드는 맹렬한 펀치를 찾아 헤매던 그가 수시로 드나들며 강한 애정과 열정을 보인 곳 또한 스페인이며 론다이다.

그는 친구에게 쓴 한 편지에서 "론다는 스페인에 들르면 꼭 가봐야 하는 곳이다. 도시 전체가 그리고 어느 쪽을 바라보아도 색다른 분위기가 살아있는 곳"이라고 소개했다.

인천 국제공항에서 약 15시간을 날아 바르셀로나 공항에 도착한 이후 버스로 14시간 정도를 쉬지 않고 달리면 론다에 도착한다. 물론 일반 여행객들은 패키지 상품이나 자동차 등을 이용해 바르셀로나 도착 후 시계 방향으로 남부의 몬세라 – 발렌시아 – 그라나다 - 론다 등의 과정을 하루 이틀씩 거쳐 가게 되지만 말이다. 그만큼 멀고 큰 나라면서 볼거리가 무궁무진한 나라다.

소위 글이나 그림 등 예술 활동을 하는 사람들의 인생 편력에 사랑과 유랑은 떼려야 뗄 수 없는 불가분의 관계로 등장한다. 작품으로 독자들의 영혼을 전율하게 하려면 공감대가 필요하고 그 공감대 형성에 도전, 열정, 신선함과 설렘, 충격을 안겨주는 데 사랑과 모험을 동반한 여행만 한 것이 없기 때문이리라.

자신의 출생지이며 학창 시절을 보냈던 미국 중부 일리노이주를 벗어나 19세 이후 미국 이외의 나라들을 제집 드나들 듯했던 헤밍웨이가 "내 나라 미국 다음으로 가장 사랑했던 나라"라고 일갈했던 스페인, 그중 그를 길게, 또는 수시로 붙잡아 맨 곳은 남부 안달루시아의 도시, '론다'이다.

〈알함브라 궁전의 추억〉으로 알려진 그라나다와 멀지 않은 이 도시는 대단한 풍광과 함께 '론다를 사랑한 헤밍웨이'라는 안내문으로 관광객들의 마음을 흔들어 놓는다.

과연 그가 훑고 다닌 그 많은 지구촌 도시들 중에 도대체 이 도시의 어떤 마력이 '대담하고 남성적이며 자극적인' 삶을 원했던 그를 유인했을까 해서 절로 궁금해졌다.

내가 25년 전, 그리고 다시 7년 전, 또 6개월 전 들렀을 때 그곳에서 죽은 헤밍웨이가 맹활약하는 역할은 해가 갈수록 대단해졌다.

론다 정부는 1996년 헤밍웨이를 론다의 '양아들'로 명명했고 2015년 그의 조각상을 설치해 그를 론다의 가족으로 소개하고 있다. 미국을 조국으로 둔 그가 스페인의 양자가 된 것이다. 그러니 그의 작품을 흠모했던 독자들에겐 그가 걸었던 이곳의 산책길도 달라 보이고 파란만장했던 그의 인생 역정과 음성이 들려오는 듯도 하다.

61년을 살아낸 일생 동안 사방팔방, 동분서주하며 북미 대륙과 유럽, 아프리카, 쿠바 등 곳곳을 잠시도 쉬지 않고 역마살이 들린 듯 헤집고 다닌 그인데 말이다. 까탈스럽고 머릿속이 실타래처럼 복잡한 그에게 선택당하려면 장소 역시 치명적인 매력이 있어야 하지 않을까 하는 막연한 생각마저 든다.

물론 웅장한 산맥의 너울이 도시를 감싼다는 의미에서 온 지명이 '론다'라니 그 가운데 까마득히 높은 바위 협곡 위에 서 있는 산동네는 보는 이의 마음을 당장 설레게 하기 충분하다. 이 도시를 구시가지와 신시가지로 나누는 120m 깊이의 엘 타호(El Tajo) 협곡 사이로는 거친 강물이 흐르고 그 위로 절벽 같은 바위들이 쭉쭉 도열해 있어 아찔한 맛과 으스스한 긴장감을 너해준다. 다분히 위협적이다. 두 개의 세상이 협곡을 사이에 두고 마주 본 듯한 론다의 햇살은 지나치게 맑고 그림자조차 선명

⋯▶ 론다의 헤밍웨이 기념비

제2부 그곳에 가고 싶다

하다. 비현실적으로 고요하다. 인간의 희로애락도 자연의 일부라는 걸 조용히 증명해주는 듯하다.

협곡에 놓여 구시가지와 신시가지를 이어주는 누에보 다리, 그 절벽 위로 나 있는 기막힌 풍광의 '헤밍웨이 산책로'는 관광객의 탄성을 자아낸다. B.C. 6세기 철기 민족인 켈트족이 협곡 위에 마을을 건설한 이후 위험천만해 보이는 위치로 인해 주요 군사요지로 쓰였던 곳이란다.

깊고 음습한 저 아래 아찔한 협곡 바닥의 지하는 옛날 모로 왕의 별장이 있었던 곳으로 작은 정원과 지하 계단을 한참 내려가면 서늘한 별미를 선사한다. 스페인 내전 때 포로를 협곡 아래로 던져버렸다는 뒷얘기도 들리는 탓인가 보다. 하지만 회색 화강암 절벽 위 산간 마을은 뜨거운 태양열을 의식해서인지 모두 하얀색 외벽에 주황색 기와를 얹은 모습이 밝고 명랑한 기분을 준다. 더구나 그 위로 핏빛 노을이 드리워지면 이제 어두운 옛일은 다 잊고, 다만 이 아름다운 현재를 즐기라는 뜻의 '카르페 디엠!'이 주문처럼 다가온다.

절벽 위에서 맞은 편의 드넓은 습지와 평야, 그 건너 줄지은 산맥 등을 조망할 수 있어 광활함과 웅혼함을 동시에 느끼게 하는 곳이다. 게다가 그라나다에서 지중해변을 끼고 달리다 다시 론다로 접어드는 길가 들판의 고즈넉하고 평화로운 풍광은 한동안 아무 생각 없이 '외진 곳'에서 머물고 싶다는 미련을 갖게 한다.

아마도 그래서 순수한 자연에의 열망과 감수성이 남달랐을 작가 헤밍웨이가 한동안 이곳에 꽂혀 작품활동에 몰입했을 거라는 추측도 하게 된다. 산책로에는 어김없이 턱수염을 단, 거구 헤밍웨이 얼굴 안내판이 관광객을 반긴다. 그는 이곳 체류 시 현재는 노란색으로 칠한 절벽 끝 어느 한 집을 빌려 기거했다고 전해진다. 그가 20~30세 때 수시로 드나든 곳이라니 주거지 또한 일정했겠느냐마는 기막힌 풍광의 이곳의 모습은 그의 성정과 잘 들어맞는다는 느낌마저 든다.

어찌 됐든 헤밍웨이를 졸지에 미국 문학의 대표 작가이면서 세계인이 사랑하는 소설가로 자리매김하게 한 걸작, 《무기여 잘 있거라》와 《누구를 위하여 종은 울리나》가 스페인, 이탈리아에서 경험하고 또는 집필한 결과물이기도 하니 다른 어느 곳보다 그가 사랑하지 않을 수 없는 필연적인 대상일 수가 있다.

10대 학창 시절 신문 제작반에서 활약했고 지역 신문에서 견습생으로 일했던 그는 고교 졸업 후인 1918년(19세), 1차 세계대전 중 자원해 군부대 수송차 운전병으로 이탈리아 전선에 배치된다. 그 경험을 바탕으로 집필해 1929년 30세에 발표한 것이 《무기여 잘 있거라》로 그의 존재를 확고하게 세상에 알리게 된다. 그의 첫 작품은 27세 때 완성한 《태양은 다시 떠오른다》이다. 1차 세계대전 이후 혼란스러운 시기에 방황하는 젊은 세대의 이야기를 다뤘는데 자전적 요소가 강하다.

서로 죽고 죽이는 전쟁터는 그의 머리와 가슴을 흔드는 치명적인 한 방을 먹이는 게 분명한 모양이다. 헤밍웨이 자신도 "미국에서 경험해 볼 수 없는 인간의 쇼를 맛보기 위해서 스스로 1차 세계대전에 자원했다"고 전해진다.

그 뒤 혁명 중인 스페인의 공화제를 열렬히 지지해, 한 지역 언론사의 스페인 내전을 취재하는 종군 특파원(1936~1939)으로 자진해 스페인으로 향한다. 혁명군과 함께 보수파 프랑코의 군대를 비판하는 기사들을 써낸 헤밍웨이가 이때의 경험을 바탕으로 해서 쓴 글이 다름 아닌 그 유명한 반전(反戰)소설,《누구를 위하여 종은 울리나》이다. 일부 평론가들은 배경이 전쟁일 뿐 사실은 로맨스 연애소설이라는 평도 하고 있다.

그의 족적을 좇다 보면 육신의 환경과 경험을 바꿔주고 영혼을 진동케 하는 설렘을 선사하는 여행이 한 사람의 인생을 예기치 않은 다른 길로 안내함을 새삼 깨닫게 된다.

그래도 여행길에 오르기 전 헤밍웨이와 론다와의 '이상한 관계'를 더 이해하기 위한 또 한 방이 필요해 자료를 뒤졌다. 그리고 그럴만한, 우선적인 이유를 찾아내 쾌재를 부르게 됐다. "그래 바로 이거야" 하면서.

"이제 전쟁이 끝났으니 삶과 격렬한 죽음을 볼 수 있는 유일한 곳은 투우장 안이다. 그래서 나는 그것을 탐구할 수 있는 스페인으로 가기를 많이 원했다. 나는 가장 단순한 표현을 글쓰기에서 추구하고 배우려 한다. 모든 것 중 가장 단순하고 가장 본질적인 것은 투우장에서의 격렬한 죽음이다"라는 말을 들여다보면 그는 군더더기 없는 글쓰기와 투우를 동일한 좌표에 두고 있었다. 그는 29세 여름, 스페인에서 《오후의 죽음》을 구상하면서 투우에 관한 글을 쓰기를 원했다. 그러면서 삶과 죽음을 넘나드는 투우를 글로 다룬다는 것은 "굉장히 비극적인 취미"라 했다고 전해진다. 그는 투우에 대한 찬미를 담은 이 작품에서 투우장은 "삶과 죽음, 고통과 아름다움이 공존하는 극장"이라고 표현했다.

그의 영혼이 가장 짙게 깃든 곳, 피와 예술이 교차하는 그 둥근 원 안에서 그는 인간의 존엄과 허무를 동시에 바라보았다. 소의 발굽 소리는 드럼처럼 울리고 투우사의 망토는 붉은 시(詩)가 되어 바람을 가르며 생과 사의 무대를 연출하는 곳의 절박함과 처절함에 취했다.

글 쓰는 사람으로서 이해할 만한 말이다. 장황한 췌사, 군더더기는 글의 힘을 빼버린다. 슬프다고 자꾸 울어대면 그 슬픔이 허공으로 사라지는 것처럼. 그럴 때 입을 꾹 다물고 울음을 참고 있는 모습이 우리를 슬픔에 더 빠뜨리게 하니 말이다.

⋯ 헤밍웨이가 거의 매일 들렸다는 론다 투우장의 성난 투우 모습

헤밍웨이가 이곳에 머문 주된 이유 중의 하나가 투우에 빠진 탓이라는 것이다. 그는 '격렬한 죽음'이라는 가장 단순하면서도 가장 근본적인 순간을 글쓰기와 삶의 지향점으로 삼고 있었던 걸까? 62세로 생을 스스로 마감하는 1961년까지 20세기의 내로라하는 작가를 대표하는 그의 작품과 모습, 행동을 접하면 '극기', '허무주의', '건조, 간결한 하드보일드 스타일의 문체', '강인한 남성상'이란 수식어가 뒤따른다.

게다가 투우를 통해 평소 추구하던 '남성성'과 '인간 필멸성'을 발견하고 그에 가치를 부여한 때문일까. 한 기록에 의하면 모두 4~5년 이상 되는 이곳의 세월 동안 그가 무려 1천 회의 투우 관람을 했다고 해 애호가를 넘어 중독 또는 광신 단계였다는 기록도 있다. 그는 투우를 단순한 경기나 오락이 아니라 진짜 모습의 삶과 죽음이 오가는 예술적인 행위로 여겼다는 것이다.

그는 스페인 내전은 물론 언론인으로 스페인 투우 시즌을 취재할 겸 이곳에 자주 머물렀다. 현재 그 투우장 앞에는 투우사들의 동상과 그들과 대결한 성난 투우들의 동상이 시선을 잡아끈다. 론다 시내 투우장 근처 헤밍웨이 공원에 있는 조각상 문구 역시 그가 추구했던 투우사적인 격렬한 삶과 작가로서의 치열한 삶을 여실히 보여주고 있다.

"나는 론다에서 어떤 투우사가 싸우는 것처럼 글쓰기를 열망한다. 진실하고 제한된 소재로, 단순하고 고전적이며 비극적으로."

실제로 론다 출신의 한 투우사 부자(父子)는 헤밍웨이의 첫 장편 소설인《태양은 다시 떠오른다》와 마지막 작품격인《위험한 여름》들의 주인공이었다. 그가 친밀하게 지냈던 사람들이다.

고향인 미국에 돌아온 그는 40대 중반에 다시 쿠바에 거처를 정하고 소설《노인과 바다》의 집필에 매달렸고 1952년 출판 후 아프리카로 사파리 여행을 떠난다. 여행 중 두 차례 비행기 사고를 당해 남은 생애 대부분을 병고에 시달리게 된다고. 사냥과 같은 격렬한 취미에 몰두하고 급기야는 정신착란까지 일으켰다는 설도 있다.

《노인과 바다》로 1953년 퓰리처상과 1954년 노벨문학상을 연이어 수상한 이후 중압감 때문인지 그 다음 작품은 내놓지 못한 채 심한 우울증과 알코올 중독에 시달렸다고 알려져 있다.

그는 다른 곳에의 여행을 이유로 노벨상 시상식에 불참하면서 서면으로 대신한 수상소감에서 이렇게 밝히고 있다. "작가로서 글을 쓴다는 것은 최상의 상태에서조차 고독한 삶입니다. 작가는 혼자서 글을 쓸 수밖에 없기 때문이며 훌륭한 작가려면 영원한 고독, 또는 영원한 고독이 주는 결핍과 매일 매일 부딪혀야 합니다"라며 당시 자신의 심정을 전하고 있다.

막바지에는 "아, 이젠 글이 써지지 않는다, 써지질 않아!"라고 절규하면서 1961년 여름, 병원 퇴원 후 6일 만에 엽총을 입에 문 채 권총으로 삶을 마감, 세상을 경악시킨다.

미국 아이다호주 케첨 발 기사가 전 세계로 쏟아졌다. 남다른 삶을 살았던 그 역시 그럴듯한 후속작 없이 자신이 세상의 관심에서 멀어지는 것을 못 견딘 것일까. 아니 그 복잡다단한 영혼을 그렇게 속단할 수는 없으리라.

21세기를 대표하는 작가로 이름을 날렸으나 유랑하는 사생활은 거칠고 불안했으며 스스로 목숨을 끊는 '투우사의 핏빛 삶'을 살았다고 해도 과언이 아니다. 자극적인 강편치를 맞을 수 있는 곳이면 전쟁터든 투우장이든 사냥터든 바다이든 막무가내로 어디든 뛰어들었던 과거 전력이 그를 입증한다.

또한 세계 곳곳 어디든 날아가 격정적으로 살아내면서 22세에 첫 결혼 후 39년간 네 명의 배우자와 얽히기까지 그 삶은 지극히 소란하고 불안해 평탄하기 힘들었을 것이다. 그를 포함해 가족 5명(아버지와 형, 누나, 손녀)이 스스로 목숨을 끊는 비운의 가족사에 대해 우울증과 자살은 집안 유전이라는 말도 허공을 맴돈다.

그를 흠모하는 사람들로부터 권위적이고 기백 있는 '마초', '파파'라는 별칭으로 불렸던, 작가로서의 성공과는 달리 불운했던 삶이 그의 존재 이유를 앗아간 것이다. 이런 요란한 유랑과 사랑, 몰입의 작품 활동과 고뇌와 고독이 작가로서의 삶의 원동력인 동시에 마감재였던 것이다. 이런 사연을 안고 그의 동상 앞에 서면 '사람은 무엇으로 사는가'라는 평범한 질문에 다시 맞닥뜨리게 된다.

"글도 그렇고 인생도 그렇다. 모든 것은 수십, 수백 번 고쳐 쓰는 것이다." 작품 속에서 극기와 허무주의, 강인한 남성상을 보여주려 했던 그가 론다의 산책길에서 우리에게 주는 말이다.

그가 떠난 지 60년, 그의 족적과 체취가 어린 지구촌 곳곳에선 그를 되살려 만나려는 사람들로 문전성시를 이룬다. 그러면서 "태양은 다시 떠오른다"고 외쳤던 그처럼 우리는 늘 혼란스럽지만 다시 떠오르는 태양을 나날이 마주하며 스스로 고삐를 조이는 것이다.

누군가 말했다. "진정한 여행의 발견은 새로운 풍경을 보는 것이 아니라 새로운 눈을 갖는 것"이라고, "여행의 최종 목적지는 장소가 아니라 사물을 바라보는 새로운 시야를 갖는 것"이라고. 광대무변한 자연 속에 한 인간의 생로병사가 얼마나 한 줄기 바람 같은 것인가를 깨닫게 하는 새로운 시간들은 옹졸한 편견을 잠재우고 보다 겸허해지고 성숙해지려는 노력을 부른다.

⋯▸ 62세에 생을 마감한 헤밍웨이의 중년 모습

[5]

시안 – 중국

▷▶ 중국 고대 13개 왕조의 도읍지이자 실크로드의 출발지

⋯▸ 2천여 년 전 진시황제를 옹위했던 2천여 군졸 병마용을 발굴해 전시 중인 병마용갱

 드넓은 대륙의 한가운데 자리한 산시성(陝西省)의 성도(省都), 시안(西安). 최근 급속도로 변화하고 있는 중국 내에서도 앞자리를 선점 중인 시안(옛 이름 長安)은 유구한 중국 문화와 선조들의 유물이 도시 전역에 장중하게 펼쳐있는 역사의 보금자리다. 올봄 3월, 시안 국제공항 착륙 직전, 저공으로 비행하는 항공기 창문으로 보이는 시내의

빼곡한 고층 아파트, 현대식 공항의 첨단 시설들과 넘치는 차량들은 그 빠른 변화를 절감케 했다.

중국 6대 중심 도시 중 한 곳인 시안은 지난 3천여 년의 중국 역사 가운데 주(周), 진(秦), 한(漢), 수(隋), 당(唐)나라 등 5개 대제국을 포함한 고대 13개 왕조의 도읍지로, 번갈아 가며 찬란한 문화와 번영의 꽃을 피운 곳. 고색창연하고 위풍당당한 유적들이 당시의 영화(榮華)를 남김없이 드러내고 있다. 게다가 험준한 산맥과 사막을 헤치고 빚어낸 비단길, '실크로드'의 시발점, 머나먼 서역 국가들과 왕성하게 교류하며 당시 '세계 제1의 국제도시'로 이름을 떨친 이들 선조의 기백이 도처에 서려 있는 곳이다.

시진핑(習近平, 1953~) 현 국가주석 부부의 고향이기도 한 시안은 유서 깊은 고대의 멋과 운치에 현대의 새로운 문화와 문명이 공존해 젊은이들이 살고 싶은 '매력적인 도시'로 거듭나고 있다. 시진핑이 2013년 중국 국가주석에 오른 이후 지난 10년간 이곳의 인구는 폭발적으로 증가했다. 2010년 약 850만 명이던 인구는 현재 1,100만 명을 넘어섰다고. 더구나 새로운 번영을 견인하려는 현 중국 정부의 일대일로(一帶一路) 정책이 '신(新) 실크로드 전략'으로 불리면서 거점 도시의 하나인 시안이 주목받고 있다. 나날이 생기와 젊음이 넘치는 '집값 비싼 도시'로 변신 중이다. 시안 시민 주거지의 약 70%가 이제 아파트로 채워졌다니 상전벽해(桑田碧海)다.

왜 그들의 선조들은 그 넓은 땅덩어리 중 하필 당시 장안(長安)을 도읍지로 정한 걸까. 여러 왕조들이 줄줄이 그런 결단을 내린 것에는 나름 당연한 이유가 있었으리라. 장안은 험준한 산봉우리가 즐비한 화산(華山)으로 둘러싸여 있어 외부 공격과 방어가 용이했다. 게다가 근처에 황하(黃河)가 흐르고 그 지류인 위수(渭水)가 가로질러 수상교통도 편리했다. 또 기름진 관중 지방 평원이 주변에 펼쳐져 있어 먹거리 생산 및 유통이 쉽다는 장점이 있다. 고대 중국 천하를 처음 통일한 진(秦)나라 이후 각국의 수도들이 이 강을 중심으로 형성되었던 이유인 거다.

시안을 거쳐 간 여러 왕조의 문화유산 중 국내외의 관심을 끌고 있는 것은 진나라와 당나라의 유적지, 유물들이다. 우선 중국 고대 최초로 한(韓), 위(魏), 초(楚), 연(燕) 등 여러 군소 왕국들을 평정, 기원전에 이미 중원을 통일한 진(秦)나라의 유물들은 당시 중국 지배층들의 배포가 얼마나 두둑한지를 확연하게 보여준다.

나라를 통일, 개국(開國)한 영정(嬴政)은 자신을 '시(始)황제'라 부르도록 명령했다. 그는 강력한 왕권을 거머쥐고 제국의 기틀을 마련해 갔다. 거대한 궁전과 만리장성을 짓기 시작하는가 하면 불로영생(不老永生)을 함께 할 작전을 짰다. 자신의 무덤인 황릉과 군부 집합체인 지하 '병마용갱(兵馬俑坑)' 설치 등이 그 좋은 예다.

시안 도심에서 30km 떨어진 곳에서 1974년 발견 직후 전 세계의 이목을 잡아끈 것은 진시황릉과 그 근처에 있는 엄청난 크기의 병마용갱이다. 이 용갱은 2천여 년 전, 죽어서도 영생을 꿈꾸는 진시황제를 옹위케 하는 군단이 자리한 지하 갱도다. 진흙을 구워 만든 테라코타 인형(허수아비)들은 실물 크기의 지휘관, 군졸들과 그들이 타는 말들로 구성돼 있다. 유사시 당장 뛰어나갈 듯한 전투태세를 한 병정들이 6천구나 질서정연하게 묻혀있다. 현재까지 발굴한 병마용은 약 2천여 구. 지금도 현장에서 쉼 없이 발굴과 보존작업을 계속 중이다.

⋯ 실크로드 출발지점에 세운, 낙타 타고 이동하는 상인들의 조형물

파헤친 발굴터는 거대한 스포츠 경기장처럼 지붕과 벽을 덧씌워 3~4층 높이의 실내 건축물 같다. 병마용들은 제각각 다른 얼굴 표정과 갑옷들을 보여주고 있어 이 유물들이 대충 숫자와 형식만 갖출 요량으로 만든 것이 아니라는 인상을 준다. 수염, 머리 모양, 갑옷의 견장이나 무늬 등이 제각각 직급마다 다른 데다 그들 손등과 얼굴 등에 힘줄 모양까지 새겨져 있다. 그 정교함에 마치 살아있는 병사와 말들이 5m 깊이에 생매장당한 것 같은 착각을 불러올 수도 있겠다. 연간 2백만 명의 관광객이 찾는 명소가 됐고 50년째 발굴이 이어져 현재는 4호갱까지 갖춰져 있다. 병마용 1호갱의 경우 길이 230m, 폭 62m로 축구장의 1.5배 크기다.

진시황의 실제 시신이 있다는 황릉은 병마용갱에서 1.5㎞ 떨어진 여산(酈山)에 자리하고 있다. 그는 즉위하자마자 이 능묘와 용갱을 착공하기 위해 70만 명의 인력을 동원했다는 기록이 있다. 통일 후 남아도는 각 곳의 거주민들에게 일자리를 제공, 안정된 정권 기반 마련을 위한 지략이었다는 설도 있다. 그는 11년간 왕위에 머물다 B.C. 210년, 50세의 나이로 사망했다.

1974년 중국의 한 농부가 우물을 파다 우연히 발견, 전 세계적인 뉴스거리가 됐던 진시황릉은 아직 발굴되지 않은 상태다. 얼핏 보기에는 마을 한켠에 평범한 크기의 야산 하나가 자리 잡고 있는 듯 보인다. 동서 485m, 남북 515m, 높이 약 76m 규모의 능이 그 산 안에 조성돼 자리하고 있는 셈. 묘실 벽에는 산천지형도 등이 그려져 있고 궁전과 누각, 집무실이 들어있는 공간에는 값진 보물과 집기, 그릇들로 채워져 있다고 전해진다. 무덤 가장자리 주변에는 수은을 부어 강과 하천을 만들어 놓았다는 기록이 있다. 중국 문화재 당국은 섣불리 황릉을 개봉할 경우 그 안의 유물들이 외부 햇빛과 산소 접촉 등에 의해 순식간에 부식, 파손될 것을 우려해 최첨단 발굴·보존 기술이 도입될 때를 기다리고 있다는 것이다.

시안 하면 우선 떠오르는 것이 '실크로드(Silk Road)'다. 이 '비단길'은 고대 중국과 서방세계를 이어준 교역로를 통칭한다. 중국 중원(中原) 지역의 한 곳인 이곳이 출발점이 됐다. 연이어 허시후이랑(河西回廊)을 가로지른 후 타클라마칸 사막(Taklamakan Desert)을 가운데 두고 천산산맥과 곤륜산맥의 위·아래에 3갈래 길을 낸 것이다. 이어 서쪽의 파미르(Pamir) 고원, 중앙아시아 초원, 이란 고원을 지나 지중해 동안(東岸)과 북안(北岸)에 이르는 길이다.

'실크로드'가 처음 열린 시기는 전한(前漢, B.C. 206~A.D. 25) 때. 전한의 7대 황제였던 한무제(漢武帝)는 이웃 작은 세력들과 연합해 중국 북방 변경지대를 위협했던 흉노를 제압하고 서아시아로 통하는 교통로, 즉 비단길을 B.C. 60년에 확보했다. 이후 중국의 값진 비단 상품은 본격적으로 로마 제국에까지 팔려나가 자연스레 국제 통로인 '실크로드'에 걸맞은 역할을 하게 된다. 비단과 함께 도자기, 칠기, 화약 및 제지 기술 등도 서역으로 건너갔다. 종이 제조 기술은 인쇄술의 발달과 보급에 큰 영향을 미쳐 결국 중세 유럽의 학문과 민도를 높이는 데 한몫을 하게 됐다.

또한 인도의 경전들도 승려들과 함께 유입돼 중국에 불교가 터를 잡는 데 주요한 역할을 했다. 고대 중국과 서역의 무역을 이어준 6,400km의 실크로드를 통한 상업·문화 교류가 가장 활발했던 시기는 당나라 때(A.D. 618~907). 그 중심이 도읍지 장안(長安, 지금의 시안)이었다. 이즈음 한반도에서는 신라가 당나라와 연합해 고구려, 백제를 멸망시키고 삼국을 통일(A.D. 676)했다. 이때 당나라에서 화엄종을 연구한 신라의 고승, 의상대사(625~702)는 돌아와 국내에 10여 개의 사찰을 건립했다. 서역 기행문인《왕오천축국전》을 쓴 혜초(704~787) 역시 이 비단길을 따라가 장안의 한 사찰에서 경전 공부와 수행을 한 것으로 알려졌다.

현재 시안시 정부는 동·서아시아 및 유럽 문명에 지대한 영향을 미친 '실크로드' 출발지점에 당시 낙타를 타고 이동했던 대상(隊商)들의 모습을 담은 '시안시 역사 건축' 조각공원을 크게 설치해 그들의 자부심을 표현하고 있다. 새삼 흔적없이 사라진 세월의 역사를 되새기게 하는 기념물 설치의 필요성이 느껴져 왔다.

도시 전체가 고도(古都)의 위용을 뽐내는 시안시를 거닐고 차로 달리면서 도저히 간과할 수 없는 것은 도시 전체를 감싸고 있는 성벽이다. 이 성벽을 사이에 두고 안과 밖의 두 세상이 공존 중이다. 동서남북으로 4개의 성문이 있는 성벽의 안은 그 옛날 황제와 신하들이 거주하는 궁성과 정부관청인 황성, 귀족들의 집터 등이 있던 곳. 지금도 개발이 제한돼 나지막하지만 유적지 덕에 웅장한 실루엣을 형성하고 있다. 그 높은 성벽 밖에는 6~8차선 도로에 자동차들의 행렬이 가득하고 세계 어느 대도시 못지않은 고층 빌딩과 아파트들이 줄지어 늘어서 전혀 다른 신세계를 연출하고 있다.

시안 성벽의 둘레 길이는 무려 36.7km다. 장방형 성곽은 동-서의 길이가 9.7km, 남-북의 길이가 8.6km, 면적은 84km^2 규모. 성벽 꼭대기 위에 설치된 3차선 넓이의 길은 시민들의 산책로이면서 연인들이 2인용 자전거로 쌩쌩 달려보는 놀이터다. 웬만한 4층 건물 높이의 성문 누각과 연결된 이 성벽에는 야외판매상들과 화장실 등도 있어 평지의 도로변을 연상시킨다.

당나라 바로 이전의 수(隨)나라는 이곳에 성과 성곽을 짓는 등 도시의 기본체계를 형성했다. 당나라가 들어서면서 장안성(長安城)으로 이름을 짓고 당시 100만 명이 살 수 있도록 성곽을 넓게 쌓았다는 것. 4개의 성문은 각기 일정 거리의 폭을 두고 이중 문으로 되어있다. 4개 성문 용도는 제각각이다. 13세기 베네치아 공화국 출신 마르코 폴로의 《동방견문록》에도 언급된 성벽 일부는 확장되고 부지런히 보수돼 중국 안에서는 가장 보존이 잘된 옛 성벽으로 사랑을 받고 있다. 새벽 어스름한 운무가 드리워진 시안 구시가지를 내려다보며 성벽 위를 걸으면 마치 아득한 세월을 건너뛰어 다른 세상에 머물고 있다는 감상에 젖게 된다. 다른 한쪽으로는 첨단을 지향하는 현대식 시설과 빌딩, 요란한 광고판들이 발전 속도전에 몰두 중인 '인구 1천만 대도시' 시안의 한가운데에 와있음을 수시로 일깨워 준다. 특히 야경은 고대와 현대가 공존하는 독특한 도시 실루엣을 선사한다.

시안 하면 외국인들에게도 거의 자동으로 연동되는 기억이 있다. 당의 6대 황제인 현종(재위 712~756)과 양귀비의 사랑 이야기다. 그들의 이야기를 맘껏 풀어놓은 곳이 서안의 동쪽 여산(驪山) 기슭에 자리 잡은 화청지(華淸池)다. 이곳은 그야말로 '경국지색(傾國之色)'의 미인이었던 양귀비가 당시 황제 현종을 눈멀게 해 결국 나라를 도탄에 빠뜨리고 그들 역시 죽음으로 몰아갔던 장소 중 가장 유명한 곳이기 때문이다. 아름다운 정원과 연못, 욕탕이 탄성을 자아내는 이곳은 3천 년의 역사 속에서 역대 중국 황제들이 온천욕을 즐긴 장소였다.

화청지 한쪽에는 국력이 절정에 이른 때를 지배했던 현종과 양귀비가 시녀들을 거느린 채 함께 거니는 장면이 여러 개의 청동 조각들로 그려져 있다. 연못 부용호(芙蓉湖)에 사리한 누각 장생진(長生殿)은 현종과 양귀비가 사랑을 맹세했던 곳이고 겨울에 침전으로 사용했던 비상전(飛霜殿)도 있다. 황제가 목욕한 어탕(御湯) 등 여러 개의 목욕탕 유적지가 그대로 보존돼 있다. 대리석으로 조각한 반라의 양귀비상도 서 있다. 갓 목욕을 하고 나온 양귀비의 풍만하고 아름다운 몸매

→ 양귀비상

와 얼굴을 드러냈다.

그들의 치명적인 사랑이 특히 '장안의 화제'가 된 이유 중 하나는 '불륜'이었기 때문. 현종과 양귀비는 당초 시아버지와 며느리와의 관계였다. 58세의 현종이 자신의 아들인 수왕의 아내, 22세의 양옥환(楊玉環)을 탐내 둘의 관계를 끊어놓은 것.

당시 현종은 총애하던 무혜비(武惠妃)가 사망, 실의에 찬 나날을 보내던 중이었다. 그러던 어느 날 신하들이 일부러 마련한 연회 자리에 나타나 춤을 추던 양옥환에게 반해 자신의 후궁으로 삼을 작정을 한다. 결국 강압으로 아들 수왕을 새로 장가보내고 양귀비와 여생을 즐기게 된다. 현종은 국정을 뒤로한 후 많은 실권을 넘겼던 최측근 신하였던 안록산(安祿山)이 반란을 일으키자 장안을 떠나 사천으로 피신하다 결국 죽음에 이른다. 양귀비는 자결한다. 그야말로 '나라를 쓰러지게 할 미모'라는 '경국지색'과 '장안의 화제'라는 말이 이보다 더 어울리는 사건이 또 어디 있으랴.

1936년 12월, 벼랑 끝에 섰던 중국 공산당에 기사회생할 전환점을 안겨줘 결국 중국 현대사와 국민들의 삶을 바꿔놓은 '시안사변'이 화청지의 뒤뜰 '오간청(五間廳)에서 일어났다니 화청지는 이래저래, 싫든 좋든 상당한 의미를 안고 있다. 당시 중화민국 주석이자 사령관인 장제스(蔣介石)가 공산군 토벌을 위해 이곳에 잠시 머물다 반란군에 체포돼 이 나라의 운명이 달라졌으니 말이다.

　시안을 빛내는 또 하나의 국보급 명소는 대안탑(大雁塔)과 그 광장. 7~8세기에 건립된 7층 높이의 대안탑은 실크로드를 여행한 당나라 고승, 현장법사가 인도로부터 들여온 경전이 보관돼 있는 곳. 황제가 성문을 열고 경전을 가져온 그를 친견하러 나갈 정도였다. 대안탑 부근엔, 인도여행기인《대당서역기(大唐西域記)》를 저술한 그의 동상이 서 있다. 10여 년 전부터 아시아 최대라는 분수 광장이 주변에 조성돼 빛, 물, 소리의 레이저 쇼를 밤마다 펼쳐 보이는 곳이 됐다.

　시안 성벽의 중심부 사거리에는 종이 들어있는 누각인 종루(鐘樓)와 북이 담긴 고루(鼓樓)가 있어 아침, 저녁 종과 북소리를 들려준다. 이 울림은 새삼 모든 이들이 아스라한 고도의 품 안에 있음을 상기시키곤 한다. 명나라 시대 장인들이 청색 벽돌로 쌓아올린 종루는 3중 처마에 4각 천정을 한 후 진녹색의 유리 기와를 얹어 특히 조명을 받은 모습이 아름답다.

　종루에서 울리는 경운종의 진품은 근처 비림(碑林) 박물관에 소장돼 최고의 보물로 대접받고 있다. 이 종은 높이 2.47m, 직경 1.65m, 무게가 6톤인 청동 종으로 '천하제일종'으로 여겨진다. 종의 몸체에는 용과 학, 봉황 등의 섬세한 조각과 함께 당의 예종이 종소리를 찬미하기 위해 쓴 292자의 명필도 새겨져 있다.

　이런 유적지에 관한 이야기와 유물들은 현대의 중국 정부와 예술인들을 통해 무대 위에서 다시 재현되고 부각된다. 시안에는 당나라 시대의 번영을 무대 위에서 호화찬란하게 보여주는 '실크로드 쇼' 전용, 대규모 공연장이 따로 마련돼 있어 연중 공연 중이다. 한 시간 분량인 이 쇼의 내용은 대당(大唐) 시대의 화려했던 문물과 빛나는 전통문화를 보여주기 위해 총력을 기울였다는 느낌을 준다. 3천 명의 관객을 동시에 수용할 수 있는 극장은 360도로 회전하는 거대한 무대와 조명장치를 갖추는 등 최신 연출 기법을 총동원했다. 수많은 출연자들과 함께 수시로 등장하는 진짜 낙타 20여 마리와 늑대 30여 마리가 잘 훈련된 연기를 선보이고 20톤의 물이 한꺼번에 무대와 일부 좌석에까지 쏟아져 내렸다가 줄지에 사라지는 놀라움과 재미를 안겨준다.

또 대안탑 건너 시내 번화가에는 찬연했던 당나라의 전성기를 보여주려 조성한 '대당불야성(大唐不夜城)' 구역이 매일 밤 번득인다. 주위가 어둑해지자 시작되는 거창한 불꽃 쇼, 요란한 춤과 기예 공연, 국운을 융성시킨 황제, 이태백, 백거이 등 전설적인 예술·종교인들의 대형 조각과 동상들이 넘쳐난다. 강한 조명을 내뿜는 나무들과 수백 개의 상점들도 줄지어 당나라의 위세를 찬양하고 선전하는 인상을 준다. 대단한 규모와 소란함에 휩쓸려 정신 못 차리게 만든다. 마치 "우리를 만만하게 보지 말라"는 대외용 경고인 양 느껴진다. 절규에 가깝고 위협적이다.

다음 날 아침, 2천m급 깎아지른 절벽 봉우리들이 도열한 시안 동쪽의 험준한 화산(華山)을 케이블카와 도보를 이용해 간신히 기어오르다 보면 천하를 제압할 듯한 그 장엄한 절경에 경외감이 솟구친다. '중화민국'을 상징하는 화(華)란 글자도 이 산의 이름에서 유래됐다는 얘기도 귀에 꽂힌다. 가는 곳마다 유난스럽게 여권 제시와 스캔을 당해야 하는 절차가 매우 신경 쓰이는 이 도시의 주요 산업이 어느덧 항공과 우주, 정보통신과 장비 제조가 됐다니 요동치는 중국, 그리고 시안이 과연 어디까지 변해갈지 자못 두려운 심정이다. 미국의 유력 경제잡지 《포춘(Fortune)》이 2025년 7월 발표한 세계 500대 기업 중 중국 기업이 130개나 있으니 더욱 그렇다. 게다가 최근에는 곳곳에서 시위하는 중국 인민들의 목소리도 전해 들으니 그 귀추가 주목된다.

[6]

아테네 – 그리스

▷▶ 전 인류의 박물관, 민주주의의 발상지, 서구 문화·문명의 뿌리

⋯▶ 아테네 시내를 굽어볼 수 있는 아크로폴리스 언덕 전경

마치 조물주가 몰래 대리인을 지구촌에 보내 예술혼을 뽐내기 위해 만든 것 같은 도시. 서구 문명의 요람이며 민주주의의 고향인 아테네를 만나면 세상을 잉태한 창조주의 숨결이 느껴진다. 유엔 기구 유네스코가 지정한 제1호 세계문화유산, 아크로폴리스의 신전들은 눅진하게 가라앉은 루틴한 일상에 설렘과 호기심을 지펴준다. 여행의

진가를 절감하게 하는 고혹적인 고대 도시, 아테네로 향하는 발길은 마냥 분주해진다. 이곳에 가면 까마득한 인류의 역사를 담은 수천 년의 세월이 온몸으로 엄습해 온다.

아테네에는 인류 역사와 문화가 곳곳에 뿌리 깊게 박혀있다. 그리스의 최대 도시며 수도, 남부 아티키 주의 중심 도시다. 이곳에 B.C. 11세기부터 사람들이 정착해 살아온 흔적이 남아있다. B.C. 4~5세기에 아테네가 이룬 헬레니즘의 문화·문명적 유산은 전 세계로 흘러들어 절대적인 영향을 미쳤으니 현존 인류의 '정신적 지주'라 해도 지나치지 않다.

강력한 도시 국가였던 아테네는 지구촌을 살다간 인류라면 다 아는 고대 철학자 소크라테스, 플라톤, 페리클레스, 소포클레스 등을 배출한 곳이기도 하니 부연 설명이 필요 없을 정도다. 어디 그들뿐이랴. 차고 넘친다. 그리스의 정식 명칭, '헬레닉 공화국(Hellenic Republic)'에, 지구상 모든 문화의 원류인 헬레니즘이 꽃피게 만든 천재들 말이다.

아테네란 지명은 고대 그리스 여신인 아테나이(아테나의 복수형)에서 유래했다. 아테네에는 고대 유물들이 가득하다. 도시 전체가 보물단지다. 사방 어디를 둘러봐도 감탄사가 끊이질 않는다. 벅찬 기쁨과 그들 조상에 대한 감사가 우러나온다. 소속이야 어찌 됐든 이 유물들이 어찌 그네들만의 유산이란 말인가. 인류 전체의 보물이라는 생각이 든다.

아테네는 세계 고고학 연구자들의 중심지이며 종주국이다. 전 세계 연구자들을 위한 고고학 워크숍이 빈번하게 열리고 10여 개 고고학 박물관과 3개의 고고학 특별 연구소가 자리하고 있다. 고고학 관련 규약이 이곳에서 지구촌에 널리 제시되고 통용되는 역할도 담당한다.

우선 눈에 띄는 것은 시내 한복판 산 정상에 올라있는 고대 유적지 아크로폴리스(Acropolis)와 파르테논 신전 등이다. 어디 그뿐인가. 로마 제국과 비잔티움 제국 시대의 유물도, 오스만 제국의 유적도 남아있어 전 인류의 박물관 역할을 하고 있다.

유럽 남동부 발칸반도 남단에 있는 그리스는 15세기 중반부터 약 4백여 년간 이슬람 국가인 오스만튀르크의 지배를 받았고 1822년 독립을 선언했다.

독립 국가가 세워진 1830년 이후 그리스 국회의사당, 국립도서관, 아테네 대학교 등이 들어서 고대와 근대 현대의 문화를 두루 아울러 지켜볼 수 있는 최고 최대 문명의 전시장이다. 또 1896년에는 제1회 근대 올림픽 경기가 열린 곳이다.

4년마다 열리는 지구촌 올림픽 축제를 각 나라마다 준비하고 기다리면서, 그리고 한데 모여 선의의 경쟁을 하면서 인류의 화합과 발전을 기리는 기회들을 선사했으니 감사하다.

아테네 도시권 전체 인구는 약 310만 명(행정구역 내 인구는 66만 명)이지만 늘상 북적이게 마련이다. 인류의 정신적 고향을 찾아 전 지구촌에서 사람들이 몰려드는 덕분이다. 그리스는 본토인 발칸반도 일부와 주변의 여러 섬으로 이루어져 있다. 영토 확장을 위해 튀르키예와 두 차례 전쟁을 치른 후 현재의 국경선이 확정됐다.

아테네에서 외부 항로로 연결되는 피레아스 항구는 유럽에서 승객이 가장 많이 거쳐 가는 곳. 이용 승객 세계 2위로 손꼽힌다. 13만 2천km^2 면적의 그리스는 크레타, 산토리니 등 몇 개의 섬이 점점이 둘러싸고 있다. 그리스 최대 크기의 섬, 크레타는 서양 문명의 시작이라 일컬어지는 미노아 문명의 발상지이며 매년 5백만 명 정도의 관광객이 찾는 인기 휴양지.

그리스 북쪽으로는 알바니아, 마케도니아, 불가리아와 국경을 맞대고 동쪽으로는 에게 해를 사이에 두고 튀르키예와 접하고 있다. 현재는 유로화를 도입한 유럽연합 가입국이다.

관광객들이 아테네 국제공항에 내리자마자 찾아가는 곳은 해발 150m에 우뚝 서 도시 전체를 내려다볼 수 있게 하는 아크로폴리스. '가장 높은 도시'라는 뜻을 담은 이곳에서부터 시간을 거슬러 올라가는 과거로의 여행이 본격화된다. 거친 바위산을 헉헉대며 올라 사방을 둘러보면 가슴이 벅차오른다. 그리스는 산악국가다. 에게 해와 아드리아 해 등이 둘러싸고 있지만, 내부는 기름진 평야나 수량이 풍부한 강줄기도 거의 없이 국토의 80%가 험준한 산으로 이루어졌다. 거센 바람을 맞으며 희고 빼곡한 아테네 시가지를 굽어보면 잠시나마 시간을 잊은 무아지경에 이른다. 뻔한 일상이 부서져 내리고 새로운 순간들이 점멸한다. 눈부시게 맑고 푸른 하늘과 그 아래 장중하게 펼쳐진 고대 건축물들과의 조합이 환상적이다. 멀리, 기끼이 둘러선 여러 산봉우리들이 합창하는 듯 절묘한 하모니를 이룬다.

무엇보다 귀에 못이 박히게 듣고 사진으로 보아온 파르테논 신전이 급히 달려든다. 그리스 황금기인 페리클레스 시대(B.C. 495~429),

정치인 페리클레스가 지은 것이 현재의 파르테논 신전이다. B.C. 447~432년에는 '승리의 여신'인 니케의 신전도 들어섰다. 그 이후 '바다의 신' 포세이돈을 기리는 에레크테이온 신전도 지어져 현재의 아크로폴리스가 완성된 셈.

⋯› 2천5백 년 전 지은 파르테논 신전의 황량한 골조 모습

16년간 지어졌다는 파르테논 신전은 가로 31m, 세로 70m에 건물을 떠받치는 높이 10m의 도리아식 둥근 대리석 기둥 46개가 조화를 이룬다. 완전한 직육면체의 황금비율을 선보이고 있다. 고고학자들은 "기둥 간격이 균일하게 보이도록 착시현상까지 고려해 지은 과학적인 건축물"이라는 찬사를 내놓았다. 페르시아 전쟁에서 승리했지만 여러모로 피해를 입었던 그리스는 신전을 지어 이 도시 수호자인 아테나 여신에게 봉헌하며 평화를 기원했다. 아테나는 '지혜와 전쟁의 여신'으로 '신들의 왕'인 제우스 이상의 사랑을 받았다고 전해진다.

시민들은 페르시아인들을 물리친 마라톤 전투(B.C. 490) 이후 대규모 신전을 만들기 시작했으나 완공되기 전 페르시아인들이 불을 지른다. 그 이후 아크로폴리스는 외부 침략 방지용 요새로 쓰인다. 이 신전은 '신들의 시대'가 저문 비잔틴 시대(A.D. 6세기)를 맞자 교회와 성당으로 변신한다. 그 이후는 지배 세력이 바뀌면서 세도가의 궁전, 군대 총 사령부나 전쟁용 화약고를 거쳐 이슬람 모스크로 번갈아 달리 사용하게 된다.

그리스 정부는, 주(駐) 그리스 영국대사가 파르테논 신전 외벽의 조각상들을 몰래 뜯어가(A.D. 1801) 영국 대영 박물관에 전시 중인 문제를 놓고 2백 년간 영국 정부와 신경전을 벌이는 중이다. '파르테논 마블스' 반환 문제로 마찰을 빚어온 두 나라, 이 문제로 티격태격하다 2023년 12월 양국 간 정상회담이 열리기 하루 전, 파기한 적도 있다.

"과거사를 더 이상 거론하지 말자"는 영국 입장에 그리스 총리는 "만약 명화, 〈모나리자〉를 반으로 갈라 전시한다면 말이 되겠느냐"며 반환을 촉구한 거다. B.C. 5세기경 이후 2천여 년 넘게 그대로 보존된 파르테논 외벽 조각상 70여 점 중 33점이 대영 박물관의 대표 소장품으로 전시 중이니 그리스 국민들이 얼마나 불쾌할지 이해가 간다.

파르테논 신전은 도리아식 건축의 백미. 그리스어로 '저녀의 집'이라는 뜻을 담고 있다. B.C. 5세기에 천재 조각가 피디아스를 주축으로, 아폴로 신전을 지은 건축가 익티누스가 설계, 칼리 크라테스가 시공을 맡았다는 기록조차가 신기할 따름이다. 2,600년 전의 그네들은 도대체 어디서 어떻게 생겨난 사람인가 말이다. 마치 조물주가 최고 건축가와 설계자를 몰래 보낸 대리인의 합작품 같다. 1821~1829년 독립전쟁을 치른 후인 1830년 아크로폴리스는 온전하게 그리스에 돌아왔다. 갈 때마다 신전의 일부가 감싸져 대대적인 보수 공사 중이다.

역시 산 정상에 자리한 아고라는 B.C. 6세기부터 배수시설을 구비한 정부 건물을 건축 후 고대 아테네의 정치·경제·문화 중심지가 됐다. 점차 광장을 중심으로 신전과 상점, 법원 등도 지어졌다. A.D. 5세기 후반 기독교 성격이 뚜렷해진 비잔틴 시대부터 1834년 아테네가 그리스 수도가 될 때까지는 일반 주거지로도 사용됐단다. 지금은 대부분 흔적만 남아있다. 그와 함께 하드리안 도서관, 헤파이스토스 신전, 고대 아고라 박물관이 잔존한다.

그리스에서 가장 큰 신전인 올림피아 제우스 신전은 '신 중의 최고'인 제우스를 위해 만들어진 것. 가로 41m, 세로 108m, 높이 17m로 파르테논보다 컸었다. B.C. 515년에 짓기 시작해 A.D. 125년 하드리아누스 왕 시대에 완성됐다니 건축에 무려 6백여 년이 걸린 대작이었다. 이후 이민족의 침입과 튀르키예의 지배를 받으면서 훼손돼 지금은 기둥 15개만 남아 안타깝다. 코발트색 하늘을 배경으로 쓸쓸하고 처연한 아름다움을 선사하는 그 모습, 그 자체가 완벽한 건축 작품 못지않게 우아하고 눈부시다.

아고라 북쪽에 자리한 하드리안(Hadrian) 도서관은 지식에 대한 인간의 경의를 표하기 위한 기념비적 성격을 지닌다. 대리석 돌덩이에 새겨진 표식은 이곳에 한때 파피루스 두루마리 책자들이 보관돼 있었음을 알려준다. 서기 132년 하드리안 왕이 코린트 양식의 도서관을 설립해 문화적 중심지와 공공 광장의 역할을 부여했다. 강연용 홀과 아름다운 정원도 갖추었다. 그러나 외부 세력의 침략으로 파괴된 후 407년부터 412년 비잔틴 시대 교회들이 건립됐었으나 지금은 흔적만 남았다. 아직도 그대로인 포르티코 입구와 일부 기둥 및 벽면들이 전성시대의 모습을 유추하게 한다. 그 내부에는 그곳에서 발견된 유물이 전시돼 있다.

고대 그리스인들이 죽음을 어찌 대했는지 궁금하다면 케라메이코스 (Kerameikos) 지역으로 가보자. 명칭 자체가 도자기 장인인 도공(陶工)을 뜻한다. '도자기'란 의미의 세라믹(Ceramic)도 여기서 유래된 거다. 고대 성벽을 기준으로 두 지역으로 구분되는 이곳은 내부는 도자기를 구워내던 도공의 구역, 외부는 고대 묘지로 형성됐던 곳이다. 성벽 바깥쪽 묘지들은 B.C. 3천 년 전부터 조성된 거다. 1870년 독일 고고학자들이 B.C. 5세기경 조성됐던 1천 개 이상의 무덤을 발견하면서 세상에 알려졌다. 함께 출토된 유물들은 케라메이코스 고고학 박물관에 보관돼 전시 중이다.

파르테논 신전 관람 후 언덕 아래로 향하면 헤로데스 아티쿠스의 음악당과 디오니소스 극장을 만나게 된다. 프닉스 언덕이 바라보이는 확 트인 공간에 자리 잡은 음악낭은 A.D. 161년쯤 세워져 허물어진 것을 1950년대 재정비 복원해 지금도 연주회가 열리곤 한다. 야외극장보다 작은 규모로 당초에는 지붕도 갖추어져 있었다. 디오니소스 극장은 세계에서 가장 오랜 역사를 지닌 곳. B.C. 5세기경 당시의 시인과 희극 작가들이 이곳에서 공연했고 관객은 최대 1만8천 명까지 수용할 수 있었다고 한다. 이곳 공연은 신에 대한 제사를 겸한 것으로 공연 기간에는 모든 일을 쉬고 여인들도 입장이 허용됐다고 전해진다. 고대 극장 터에는 갖가지 인물과 동물 석상이 아직도 부서진 채 그대로 있어 세월의 무상함을 전하고 있다.

고대 철학자 소크라테스가 생을 마감한 감옥은 아크로폴리스 건너편 필로파포스 언덕으로 올라가는 길목에 자리하고 있다. 나지막하게, 풀숲에 덮여있는 돌로 지어진 동굴 감옥을 대하니 마치 상상 속 인물을 현세에서 만난 듯 반갑다. 아고라 시민법정에서 재판을 받고 근처 감옥에 투옥돼 이리 접근이 용이한가 보다.

⋯ 소크라테스가 여생을 마감한 아테네 아크로폴리스 건너 언덕에 자리한 동굴 감옥

'그리스' 하면 제일 먼저 떠오르는 인물이 철학자 소크라테스(B.C. 469~B.C. 399). 그의 어록은 아직도 현대를 살아가는 세상 사람들에게 많은 가르침을 주는 교훈으로 자리하고 있다.

예수, 공자, 석가와 함께 세계 4대 성인 중 한 사람으로 손꼽힌다.

아테나의 어느 조각가 아들로 출생해 70세에 감옥에서 생을 마감했다. 그가 여생을 마감한 동굴 앞에는 '소크라테스 감옥'이란 팻말이 서 있다. 그는 "작고 뚱뚱한 데다 볼품없는 외모와는 달리 존경을 받을 만한 훌륭한 성품의 소유자였다"고 전해진다. 무엇보다 자신의 사리사욕과 무관한 태도로 일관, 정치적으로 중립을 유지했으며 항상 진리와 정의를 추구해 왔다는 것. 곧잘 광장에 나와 젊은이들과 대화하고 가르침을 주는 위대한 철학자였다는 평가가 수천 년 동안 뒤따른다. 그런 올곧음이 결국 일부 사악한 정치인들의 모함을 받아 억울하게 누명을 뒤집어쓰게 된다.

죄명은 "국가가 인정하고 섬기는 신을 거부하고 젊은이들을 현혹해 잘못된 길로 인도한다"는 것. 사형을 선고받은 후 감옥 탈출을 간구하는 제자들에게 "악법도 법이니 지켜야 한다"며 독배를 들이마신다. 소크라테스의 철학과 언행은 그의 제자 플라톤(?~B.C. 347)이 쓴 '대화록'에 언급돼 전해지고 있다. "너 자신을 알라"는 가르침은 아마도 영원토록 지니게 될 인간계의 명제가 되리라. 플라톤은 또 그의 저서 《국가》에서 고대 그리스의 대표적인 서사시로 알려진 《일리아드》와 《오디세이》를 쓴 호메로스를 그리스 문학의 시조로 지정하고 있다. 플라톤의 제자였던 아리스토텔레스(B.C. 384~B.C. 322) 역시 그리스 정치철학 고전기의 마지막을 장식한 철학의 거장이었다. 그는 그리스 북쪽의 한 마을에서 태어났지만 17세에 아테네로 유학을 와서 거의 20년간 플라톤의 아케데미아에서 강의와 토론을 주도한 것으로 알려져 있다. 그의 정치철학 방점이 '더불어 살아가는 삶'에 있었다니 각박한 세상을 살아가는 요즘 사람들의 시선이 여전히 그에게 쏠리는 것이다.

르네상스 시대의 3대 천재 중 한 사람으로 이탈리아 화가이자 건축가로 명성을 드높인 라파엘로(1483~1520)가 5백여 년 전에 그린 8.2m 길이의 프레스코 벽화 '아테네 학당'에는 고대 그리스를 대표하는 54명의 학자들이 출연해 옛 아테네가 얼마나 대단한 학문의 전당이었는지 가늠케 한다. 이 그림의 배경 좌우에는 예술과 지혜를 상징하는 아폴론과 아테나 신의 대리석 조각상이 있어 역시 시대를 말해 준다. 그 아래 홀에는 둘러서서 자유롭게 대화를 풀어가는 소크라테스와 플라톤, 아리스토텔레스, 피타고라스, 유클리드 등 수십 명을 그려 넣었다. 현재 바티칸 박물관이 소장하고 있는 최고의 작품으로 전 세계인의 사랑을 받고 있는 그림이다.

수천 년 전 문화유산의 거대한 겉모습을 둘러 보았다면 나머지 시간들은 그 내부에 있는 진귀한 알맹이 보물들을 둘러볼 필요가 있다. 아테네 시내에 자리 잡은 국립 고고학 박물관은 그리스 최대 규모를 자랑한다. 선사 시대부터 로마 제국 시대까지 1만1천여 점의 방대한 유물이 가득한 고고학 최대 박물관. 고대 그리스의 공공건축을 모방한 듯한 모습의 건물이 아름답다.

선사 시대부터 헬레니즘 시대에 이르는 그리스의 조각, 회화, 공예 작품을 소장하고 있다. 그리스 전역에서 발굴된 유물 중 가치가 큰 것들을 우선해 보관, 전시하는 곳이다. 1층에는 B.C. 7000~1050년의 그리스 본토와 에게 헤 트로이에서 출토된 신석기, 청동기 시대의 유물과 B.C. 700~5세기까지의 청동 대리석 주요 조각상들을 전시 중이다. 2층에는 주로 그릇, 황금 장신구, 유리 소재 유물 등이 종류별로 배치돼 있다. 주요 소장품으로 〈바페이오의 황금배〉, 〈알테미시온의 포세이돈〉, 〈아트레우스의 비보〉, 〈안티쿠데라의 청년〉 등이 손꼽힌다.

아직도 살아있는 이야기인 양 회자되는 '그리스 로마 신화'는 현대인에게도 익숙하고 친숙하게 다가온다. 어찌 보면 허무맹랑한 상상 속의 이야기 같지만 엄연하게 지금까지도 문학과 미술·음악의 영역에서 살아 움직인다. 고대 인류가 상상의 나래를 펼쳐 만들어 낸 신들을 실제의 존재인 양 믿고 숭배해 무수한 이야기로 꾸며낸 신화들은 고대 그리스에서 출발해 로마 제국으로 이어지고 수천 년이 흘러 지금도 지구촌 문화 전반에 적지 않은 영향을 끼치고 있다.

신화는 세계 곳곳에서 인류의 시원(始原)을 전해주고 문명의 발달과 함께 더욱 흥미진진하고 복잡해졌다. 사회 질서와 관습, 종교 등에까지 광범위하게 영향을 미쳐온 것이다.
그래서 그리스 신화의 발상지인 올림포스 산 꼭대기 신들의 처소에 머물며 그 중심이 되는 12신은 아직도 자주 거론되고 있다. 이들 신들은 각자가 주관하는 분야가 설정돼 있다.

올림포스 최고의 신인 제우스(Zeus)는 하늘과 기후, 법과 질서를, 신들의 여왕인 헤라(Hera)는 제우스의 아내로 일과 결혼을 주관한다고 믿어온 것이다. 이러한 신들의 이름들은 B.C. 15세기경 미케네 문명의 문자판에서 확인됐다고 전해진다. 고대 유물들 중 그 어느 문물보다 장대하고 화려한 신전들과 신상들의 현존 상태를 접하면 은연중 신화 속 신들이 실재했을 것 같은 상상을 하게 된다.

고대 그리스의 지식인들은 신화에 대한 사실성과 비윤리성에 대해 다양한 비판을 이어갔다는 기록도 있다. 신화에 대한 비판과 도전이 근현대에도 계속되고 있지만, 신화를 정리해 담아놓은 번역서들은 여전히 읽어야 할 '교양서적'인 양 전 세계에서 발간되고 있으니 참 '신화적인' 노릇이다. 인류 문화의 시원(始原)을 아는 일은 그만큼 갈급하고 소중한 것이리라. 아테네는 수천 년의 시공간을 초월한 전 인류의 교과서다.

[7]

프랑크푸르트 – 독일

▷▶ 세기를 뛰어넘은 대문호이자 불세출의 천재, 괴테의 고향

⋯ 유럽 중부의 관문, 프랑크푸르트 시내 중심지

 내가 그해 초봄, 이베리아반도에서의 여행을 끝내고 알프스산맥 남부의 이탈리아를 가는 도중에 북쪽으로 우선 여정의 순서를 바꾼 이유! 스페인 바르셀로나에서 2시간여 비행기를 타고 독일 프랑크푸르트 공항에서 내려 그 근처 호텔에서 새삼 머물면서 내가 속속들이 알고자 했던 한 영웅의 흔적을 찾아 나선 탓이다.

유럽 중부의 관문으로 세계의 온갖 항공사들이 드나드는 프랑크푸르트 국제공항에서 내리면 우선 떠오르는 인물이 있다. 지금은 독일 경제와 금융의 중심지이며 유럽 중부의 허브 도시인 그곳에서 말이다.

전 인류의 필독서인 양 사랑받는 《젊은 베르테르의 슬픔》, 《파우스트》를 쓴 세계적인 대문호로 이름을 떨친 괴테(Johann Wolfgang von Goethe, 1749~1832) 는 이름만 들어도 그 영혼에 압도당하는 느낌이다. 그러니 분명 2백 년 전에 죽은 괴테는 여전히 살아서 건재하는 것이다. 세상의 독자들을 흔들어 댄 그 유명한 서적들 외에도 그는 평생 2만여 통의 주옥같은 편지를 써왔고 그의 후손들은 그중 1만5천 통이나 회수해 현재까지 보관하고 있다니 놀라운 일이다. 거기에 담긴 철학이 시대를 불문하고 지구촌 영혼들을 압도하니 더욱 그렇다.

공항 근처 호텔에서 지하철로 20분 이내 거리. 독일 문학의 최고봉이자 생존 시 바이마르 공국의 재상이면서 변호사, 철학자, 시인, 과학자이기도 했던 불세출의 그가 태어난 생가와 박물관이 있어 그의 생애를 들여다볼 수 있다는 기대감에 마음이 술렁였다.
세계인들이 찾는 곳이지만 거리나 지하철 안에 그 흔해야 할 영어 안내 표지판이나 방송은 전혀 없어 별안간 '눈 뜬 장님'이 된 기분이었다. 지하철 티켓 구매용 키오스크에도 말이다. 유럽 12개국의 정치·경제공동체인 유럽연합(EU)이 공고해지면서 갈수록 더해가는 느낌이 들었다. 그런 것에 대한 반발심이 잠시 설레는 마음을 방해했던 것은 사실이다. '외국인들을 위해 근시안에서 벗어나 좀 친절, 대범할 수는 없나?' 하는 생각이 들어서다.

괴테가 서거한 지 2백 년이 되어가는 지금, 그를 기리는 '괴테 인스티튜트'는 한국을 포함, 전 세계 98개국, 159곳에 널리 포진해 있다. 독일 내에만 13곳이 있으니 괴테는 명실상부한 독일 정신의 상징이자 영원한 우상인 셈이다. 과연 어느 누가 이런 사랑을 사후 2백 년 동안 받을 수 있다는 말인가. 한국에서도 요즘 한 독문학자가 '괴테 마을'을 경기도 여주에 조성 중이다.

프랑크푸르트에도 당연히 괴테를 실존 인물 이상으로 흠모하게 하는 여행 코스가 마련돼 있다.

구시가지 시내 한복판을 흐르는 마인 강 근처 그가 태어난 생가와 집필실, 뢰머 광장과 산책로, 세례를 받은 교회, 괴테 동상과 숲속 타워 등으로 이루어진 코스다. 뒤로는 유럽중앙은행 청사 로고와 깃발이 보이고 롤렉스 시계를 파는 상점이 그의 생가와 박물관으로 가는 길목 입구에 자리하고 있었다. 지하철역과 아주 가깝다.

8세부터 시를 쓰고 13세에 첫 시집을 낼 정도로 문학 신동이었던 그가 태어나고 유년기를 보냈다는 생가는 괴테 박물관과 붙어있다. 괴테 하우스 명판이 붙은 회색빛 출입문이 일부 닳고 벗겨져 있어 시간이 흐름과 현실감을 더한다. 그는 이 주택에서 1775년까지 26년을 살았다. 이곳에서 세계적인 대문호의 성정 기틀이 다져진 곳이나 다름없어 그 소중함이 커진다. 더구나 25세인 1774년, 이곳에서 《젊은 베르테르의 슬픔》을 집필, 발표해 당시의 유럽을 마구 흔들어댄 진앙지로 만들었으니 말이다.

2차 세계대전(1939~1945) 당시, 연합군의 폭격으로 파괴됐던 이 집은 그 뒤 다시 복원돼 오늘에 이른다. 이곳 시민들이 전쟁의 와중에도 중요한 자료와 집기 등 소장품들을 미리 따로 보관해 두었다니 얼마나 괴테를 사랑하고 있는지 짐작이 간다.

생가와 붙어있는 괴테 박물관에 먼저 들려 10유로짜리 입장 티켓을 구매할 때 나를 반긴 중년의 남성 사무직원은 영어로 묻는 말에 열심히 한국말로 대꾸하면서 한국어 실력을 자랑해 잠시 웃음을 자아냈다. 그곳에서 서비스하는 오디오 가이드 5개 언어 중 하나가 한국말인 것도 격세지감을 느끼게 했다.

오래전 내가 독일에서 한 달여 취재차 머물 때 도처에서 만나는 현지인들은 영어 질문에 독일말로 대답해 나를 곤혹스럽게 했던 것과는 아주 딴판이었다. 그토록 그들 언어에 대한 자부심이 큰데, 독일의 상징 작가인 괴테 생가의 안내 직원이 한국말 실력을 자랑하다니 말이다. 이곳 방문객 중 상당수가 한국인임을 여행 비수기인 2월, 그 현장에서도 당장 확인 가능했다.

⋯ 괴테 하우스와 박물관

베이지색 벽과 회색빛 출입문, 붉은 벽돌색 창문들로 둘러싸인 이 생가는 4층 건물에 벽지 색상이 저마다 다른 20여 개의 방과 다락방이 있어 그가 부유한 환경에서 자랐음을 알려준다. 그의 친·외조부가 모두 당시 백화점 소유주나 프랑크푸르트 시장 등을 역임했고 재력을 바탕으로 그의 아버지가 자녀 교육에 온 정성을 쏟은 사람으로 전해진다. 부엌과 응접실이 자리한 1층에는 키가 작은 어머니가 물건을 꺼내기 쉽게 괴테 자신이 직접 고안했다는 작은 사다리 겸용 의자가 친근감을 더한다.

  2층에는 고풍스러운 악기들이 전시돼 있는 음악의 방, 손님맞이 응접실, 멋진 고가구 등이 자리하고 있다. 3층에 자리한 괴테가 태어난 방에는 세계에서 가장 값비싸다는 스탠드형 앤틱 천문시계가 놓여있어 눈길을 끈다.

  4층에는 괴테가 고뇌 속에 《파우스트》 1편과 《젊은 베르테르의 슬픔》 등을 집필한 서재가 있다. 항상 서서 글을 썼다는 그가 사용했던 키 높은 책상도 있다. 그의 손때가 묻었을 책상은 아주 조촐하고 세월의 흔적이 여실해 만져보고 싶은 충동을 일으킨다. 유럽 고가구점에서 흔히 볼 수 있는 3단 서랍장이 있는 붉은 고동색 나무 책상이다. 괴테가 자신의 방을 직접 그렸다는 스케치 그림 속에는 이 서랍장과 이젤, 악보 거치용 보면대 등이 보여 생활상의 일면을 보여준다. 가구 모두가 전시용 모조품이 아닌 진품이란다.

  괴테의 생가와 함께 나란히 붙어있는 괴네 도서관은 그의 관심이 문학은 물론 자연, 과학 등 전 분야에 걸쳐있음을 엿보게 한다. 중세의 현미경, 열기구 그림, 당대 예술가 및 문인 등과의 관계를 보여주는 그림이나 책, 편지 등 각종 수집품이 괴테의 관심사를 대번에 알려준다. 세계인들이 그토록 열광했던 《파우스트》, 《젊은 베르테르의 슬픔》을 통해 독자들은 무엇을 얻고 깨우쳤을까? 아니, 그보다 그런 명작들을 쏟아내며 충격적인 기량을 뽐냈던 괴테라는 천재는 어떤 환경과 요인이 만들어 낸 존재인가 궁금증이 솟아난다.

불과 25세의 나이에 집필해 당시 유럽 최고의 베스트셀러가 된 《젊은 베르테르의 슬픔》은 괴테 자신의 연애 경험을 바탕으로 쓰인 작품으로 주인공인 베르테르가 친구에게 보내는 편지로 이루어진 서간체 소설로 분류되고 있다. 주인공인 베르테르가 흠모하던 여성 샤를로테와 못 이룬 사랑으로 인한 번뇌와 좌절, 체념 속에 죽음으로 마감, 유언대로 나무 아래 묻히게 되는 과정을 그려내고 있다. 당시 이를 따라 하는, 소위 '베르테르 효과'라는 모방자살이 수천 건에 이르렀다는 말은 지금까지 회자되고 있다.

60년에 걸쳐 쓰고 죽기 1년 전, 2권까지 집필 마감한 《파우스트》는 '어떻게 사는 것이 잘 살아내는 삶인가?'에 대한 깊은 번뇌를 담고 있다. 인간의 욕망과 타협, 사랑과 구원에 대한 이야기다. "인간 내부에는 선과 악으로 대별되는 두 개의 영혼이 투쟁하지만 결국 악마의 존재마저도 지배하는 신의 존재, 죄악마저도 포용하는 선의 힘을 보여주고자 했다"고 후대인들은 평가하고 있다.

그렇게 치열하게 공부하고 방황하면서 또 많은 여인들과 사랑에 빠지고 사랑하는 가족들과 예기치 못하게 작별하는 슬픔을 간직한 채 꽤 오래 살아낸 그는 평생의 고뇌를 떨치고 구원을 받은 걸까 하는 생각이 잇따른다. 그의 기독교적 낙관론은 책 속에서 천사들의 노래로도 그려져 궁금증에 대한 답을 대충 짐작하게 한다.

"언제나 갈망하며 애쓰는 자, 그를 우리는 구원할 수 있다. 그에겐 천상으로부터 사랑의 은총이 내려졌으니, 축복받은 무리가 그를 진심으로 환영하게 되리라."

주인공인, 지식 탐구에 매진하면서도 공허함에 시달리는 학자 파우스트와 그를 유혹하고 조롱하는 상대역인 악마 메피스토펠리스가 나눈 일련의 대화, 즉 "나, 한가로이 침상에서 뒹군다면 당장 파멸해도 좋으리라", "나, 어떤 경우도 안주하지 않고 끊임없이 나아지겠노라"는 파우스트의 다짐과 언어는 요즘을 살아내는 인간들 내면의 강박과 번뇌를 드러내는 역할을 하고 있다.

괴테 하우스와 박물관을 빠져나온 후 괴테 여행 코스에 속하는 한 군데로 우선 프랑크푸르트 구시가지의 역사적 중심지인 뢰머 광장(Romer square)을 꼽는다. 괴테가 어린 시절, 자주 산책했던 곳으로 알려져 있다. 이 광장을 가운데 두고 가장자리에는 고딕과 바로크 양식의 다양한 건물들이 빼곡하게 들어서 있다. 빨갛고 노란, 분홍빛도 도는 6~7층 건물들은 모자이크의 경쾌한 아름다움을 담아 시선을 끌며 구시가지의 중세 분위기와 역사를 조명하고 있다. 15세기 이후 왕의 대관식, 무역박람회, 재래시장 등이 열렸던 곳이란다.

괴테가 세례를 받은 곳으로 알려진 성 카탈리나 교회는 괴테의 대표작 《파우스트》에서도 묘사된 곳이다. 바로크 양식의 건물로 2차 세계대전 중 파괴됐으나 복원돼 지금은 이 도시에서 가장 큰 교회로 알려져 있다. 괴테 실물보다 크게 청동으로 주조된 동상은 시민들이 모은 기금으로 설립돼 그에 대한 이 나라 국민들의 애정을 보여준다.

그가 사망한 지 12년 후인 1844년, 시민들이 기금을 모아 건립한 청동 동상 하단에 그의 작품 속에 나오는 서사시적 장면을 부조한 것이 눈길을 끈다. 프랑크푸르트 북쪽 숲에 자리한 괴테 타워는 사후 1백 년이 되는 해, 그를 애도하고 기리기 위해 지어진 탑이다.

부유하고 유복한 부모 곁을 떠나 아버지의 조언대로 라이프치히 대학 등에서 법률을 공부했으나 최대 관심사인 문필가로 돌아선 사람.《젊은 베르테르의 슬픔》으로 공전의 히트를 쳐 한때 바이마르 공국의 재상에 오르기도 한 그도 전혀 다른 삶 속으로 빠져들기를 간절히 원한 세월들이 있다.

"인간은 지향이 있는 한 방황한다"는 자신의 말을 입증이라도 하듯 그 역시 30대 말 어느 날, 새벽 3시 당시 바이마르 공국의 재상으로 있던 자리를 박차고 아무도 모르게 빠져나왔다.
"그렇게라도 하지 않았더라면 사람들이 나를 떠나게 내버려두지 않았을 테니까"라는 말을 남기고. 그로부터 19개월 정도 마차를 타고 정처 없이 떠돈 곳들은 '전 세계 최고의 학교'라며 평소 가기를 원했던 이탈리아였다. 그리고는 "그곳에서 생애 처음으로 나는 진정으로 행복함을 느꼈다"고 외쳤다지 않는가.

부유한 집안 출신에 줄기차고 다양한 연애 행각, 다방면의 재주꾼, 영향력 있는 정치인으로 뭐든지 다 소유한 것처럼 보이는 그도 새로운 세상과 변화에 대한 고뇌와 목마름을 여행을 통해 적시려 했던 것이다.《젊은 베르테르의 슬픔》에서 비치듯이 괴테는 몇 번의 사랑에 실패한 후 바이마르 공국에서 10여 년간 근무하면서 있는 대로 탈진,

고갈됐었음을 그의 기행문을 통해 접할 수 있다. 게다가 그의 시대는 마침 영국의 산업혁명과 프랑스의 시민혁명이 전 유럽에 광대한 영향을 미친 격동의 중세 시기와 맞물린다는 것도 시사하는 바가 크다.

중세에서, 개인의 자유와 평등한 권리를 근간으로 하는 근세로 방향을 트는 그 질풍노도의 시기에 방황하고 깨우치면서, 부단히 달라져 새롭게 태어나길 원했던 그의 심정이 급박했음이 느껴진다. 나를 포함한 많은 이들을 위안 삼고 있는, 그가 말한 "인간은 지향이 있는 한 방황한다"는 언사는 그의 복잡한 심경을 대변케 하는 촌철살인의 부르짖음이다.

그렇게 방황한 흔적을 소상하게 엿볼 수 있는 것이 그의 저서로 유명한 《이탈리아 기행》이다. 로마에 도착한 이후의 소감을 그는 이렇게 적고 있다.
"나는 이 길고 고독한 여행을 하기로 결심하고 어찌할 수 없는 욕구에 이끌려 이 세계의 중심지를 방문하게 됐다. 지난 몇 년 동안은 마치 병이 든 것 같았는데 그것을 고칠 수 있는 길은 오로지 이곳을 내 눈으로 직접 보며 이곳에서 지내는 것뿐이다"라고.

내가 프랑크푸르트 여행을 끝내고 다음 행선지, 남부 알프스 이탈리아의 돌로미티를 가기 위해 베네치아와 로마를 갔을 때도 그가 여행하면서 언급했던 언어들 덕분인지 내가 전에 방문했던 곳들이 새삼 다른 느낌으로 다가왔다.

괴테는 독일에서 겪은 몇 번의 연애가 실패로 돌아간 후 그 아픔을 담은 《젊은 베르테르의 슬픔》으로 일약 스타가 됐지만 그의 아픔은 근원적인 치유가 되지 않았던 것이다. 괴테가 갔던 여행길을 그대로 달려 보고 그 경험을 책으로 펴낸 언론인 손관승 씨(《괴테와 함께한 이탈리아 기행》의 저자)는 "그때까지 축적된 인생의 모든 것을 걸 정도로 괴테의 열망은 강렬했고 아픔은 깊었다"고 전하고 있다.

프랑크푸르트 생가 복도에 괴테 유년 시절부터 오랫동안 걸려있었다는 로마의 풍경과 지도를 담은 동판화가 다시 내 머리에 솟아올랐다. 그 동판화는 괴테의 아버지가 일찍이 로마의 조감도를 마루에 걸어 어린 괴테의 기억 속에 각인됐고 그는 문화의 중심지인 이탈리아에 대한 동경과 열망을 키우게 됐다는 것. 괴테는 다른 세상인 이탈리아 전역을 누비고 다니면서 치열하게 살아내면서도 끝없이 절망하고 번뇌했던 '가치 있고 진정한' 삶의 해답을 얻어냈다고 해야 할까?

괴테는 로마에 가서 자유롭게 떠돌면서 "내 젊은 시절의 모든 꿈들이 지금 이 순간, 내 눈앞에 생생히 되살아나고 있다", "내가 로마땅을 밟게 된 그날이야말로 제2의 탄생일이자 나의 진정한 삶이 다시 시작한 날"이라고 말한 적이 있다. 당시로서는 획기적인 그런 시도를 통해 확언한 그의 당시 충격적 느낌과 상황이 부럽고 부럽다.

한편 불가사의, 다재다능한 천재였던 괴테는 당시 83세까지 장수했지만 아들과 아내를 먼저 여의고 늘 서글퍼 했다고 전해진다. 독한 감기에 걸려 폐렴과 신부전으로 사망한 괴테의 마지막을 지킨 사람들은 과부가 된 며느리와 3명의 손주였다는데 그가 세상을 떠나기 얼마 전 며느리 손을 잡으며 안락의자에 기댄 채 마지막으로 한 말은

"좀 더 빛을, 내게 좀 더 빛을⋯."이라고 전해진다. 그를 침대로 옮기려 했던 가족에게 그냥 그 자리에서 잠들게 해달라고 했다는 말을 접하니 가슴이 먹먹해진다. 그의 이름을 붙인 거리의 이름도, 곳곳의 동상도, 그의 이름을 딴 음식점도, 그리고 각국에 있는 '괴테 하우스' 등은 엄청나게 변천한 현세에도 오래전 소천한 그의 영혼이 아직도 가까이서 맴돌고 있음을 여실히 보여준다.

새삼 '사람은 무엇으로 사는가?' 하는 질문을 하게 된다. 괴테는 파우스트에서 "사람을 마지막 실족에서 물러서게 하는 것은 사랑"이라 했다. 괴테가 죽기 2년 전 81세에 쓴 이 글에 노년의 지혜가 응축돼 있다. 또 "눈물 젖은 빵을 먹어보지 않은 사람, 또 울먹이며 다음날을 기약하면서 캄캄한 절망의 시간을 보내보지 않은 사람은, 그대, 어둠의 힘을 모르리"(저서 《빌헬름 마히스터의 수업시대》 중에서)라고 강조한다.

문학이나 미술, 음악에 빠져 살았던 예술가들의 삶에는 항상 사랑과 번뇌, 모험과 방랑이 필연적으로 따라붙는다. 누구보다도 첨예하게 살아있는 감성으로 몰입과 혼신의 무아지경에 이르러야 예술혼에 불이 붙는다는 것을 온몸으로 자각하기 때문이리라. 자신도 모를 정도의 '접신' 경지에 이르러야 비로소 원하는 작품이 잉태됨을 그들은 아는 것이다. 대상이 신이든 자연이든 인간이든 동물이든 물체이든 사랑에 빠져들고 미쳐야 가능한 것이리라.

그런 대상을 찾아 머물거나 사랑에 빠진 곳에는 사람들을 울리는 작품이 태어나고 함께 느껴보고 전율하기 위해 사람들은 그곳으로 찾아 나서게 마련이다. 그런 이야기 자체로 그 도시나 생가, 그들이 사용했던 집기나 물건들은 곧바로 생명력을 가진 듯 사람들을 강렬하게 유혹하는 것이다.

죽었지만 살아있는 자, 그렇게 죽은 자를 살려내는 것은 그의 작품이요 그가 전하는 얘기에 빠져있는 사람들이다.
세상의 이곳저곳을 여행하다 그런 장소를 만나면 어김없이 찾아들게 되고 전혀 다른 기분을 안고 그 장소에서 나오게 되는 것을 어찌하리. 예술의 대단한 힘인 것이다. 그들이 여행했고 방랑하면서 시와 소설, 그림과 음악을 쏟아냈던 그곳에는 그들의 체취가 느껴지는 흔적들이 고스란히 간직돼 있어 아주 먼 곳으로의 시공간 여행을 서슴지 않게 되는 것이리라.

내가 시간이 흐른 뒤 몇 년 만에 한 번씩 인류 문화의 본산인 유럽의 동서남북 지역을 번갈아 가며 들리게 되는 것도 유전하는 인간 군상들의 다양한 역사를 마주 대하면서 새삼 깨달음을 건질 수가 있게 되는 덕분이리라. 그리고 나는 새로운 활력을 확보하고 반복되는 일상을 다시 살아낼 수 있으니 얼마나 고마운가.

때때로 눈물 젖어 절망의 시간을 보내는 너와 나, 사람들이여, 한때의 어둠이 힘으로 작동하는 시기가 멀지 않았음을 기억하자. 지금의 방황은 그때를 예비함이라.
노란 개나리가 만개한 2월 마지막 날, 이 도시를 관통하는 마인 강가를 따라 걷던 도중 괴테가 산책 중에 들렀을 만한 한 노천카페에서 진한 커피를 마시면서 쬐는 석양의 햇살이 유난히 강렬함을 문득 깨닫는다.

[8]

잘츠부르크 – 오스트리아

▶▶ 모차르트가 살아 숨 쉬는 음악과 축제의 도시

⋯▶ 알프스 산자락과 잘자흐 강이 아름다운 잘츠부르크

모차르트의, 모차르트에 의한, 모차르트를 위한 곳! 이런 수사(修辭)는 '음악의 도시', 오스트리아 잘츠부르크를 표현하는 데 아주 제격이다. 도시 전체가 마치 그래서 존재하는 듯하니 다른 표현은 지루한 췌사에 불과하다. 인구 15만 명의 잘츠부르크는 아담하지만 이래 저래 매혹적이다. 웅혼한 자태의 신비로운 알프스 산자락을 배경 삼고 앞쪽으로는 잘자흐 강이 흐르는 천상의 풍경, 이를 찬미하듯 각종 예술 축제가 줄기차게 열리는 곳이다. 그 천혜의 자연 속에서 불세출의 천재, 모차르트(Mozart)가 들려주는 전설적인 음악과 서사는 1년 내내 이곳에 전 세계 사람들을 끌어들이는 마력으로 작동하고 있다.

'음악의 신동', 모차르트가 태어나고 자란 곳에 다가서면 당장 그의 선율이 머리에 가득 차오르고 가슴이 쿵쿵 뛴다고들 한다. 그도 그럴 것이 모차르트가 자주 드나들던 광장에서는 그를 기억해 내라는 듯 하루에도 몇 번씩 그가 작곡한 〈미뉴에트(Minuet in D K355)〉가 울려 퍼져, 물밀 듯이 들이닥치는 인파를 감싸 안는다. 그에게 더욱 매몰되고 심취하게 되는 것이다.

그에 더해 잘츠부르크를 배경으로 한 멋진 사랑의 실화를 노래와 춤으로 엮어 전 세계적으로 히트시킨 뮤지컬 및 영화, 〈사운드 오브 뮤직〉의 유쾌한 노래가 절로 흥얼거려지는 곳이기도 하니 더욱 그렇다. 수십 년이 흘러도 사람들의 뇌리에 깊이 박혀있는 따듯하고 정감 있는 그 영화의 몇 장면만 떠올려도 기분이 좋아진다.

유럽 대륙 중앙에 꽂혀있는 영세중립국, 오스트리아 공화국의 수도인 빈(Vienna)에서 기차로 3시간 거리에 있는 잘츠부르크는 230여 년 전에 죽은 천재 음악가 볼프강 아마데우스 모차르트(Wolfgang Amadeus Mozart, 1756~1791)와 여전히 함께 생존하고 있다. 그를 빼놓고 잘츠부르크를 얘기하는 것은 무의미하다 할 정도니 말이다. 세계의 여행객들은 불과 35세의 젊은 나이에 천상으로 가버린 '비운의 천재'를 그리워하며 세기가 바뀌어도 꾸준히 작지만 어여쁜 소도시로 몰려들고 있다. 마력적인 모차르트의 영혼에 사로잡혀 각기 제 나라에 살면서도 기쁠 때나 슬플 때 그의 음악과 이미 함께하던 사람들이다.

잘츠부르크는 '소금'이라는 뜻의 Salz와 '성(城)'이라는 뜻의 Burg를 합친 말이다. 까마득한 옛날, 바다가 융기한 곳으로 추측되는 내륙 지역에서 질 좋은 소금이 쏟아져 나와 이곳에 막대한 부를 축적시켜 줬던 '소금 성'이라는 이름이 지금은 '음악의 도시'로 거듭난 것이다. 물론 모차르트가 있었기에 가능한 것이리라.

알프스의 한 자락 해발 약 400m의 고지대에 자리한 잘츠부르크를 흐르는 잘자흐 강은 이 도시를 신시가지와 구시가지로 자연스레 구분해 준다. 중간에 걸쳐놓은 다리들을 통해 두 지역은 상호 교통한다. 이 다리를 건너 구시가지의 번화가인 게트라이데 거리로 가는 목적은 이 도시 관광의 시발점인 모차르트 광장으로 가기 위함이다.

⋯▶ 모차르트 생가

게트라이데 거리 한복판에서 눈길을 끄는 것은 모차르트가 태어난 샛노란 5층 건물이다. 건물 정면에 모차르트 생가(Mozart Geburtshaus)라고 크게 쓰여있는 데다 빨갛고 하얀 줄무늬의 오스트리아 국기가 건물 3층 길이로 매달려 펄럭이고 있고 늘 관광객들이 운집해 있으니 그냥 지나치기 힘들다. 이곳에서 태어난 모차르트는 여기를 본거지로 해 어려서부터 전 유럽 순회공연을 다녔다고 전해진다. 이곳에서 17년 동안 작곡을 병행하면서 말이다. 전 인생의 반을 살아낸 곳이니 이곳은 '모차르트 음악의 성지'라 해도 부족함이 없다.

그의 생가는 현재 박물관으로 만들어져 그의 초상화, 그가 쓰던 악보와 악기, 친족들과 나눈 편지들이 유품으로 보관돼 있다. 곳곳의 방에서는 오래전 세상을 떠났어도 그를 주인공으로 세운 한 영화에서 제멋에 겨워 오만방자하게 깔깔대던, 철없던 소년 모차르트의 웃음소리가 마치 현실인 양 들려오는 듯했다. 230여 년 전에 떠난 그 어린 천재가 황제 앞에서 보인 무엄하고 저돌적인 자태도 떠오른다.

널리 알려진 각종 예술작품이 인류의 사고에 미치는 영향력이 치명적이라는 것을 새삼 절감하게 된다. 우리는 때론 거기서 얻은 지식에 맹종해 많은 것을 판단하고 심한 오류를 범하기도 하니 말이다. 모차르트라는 천재적 인간을 조명한 영화, 〈아마데우스〉는 특히 그를 이해하는데 결정적 역할을 한다. 좋든 싫든, 맞든 틀리든 말이다. 1985년 미국에서 상영돼 그해 아카데미 시상식에서 작품상, 남우주연상, 감독상 등 8개 부문을 휩쓸어 세계적인 관심을 모았다. 이 전설적인 영화는 피터 셰퍼의 희곡을 바탕으로 밀로스 포먼이 감독한 작품이다.

모차르트의 막강한 실력과 천재성을 질투한 당시의 궁정악장인 안토니오 살리에리(Antonio Salieri, 1750~1825)와의 갈등관계를 통해, 모차르트의 인간성과 결혼생활, 오만함으로 인해 기회를 잃어 생활고에 시달리며 결국 방탕한 소비와 음주 등으로 비참한 생애를 마감하는 전 과정을 그려내고 있다. 특히 죽기 얼마 전에는 생계비를 벌기 위해 누군가 작곡 의뢰한 진혼곡을 쓰다 쓰러져 결국 자신을 위한 진혼곡으로 사용하게 됐다는 얘기는 보는 이들에게 안타까움을 던져준다. 당시의 궁정 중심 음악계에서 작곡자이며 지휘자로 영향력이 컸던 살리에리 역시 쟁쟁한 실력은 뒷전이고 오로지 시기심으로 모차르트를 음해한 사람으로만 이미지가 고착화되었으니 죽어서도 억울하리라. 흔히 2인자 콤플렉스를 거론할 때 쓰이는 '살리에리 증후군'이라는 용어까지 만들어졌으니 말이다.

··· 모차르트 동상

모차르트는 걸음마를 겨우 뗀 다음부터 음악적 재능을 보여 4세 때에는 건반 지도를 받을 수 있게 됐고 불과 1년 만에 작은 소곡들을 작곡하면서 천재의 싹을 드러내기 시작했다. 역시 궁정음악가였던 그의 아버지 레오폴트 모차르트는 아들의 절대음감과 재능을 널리 알리기 위해 여섯 살부터 아들이 궁정을 드나들며 연주하게 만들었다. 빈에 가서는 여황제, 마리아 테레지아 앞에서도 연주했다는 일화가 있다. 여덟 살 때는 파리, 런던 등을 돌며 해외 순회공연도 해 유럽에 이름을 떨쳤다. 열 살이 넘어서는 이미 오페라 작곡과 상연을 의뢰받아 이탈리아 공연을 성공리에 마쳤다니 일반인으로서는 상상하기 힘든 지경이다. 15세부터는 잘츠부르크의 궁정음악가로 10년 정도 재직했다. 하지만 새로

부임한 잘츠부르크 대주교와의 갈등으로 다른 직장을 얻으려다 실패해 생애 마지막에는 생활고와 방탕한 생활, 가족 간의 불화를 겪는 것으로 여기저기 기록돼 있다.

'신이 내린 천재', 모차르트는 여러 장르의 수없이 많은, 그러나 모두 주옥같은 음악작품 6백26곡을 내놓았단다. 그의 작품 가운데 특히 교향곡, 오페라, 피아노협주곡, 현악 사중주와 현악 오중주의 작품들이 유명하다. 그는 또한 다양한 형태의 실내악, 미사곡 및 종교음악과 무곡 등도 작곡해 현세까지도 타의 추종을 불허하는 신출귀몰한 존재임이 드러난다.

대표작 목록은 30~31세에 발표한 오페라 〈피가로의 결혼(1786)〉, 〈돈 조반니(1787)〉와 작고하기 얼마 전에 내놓은 오페라 〈마적(1791)〉 등의 작품들이 끝없이 이어진다.

잘츠부르크는 '음악의 도시'이자 '축제의 도시'다. 1년 내내 모차르트 음악뿐만이 아니라 각종 음악, 재즈, 연극, 무용 등 기타 예술 분야의 크고 작은 축제가 빈번하게 행해지는 곳이다.

그중 잘츠부르크 축제는 매년 여름에 가장 큰 규모로 열려 전 세계 음악 애호가들과 해외 관광객들을 끌어모은다. 오페라와 관현악 공연만이 아니라 독주회, 실내악, 연극 공연 등을 다채롭게 소화하는 종합축제의 성격을 띤다. 한여름 한 달여에 걸쳐 계속되는 이 축제는 잘츠부르크 내 30~40곳, 200~300회의 공연을 이끌어 내면서 축제의 대명사로 자리매김하고 있다.

이곳 축제의 명성에 힘입어 이제는 계절과 무관하게 음악 외의 다양한 공연들도 잘츠부르크의 이름을 안고 4천여 개나 개최돼 그야말로 '축제의 도시'가 돼버렸다. 여러 공연장에서 경쟁적으로 개최되는 소규모 음악회 한곳을 골라 참여할 경우 입장료는 2023년 기준 대충 40유로, 점심과 음악회 함께는 80~95유로, 저녁과 음악회를 같이 하면 95~120유로 정도 든다. 모차르트 음악 중 세레나데(소야곡, 小夜曲) 13번으로 아주 경쾌한 〈아이네 클라이네 나흐트무지크〉, 〈바이올린 협주곡〉, 〈클라비어 협주곡〉, 〈잘츠부르크 심포니〉, 〈클라리넷 5중주〉 등이 단골로 선보여졌다. 드보르자크와 슈베르트, 요한 슈트라우스의 음악들도 간간이 곁들이는 식이다. 운 좋은 날은, 실력이 만만치 않은 무명 유럽 연주가들이 길거리에서 그랜드 피아노까지 끌어다 연주하는 거리음악회도 즐길 수 있다.

생가 건너편에는 모차르트가 수시로 드나들며 커피를 마셨다는 3백여 년 된 커피숍 '토마셀리 카페'가 자리하고 있어 관광객들로 문전성시를 이룬다. 3백여 년 전부터 다양한 종류의 커피와 빵을 판매해왔다는 이곳은 꽤 넓지만 빈자리가 없어 발길을 돌리는 사람들이 대부분이다.

에스프레소 한 잔에 3.8유로, 카푸치노 한 잔에는 4.8유로를 받고 있다. 이 거리 주변에는 '모차르트'라는 이름의 상표를 붙인 컵이나 인형, 차임벨 등 선물을 사려는 사람들로 붐빈다. 그의 이름이 붙은 포장지가 최고 유인책이다. 모차르트 초콜릿의 원소 격으로 모차르트 얼굴 모습을 담은 청색 포장의 초콜릿은 1890년 이후 전통적인 수작업으로 제조되고 있단다.

게트라이데 거리 쇼핑가는 카페, 레스토랑은 물론 향수상점, 식료

품점, 앤틱 제품과 최신 의류점 등으로 가득 차 있다. 문맹자를 고려, 당초 그림이나 모형으로 상점의 내용을 알렸다는 철제 간판들의 모습이 독특해 유네스코 세계문화유산으로도 등재됐단다. 나름대로의 개성과 멋으로 거리의 아름다움에 일조한 이 간판들은 우리나라의 조악한 간판 문화에 시사하는 바가 있다.

모차르트가 생가에서 벗어나 8년여간 거주했던 미라벨 공원 근처에도 '모차르트의 집'이 있어 공통입장권으로 양쪽을 다 구경할 수 있게 했다.

잘츠부르크의 주요 관광지와 문화 유물들, 대중교통 수단 등을 두루 이용할 수 있고 콘서트 등 문화행사의 입장권 할인까지 받을 수 있는 잘츠부르크 카드(1~3일권)는 여타 지역에 비해 매우 가성비가 높은 편이다. 24~72시간 사용할 수 있는 카드 가격이 장당 27~45유로 정도. 두세 곳을 따로 입장해도 그 정도는 필요하니 이곳에선 특히 카드 구입이 필수다.

구시가지 안으로 들어가면 잘츠부르크 대성당이 나온다. 서기 774년에 건립된 이곳엔 유럽에서 가장 큰, 6천 개의 파이프로 구성된 오르간이 비치된 곳. 모차르트가 유아 세례를 받은 곳이기도 하다. 또 그가 23세부터 한동안 이곳에서 오르간을 연주했다고 전해진다. 이 성당은 잘츠부르크 관광의 랜드마크이자 중심지. 여러 개의 우아하고 둥근 녹청색 돔 지붕에 고딕식 첨탑, 건물 요소요소에 자리 잡은 인물 석상과 시계탑들로 장식된 자태가 고고하고 신비롭다.

성당을 지나 올라가는 호엔 잘츠부르크 성은 로마 교황과 신성로마제국의 황제가 서로 대립할 당시 독일의 침략에 대비하기 위해 1077년 건립된 곳이다. 542m 산 위에 자리한 성채 안 높은 전망대에서 도시 전체를 조망할 수가 있고 또 다른 전망대에서는 멀리 눈 덮인 알프스 산맥의 멋진 풍광도 감상할 수가 있다.

9백여 년의 연륜이 눈부신 백색의 이 요새(Fortress)는 푸른 하늘과 흰 구름을 배경으로 서 있는 웅장하고 멋진 자태가 범접하기 힘든 성스러운 천상의 어느 황궁을 연상케 한다. 중부 유럽 최대의 성채이면서 완벽하게 보존된 요새로 잘츠부르크의 위세와 아름다움을 만방에 알리는 데 선두 역할을 하고 있다. 1892년에 도입, 오스트리아에서 가장 오래된 푸니쿨라를 이용해 정상에 오를 수 있다. 중세의 건물과 방들, 그 안에 담긴 컬렉션들, 내부의 뜰, 소금창고, 전망타워, 요새 박물관, 귀여운 꼭두각시 모음 박물관 등을 엿볼 수 있다. 이곳 골든 홀에서 거의 매일 열리는 모차르트 요새 콘서트가 단연 인기다. 매년 여름에는 세계의 아티스트들이 국제여름아카데미(International Summer Academy)에 참석하기 위해 몰려든다.

모차르트 생가에서 도보로 10여 분 거리에 있는, 소문난 미라벨 궁전과 정원은 영화와 뮤지컬로 만들어진 〈사운드 오브 뮤직(The Sound Of Music)〉의 배경지이나. 그 영화 덕에 전 세계 여행객들이 꼭 가봐야 하는 곳으로 손꼽히고 있다.

일단 다양한 장미 수십 종을 포함한 각종 화사한 꽃들로 가득 수놓은 듯 화려하고 아름다운 정원은 탄성을 자아낸다. 바로크풍의 궁전 앞뜰에는 여러 조각들과 분수대들, 더할 수 없이 현란한 꽃밭들이 작심하고 부귀영화의 전형을 과시하는 듯하다. 바로크 양식을 도입한 이 궁전의 대리석 방은 모차르트가 대주교 가족을 위해 자주 연주회를 마련했던 곳이기도 해 더욱 관광객의 관심을 끄는 곳이다.

⋯› 영화 〈사운드 오브 뮤직〉의 배경이 된 미라벨 궁전 모습

최근에는 예약을 받고 결혼식이나 연주회의 장소로 빌려주기도 한다. 그리스 신화에 나오는 날개 달린 천마(天馬)인 페가수스의 조각 작품이 볼거리.

근처 분수대를 돌며 영화 속 주인공들이 춤추며 신나게 '도레미송'을 부른 곳이다. 어린이 관광객들이 어른들의 손을 잡고 그 장면을 흉내 내는 모습이 정겹고 쾌활하다.

이 궁전은 1606년 당시의 대주교 볼트 디트리히가 사랑하는 아내를 위해 지은 곳이란다. 그 안에서 머무는 동안 무려 15명의 아이들까지 출산해 길러냈다니 당시 주교의 위세와 배짱이 얼마나 대단했는지를 가늠케 한다. 갓 결혼식을 끝낸 신혼부부들이 들리는 필수 코스로 인식되고 있는데 디트리히 주교 부부를 닮은 사랑을 오래 간직하고 싶어서이리라. 1818년 화재로 소실된 것을 지금의 모습으로 새롭게 복원했고 현재는 시청사로 쓰인다. '꽃대궐'의 뜰에서는 강 건너 저편 산정에 우뚝 서 장엄한 위용을 자랑하는 호엔 잘츠부르크 요새의 멋진 모습도 병풍인 양 동시에 감상할 수 있어 그야말로 금상첨화며 절경이다.

〈사운드 오브 뮤직〉은 50여 년 전에 상영됐던 영화. 하지만 각국에서 재상영을 자주 한 덕분인지 이곳 현지 여행사들은 아직도 '사운드 오브 뮤직 투어 코스' 상품을 신나게 팔고 있다.

영화의 줄거리는, 매우 쾌활하며 음악을 사랑하는 한 견습 수녀가 수녀원장의 권유로 한 명문가에 가정교사로 들어가는 것으로 시작된다. 온갖 고초 끝에 엄마와 사별했던 일곱 자녀들의 마음을 얻는다. 좀처럼 다가가기 힘든 아이들에게 즐거운 음악과 율동을 지극정성으로 가르치면서 자연스레 교감을 쌓은 것. 아이들의 완고한 아버지, 게오르그 폰 트랩 해군 대령의 마음까지 움직이게 해 결국 새엄마가 된 그녀가 아이들과 유럽 연주여행을 떠나는 등 행복한 가정을 이룬다는 로맨스 영화요, 드라마, 뮤지컬이다. 그녀가 아이들과 즐겁게 웃고 노래하며 춤추는 배경 장소가 된 곳들 중 가장 핵심적인 곳이 바로 미라벨 궁전인 것이다.

오스트리아 출신의 마리아 폰 트랩의 자서전을 원작으로 한 뮤지컬 작품이다. 오리지널 브로드웨이 뮤지컬 작품은 1950년 초연된 이후 수많은 장르의 제작과 재연이 이루어졌다. 무려 15년 후인 1965

년 줄리 앤드류스와 크리스토퍼 플러머가 주연을 맡은 영화 뮤지컬로 개작되면서 〈에델바이스〉, 〈도레미 송〉, 〈내가 좋아하는 것들〉 등의 노래들이 전 세계 애호가들을 강타했었다. 이 영화는 미국 아카데미 시상식에서 작품상, 감독상 등 5개 부문을 휩쓰는가 하면 미국작가조합상, 골든글로브 작품상과 여우주연상 및 미국감독조합상 등을 거머쥐어 영화계의 '대사건'인 양 떠올랐던 작품이다.

시내 한쪽에는 잘츠부르크 출신으로 35년간 베를린 필하모닉의 종신 예술감독이며 상임 지휘자로 세계적인 명성을 구가했던 '멋쟁이' 헤르베르트 폰 카라얀(Herbert von Karajan, 1908~1989)이 거주했던 집이 그의 동상과 함께 음악 애호가들의 발길을 모은다. 그는 죽는 그 해까지 잘츠부르크 음악제 음악감독으로 활동하다 심장마비로 생을 졸지에 마감, 많은 이들의 안타까움을 자아냈었다.

또 잘츠부르크 근교의 작은 마을 오베른도르프는 세계에서 가장 유명한 캐럴, 〈고요한 밤 거룩한 밤〉의 탄생지. 잘츠부르크 출신의 신부 요제프 모어의 시와 오르간 연주자 프란츠 그루버의 작곡으로 만들어져 1818년 크리스마스이브에 이곳 니콜라스 교회에서 처음으로 공연된 이후 전 세계인의 사랑을 받게 됐으니 역시 '음악의 도시'에 한몫을 하고 있다.

여행 중 좀 느슨한 분위기 속에 편히 풀어지고 싶다면 중심지인 게트라이데 거리에서 20여 분 정도 걸어 벗어나 보자. 오스트리아에서 가장 크고 유명한 아우구스티너 브로이 양조장을 방문, 시원하고 쌉쌀한 맥주 맛을 즐길 수 있다. 4백 년간 유지돼 온 양조 비법을 자랑한다는 이곳은 1천 석이 넘는 대형 야외좌석이 구비돼 있어 시끌벅적하면서도 흥겨운 분위기에 젖어들 수가 있다. 모르는 사람들까지 지인인 양 합석하기도 하는 이런 대규모의 맥주 파티는 독일어권 지역에서 흔히 볼 수 있는 풍경. 길가에서 스치고 지나가는 이들까지 가슴 설레게 유도한다.

바로크 양식의 천장을 이고 있는 실내 홀도 제격이다. 각자가 알아서 그 안에 구비된 클래식한 도자기컵을 골라가면 오크통에서 숙성 중인 맥주를 직접 따라준다. 별도로 구매한 그 양조장의 안주가 별미여선지 어째 맥주 맛이 사뭇 다르긴 한 것 같다. 때론 기분이 맛도 좌우하리라.

잘츠부르크 구시가지와 신시가지를 양분하는 잘자흐 강에는 7개의 다리가 있다. 그중 인도교인 마카르트 다리는 이 시내의 야경을 제대로 감상할 수 있어 저녁이면 관광객이 모여든다. 불빛에 잠겨 황홀하게 탈바꿈한 도시는 또 다른 마음속 풍경 안으로 사람들을 이끈다. 이 다리 곳곳에는 연인들이 묶어놓은 다양하고 수많은 자물쇠들이 눈길을 끈다. 온갖 만사에서 훌훌 벗어나기 위해 낯선 길 위에 나선 여행 중에도 사람들은 그렇게 서로 견고하고 끈끈하게 묶이고 싶어 이제나저제나 간절히 사랑을 염원하고 있다. 대체 사랑이 뭐길래… 사랑이 온갖 인생사의 묘약임을 모르는 바 아니지만 말이다.

[9]

쿠스코 – 페루

▷▶ 세상에서 사라진 잉카 제국의 찬란한 고도, 마추픽추

⋯▶ 안데스 산맥에 자리한 페루의 수도, 쿠스코의 시청 앞 광장

일상의 문을 박차고 길 위로 나서는 일은 설렘에 발동을 거는 행위다. 가슴 뜨겁게 살고 싶은 인간 욕구의 발현인 것이다.

남아메리카의 척추, 안데스 산맥의 어느 산꼭대기에서 6백여 년 동안 죽은 듯이 숨어있었다는 '비밀의 도시', 마추픽추(Machu Picchu)를 만나러 가는 길은 그야말로 설렘으로 가득했다. 가뜩이나 산소포화도

가 낮은 고산 지대여서일까 두근거림은 더했다. 끝없이 이어지는 정글 속 좁고 거칠고 길게 내닫는 강물 위 자욱한 안개와 구름을 헤치고 비행기, 기차, 버스를 번갈아 타고 달리면서 말이다.

안데스 산맥은 지구 반대편, 북반구에 위치한 한국 땅에서는 아련하고 아득하게 먼 곳 같고 무언가 풀리지 않는 비밀과 비경을 가득 품은 전설의 땅과 같은 기분이 든다.

지구 남반구의 남태평양 연안을 따라 척추인 양 남북으로 7,000km나 길게 뻗은 세계 최장의 산맥은 늘 반쯤은 뭉게구름에 덮인 높은 산자락 군락들이 신비한 위용을 뽐낸다.

이 산맥 품 안에 들어있는 나라만 페루, 아르헨티나, 칠레, 볼리비아, 베네수엘라, 콜롬비아, 에콰도르 등 7개국이다. 대자연에 대한 경외감이 절로 우러나오는 이 산맥에는 남반구 최고봉으로 해발고도가 6,962m에 달하는 아콩카과 산을 위시한 고봉 준령들이 대거 포진해 있다. 산맥 폭은 평균 300km. 지구의 지각운동이 아직도 곳곳에 지진과 화산 활동을 유발시키고 있는 곳이다.

이런 험준한 곳에서 7백여 년 전, 인디언 부족의 잉카 문명이 탄생했다. 잉카는 안데스 문명 최후의 국가 이름이며 그 지배계층을 말한다. B.C. 1천여 년 전에 시작한 안데스 문명이란 에스파냐(현재의 스페인)가 아메리카 대륙을 정복하기 이전, 남아메리카의 안데스 지대에 번성한 문명이다. 안데스 문명 최후의 국가, 잉카 제국은 그중 한 나라. 15세기 중엽부터 주변 민족을 정복하여 15세기 말에는 남북으로 4,000km 대영역을 지배했다고 알려져 있다.

그중 가장 핵심이 됐던 지역이 잉카 제국의 수도였던 페루 쿠스코(Cusco)이다. 이 지역 일대가 유럽인들이 그토록 찾아 헤맸던 황금의 땅, 즉 전설의 이상향인 '엘도라도'였던 것으로 전해진다.

필자는 한국에서 곧장 가는 게 버거워 일단 미국 서부 캘리포니아 지역에서 한동안 머물렀다.

지난 세월, 한동안 살았던 곳이기에 옛 추억을 더듬는 여행을 하고 지인들도 만날 겸 해서 말이다. 그런 워밍업을 끝내고 LA 공항에서 곧장 페루의 수도 리마로 향했다. 리마를 한 바퀴 둘러보고 다시 쿠스코행 비행기를 탈 계획이었다. 리마에서 잉카 문명의 핵심지인 쿠스코까지는 비행기로 1시간 20여 분 거리. 버스로 가면 산맥을 돌아돌아 22시간여 걸린다.

잉카 제국의 수도이면서 세계의 중심지라고 여겼던 이유에선지 쿠스코는 신체의 한가운데, '배꼽'의 의미를 담고 있다. 해발 3,450m의 고원 지대에 자리하고 있다. 높이 얘기만 들어도 대충 호흡 조절을 잘 해야겠다는 마음에서 의도적으로 들숨 날숨을 반복해 보게 된다.

낮게 하강하는 비행기 안에서 쿠스코를 내려다보면 유럽 남부·동부의 소도시에 와있다는 착각이 일어난다. 그쪽 도시처럼 약속이나 한 듯 온통 붉은색 지붕들과 낮은 건물들이 빈틈없이 어깨를 나란히 하고 있기 때문이다. 5백여 년 전 스페인 정복자들이 옛 마을들을 파괴하고 유럽식 건물을 지어서다. 잉카의 흔적을 모조리 지울 수는 없었는지 거리 구석구석을 둘러보면 잉카와 스페인식의 공존이 불러온 색다른 맛이 여행객들을 당장 들뜨게 한다.

쿠스코 골목을 거닐면 잉카인 흔적이 거리 곳곳의 가옥이나 건물들에서 그대로 엿보인다.

돌을 그냥 포개 쌓은 듯한 담벼락이나 기둥들은 축조용 돌과 돌 사이를 시멘트나 접착제를 이용해 연결한 것처럼 착 들어맞게 한 것이 놀랍다. 12각을 내면서 반들반들 연마한 돌을 마치 퍼즐 조각 맞추듯 정교하게 조합해 오랜 세월, 지진에도 전혀 흔들림이 없도록 하는 기술력을 발휘해 버텼다니 그저 감탄사 연발이다. 장구한 세월이 흐른 지금에 비해 별 손색이 없어 보인다. 자동차들이 달리는 일부 도로 주변에는 2~3층짜리 시멘트 상가건물들이 곳곳에 신축 중이어서 그 분위기가 딱 1960년대 말 서울 시내 변두리 주택가를 연상케 했다.

전 세계 여행객들이 천 리를 마다치 않고 쿠스코를 거쳐 달려오는 곳이 있으니 바로 그 유명한 마추픽추다. '잃어버린 공중 도시'는 쿠스코에서 불과 약 80㎞ 떨어진 곳에 있다.

높은 계곡 공중에 아슬아슬하게 매달린 듯 숨어있는 마추픽추는 1911년 미국의 한 탐험가에 의해 우연히 발견되기까지 무려 6세기 동안 아무도 그 존재를 모르는 비밀의 공중 도시였다. 전 세계 비행기가 종횡무진 하늘을 훑고 다니는 요즘, 그 긴 세월 도시 하나가 감쪽같이 산꼭대기에서 숨어있었다니 믿어지지 않을 정도다.

탐험가이자 고고학자였던 하이럼 빙엄은, 잉카 제국이 멸망할 당시 스페인의 정복자들과 전투를 벌였었던 빌카밤바를 찾아내기 위해 당시 안데스 정글 지역을 뒤지고 있었다는 것.

한동안 정글 탐색에 나선 그가 오두막에 살던 어느 소년을 만났고 소년이 이끄는 데로 찾아가 발견한 것이 마추픽추였다. 현재 '신(新)

세계 7대 불가사의' 중 하나로 손꼽히는 마추픽추는 그렇게 우연한 기회에 온 세상에 모습을 드러내게 됐다.

 보통 여행객들은 페루의 수도, 리마에서 비행기로 쿠스코에 도착한 후 버스를 타고 일단 오얀타이탐보(Ollantaytambo)까지 온다. 거기서 다시 '잉카 레일' 기차를 이용, 아구아스 칼리엔테스(Aguas Calientas) 마을에서 내린다. 그 다음 다시 버스를 타고 산길을 빙빙 돌아 마추픽추로 가는 여정을 택하고 있다. 관광객들로 북적이는 기차역 부근에서는 그들의 발길을 붙잡으려는 길거리 악단들이 전통악기로 신명 나고 독특한 음색을 쏟아낸다.

 세 칸으로 이루어진 잉카 레일 기차는 영화 속 옛 시골 기차를 연상케 한다. 그런대로 소박하고 넷이 마주 보고 앉아 다른 여행객들과 대화를 틀 수 있어 정겹다. 높은 산 사이로 우루밤바 강물이 우당탕 세차게 흘러 깊은 계곡을 드러낸다. 이 강이 여기저기서 합쳐져 달리면 아마존 강에 닿는단다. 총 길이가 6,300km인 아마존 강은 페루 안데스 산맥의 발원지로 처음에는 북쪽으로, 다음에는 동쪽으로 흘러 결국 브라질 북부를 관통한 후 대서양에 합류한다는 것. 기차 창가에 앉아 파도치듯 요란한 거센 강물과 정글 숲의 파노라마를 보면 경외심에 다른 생각이 끼어들 여지가 없다.

 서울에서부터 시작되는 이런 복잡다단하고 힘든 과정을 거치면서 모험여행의 진가를 충분히 즐기려면 체력과 호기심이 충만할 때 와야 한다는 생각도 들었다.
 그러기에 젊은 여행객들은 마추픽추 발견자인 하이럼 빙엄이 헤맸던 산길을 3박 4일의 여정으로 47km를 걷는 트레킹을 즐긴다. 따라가고 싶은 마음은 굴뚝 같았으나 몇 달 먼저 예약하는 게 필수란다. 페루 정부가 환경 문제를 감안해 입산 인원을 제한하는 데다 현지 가이드와 필히 동행해야 한다는 규칙을 따라야 한다. 더구나 여정상 해발 4,200m의 고지 등 몇 개의 봉우리를 넘어야 한다니 겁이 났던 것도 사실이다.

'짜잔!' 하면서 놀래주려는 듯 까마득한 산 정상에 펼쳐진 '공중 도시'를 마주 대하면서 다시 호흡을 가다듬는다. "도대체 이럴 수가 있을까?" 하는 감탄사와 함께. 감탄이 극에 달하면 말이 끊어지고 신음에 가까운 소리를 내뱉게 된다.

⋯▸ 6백 년 동안 감추어졌던 비밀의 도시, 마추픽추 모습

잉카인의 공중 요새, 마추픽추의 대문 역할을 하는 인티푼쿠

(Intipuncu)는 찬탄과 경이의 시발점이다. 태양신을 위한 제사를 지내기 위해 독립적으로 건축한 태양의 신전, 잉카 민족들이 섬겼던 신 중에서 하늘과 제사를 담당하는 아푸 쿤투르를 상징하는 콘도르(Condor) 신전, 마추픽추 가장 높은 곳에 동서남북 방향을 확실하게 알려주는 커다란 돌 하나를 배치한, 신성한 기운이 도는 인티후아타나 스톤(Intihuatana Stone), 제사장급들의 거주 장소로 보이는 건축물, 커다란 제례용 돌 등이 눈길을 끈다.

뭉게구름이 뭉실뭉실 피어나는 천상의 세계에 좀 더 가까이 다가가기 위해 지어진 듯한 고색창연한 건축물들의 돌무더기와 잔재들 위에 마치 시간과 모든 움직임은 정지된 듯 보였다.
바람에 살랑이는 햇살은 더 할 수 없이 맑고 투명했다. 인간의 유한한 삶은 결국 한 줌 흙으로 자연의 품에 안기고, 묵묵히 그걸 포용하는 자연은 그 자리에 여전히 다양한 모습으로 영구히 존재한다는 말을 전하는 듯했다.

그 석축 기둥들과 기반들은 최근 멋스럽고 견고하게 짓는 석조건물과 비교해도 별 손색이 없다는 생각이 들었다. 도대체 기중기와 운반 트럭 등 철제 건축 장비들이 없었을 그 까마득한 시기에 수십만 개의 돌덩이들을 어디서 어떻게 운반해 아찔한 산 정상에다 쌓았는지 도무지 헤아리기 힘들다.

대부분의 돌은 20톤 정도, 가장 큰 돌은 높이 8.53m에 무게가 3백여 톤에 이른다니 기가 막힐 뿐이다. 문명이 발달하기 전에도 인간의 의지와 지력은 불가사의한 경지였던 모양이다. 하긴 그보다 훨씬 오래전인 4천여 년 전, 이집트에서 사막에 거대하게 쌓아 올린 기자의 대피라미드를 보면서도 혀를 내둘렀던 기억이 있지만 이렇게 산 정상은 아니었지 않나 말이다. 최대 피라미드인 쿠푸의 대피라미드는 146m 높이에 2.5톤 무게의 사각 돌 3백만 개를 사용했다고 하니 물론 두 곳 다 경이롭기만 하다.

⋯▸ 해발 3천 미터 산 정상에 조성된 염전지대

⋯▸ 산비탈의 계단식 밭

덕분에 마추픽추는 현존하는 '신(新) 세계 7대 불가사의' 중 한 곳으로 손꼽히게 됐다. '신(新) 세계 7대 불가사의' 재단이 2000년 새천년을 기념하기 위해 6년간 세계인들을 대상으로 인터넷과 전화 투표를 해서 선정했다. 중국의 만리장성, 멕시코의 마야 유적지, 인도의 타지마할 등과 함께.

일부 고고학자들은 현재의 마추픽추가 원래의 구조물 그대로의 형상을 오랜 세월 동안 유지할 수 있었던 깃은 애당초 이곳의 존재를 스페인 정복자들이 발견하지 못해 파괴와 약탈을 피할 수 있었던 덕분이라 추정하고 있다. 특히 고원 지대에 매달려 있는 데다 늘 구름이 산봉우리를 가려 일부러 산꼭대기를 올라가지 않는 한 발견이 어렵다는 것이다.

또 다른 설도 있다. 이곳이 에스파냐의 공격으로 몰락할 위기에 놓이자 1천여 잉카인들은 노인과 처녀들을 한구석에 생매장하고 전투에 필요한 남자들은 더 깊은 곳으로 사라져 버렸다는 것이다. 생존자들이 어느 다른 산꼭대기에서 무엇을 먹고 어떻게 생존했으며 그 후 어디로 가서 어떻게 죽었는지 역사는 아직도 명확한 단서를 밝혀내지 못하고 있다.

산 정상에서 1백여 구의 여성과 어린이 시신이 발견된 것은 단지 신에 바쳐진 제물이었다는 말도 있다. 또는 이곳에서 하산한 원주민 남성들이, 전쟁 중 당시 페스트가 유행하던 유럽에서 건너온 침입자들에게 전염돼 몰살됐다는 얘기도 전해진다. 그래서 '잃어버린 공중도시', '태양의 도시'라는 이름이 비밀스러움과 안타까움을 더해준다.

경사도가 50도가 넘어 보이는 산비탈 여기저기에 마치 대평원처럼 일군 계단식 밭들은 상상을 불허한다. 인간의 지혜가 어디까지 육신의 힘을 능가하는 초능력을 발휘하게 하는지 인간을 만든 조물주의 위대함을 새삼 느끼게 한다. 축대를 쌓아 평지를 조성한 계단식 밭에, 산에서 흘러내리는 물을 지하수로로 이동시키는 관개수로를 만들어 옥수수와 감자 등의 식량을 얻었다니 놀라울 뿐이다. 게다가 천문학적 사고와 기술로 동서남북을 알려주는 해시계를 산꼭대기 최고점 돌기둥에 설치했다니 과연 호모 사피엔스의 능력은 어디까지일까 생각하게 된다.

이렇듯 대단했던 잉카인들은 도대체 어디로 사라졌을까? 1911년 발견 후 110여 년이 지나도 별다른 증거물이 없는 마추픽추는 향후에도 계속 신비의 공중 도시로 남아 후손들의 호기심만을 계속 유발

시킬 것으로 보인다.

문득 그런대로 비밀에 싸여 신비감을 갖게 하는 곳이 남겨져 있다는 것, 꼭 정답을 밝혀내야 좋은 건 아니라는 생각도 들었다. 부지불식간에 모든 것이 샅샅이, 그리고 낱낱이 드러나는 현세에 살면서 호기심과 안타까운 마음으로 마음껏 상상의 나래를 펴보게 하는 어느 한구석이 지구상에 존재하는 것도 좋겠다는 생각이 들었다.

마추픽추로 들어가기 전, 마지막 관문인 오얀타이탐보 역시 마을 전체가 유적지 같아 시간을 내서 여기저기 구석들을 기웃거리면 '느린 여행'의 평안한 진면목을 느끼게 된다. 아주 까마득한 시절에 우리가 시골 마을에서 겪었던 풍경들이 친근하게 다가온다. 아마 다시는 이런 과거로의 여행은 힘들 것 같다는 생각이 들었다. '현대화'라는 이름으로 모두 다 없어지는 판에….

먼지가 뽀얗게 일어나는 길거리를 달리는 낡고 촌스러우나 정다운 세 바퀴의 작은 자동차는 금방이라도 고장 나서 멈추어 설 것만 같다. 아마 수십 년간 수십만 킬로 이상을 달리지 않았을까. 자동차 박물관에 있으면 딱 어울릴 것 같은 모습이다. 그 힘들고 바쁜 와중에 당연한 듯, 멋을 부린 듯 걸친 알록달록한 오색 두건과 망토 등을 차려입은 할머니들이 손수 뜨개질한 투박한 가방, 모자 등을 팔려고 요란한 손짓, 몸짓을 해보인다.

오색으로 염색한 알파카의 털을 섞어 기계로 짠 스웨터는 여행객 행색을 보고 부르는 게 값이지만 차가 떠날 때면 얼마든지 싸게 던져준다. 아무 상표도 없고 조악한 맛은 나지만 귀국 후 한겨울에 입어 보니 보온성이 좋았다. 알파카의 털 부스러기를 꽤 많이 넣었나 보다. 어느 나라든 백화점 등에서 파는 알파카 제품은 꽤 고가인데 말이다.

잉카 흔적의 마을을 오가면서 만난 나이 든 페루 원주민 여인들의 모습은 한결같다. 남성용 중절모 같은 모자, 뚱뚱해 뒤뚱거리는 몸매에 마치 패티코트를 안에 입은 듯한 벙벙한 치마, 작은 키에 양 갈래로 땋은 머리 등이 그렇다. 길거리 처마 밑 구석진 땅에서 우리에게 익숙한 채송화밭을 발견하고는 어찌나 반갑던지….

마추픽추에서 돌아오는 길에 쿠스코에서 북쪽으로 약 50㎞ 떨어진 곳, 역시 높은 산 위에 형성된 눈 덮인 논밭처럼 보이는 하얀 염전 지대가 눈길을 붙잡는다. 해발 3,200m 고원 지대를 덮고 있는 소금밭은 살리네라스 데 마라스(Salineras de Maras). 그 지하에 형성된 나트륨광의 소금 온천수가 물줄기로 솟아 흘러 이를 받아들인 것이 거대한 염전이 됐다고 한다.

지진이나 화산 폭발, 침식 등으로 지구 표면이 뒤집혀 산이 바다가 되고 바다가 산이 되는 그 영겁의 세월 속에 우리는 한순간, 하나의 점으로 살다가 사라지는 미물임을 깨우친다.

이곳에서 내려와 다시 리마 공항으로 스며들었더니 까마득한 세월을 거슬러 다른 시간대에 살다 온 느낌이 한동안 지속됐다. 우리의 현재도 언젠가는 후손들에게 까마득한 과거의 한 시절 유물로 비치리라. 과거와 미래를 이어주는 현재를 잘살아 내는 것이 결국 과거와 현재, 미래를 모두 잘사는 길이라는 걸 알려주는 듯하다.

설렘이 발동을 걸어준 여행은 결국 되돌아 오는 것이다. 숱한 과거의 시간들도 현재 안에 녹여내고 새롭게 살려내 주조해 내는 일이다. 현존을 감사하게 받아들이고 다시 재무장해 주어진 삶에 정진하게 하는 활력소이며 청량제임이 맞는 것 같다.

[10]

부다페스트 – 헝가리

▶▶ 다뉴브의 진주, 유럽 최고의 야경을 뽐내는 곳

⋯▶ 다뉴브 강의 진주라 불리는 부다페스트 전경

'유럽 속의 아시아'로 불리는 헝가리의 수도, 부다페스트는 친근하고 매력적이다. 우선 소싯적부터 자주 들어온 '아름답고 푸른 다뉴브 강(도나우 강)'이 그 중심을 가로지르는 데다 우랄알타이어족인 그들의 조상과 언어와 생활방식에서 우리네와의 유사점을 여행 중 종종 발견하게 되기 때문이다. 게다가 동유럽 국가 중 한국과 제일 먼저 국교를 맺은 나라로(1989), 한국의 대(對)북한 정책에 늘 우호적으로 '전략적 동반자' 자세를 견지하고 있다. 큰 소문 없이 그동안 노벨상 수상자를 15명이나 배출한 기초과학 강국. 지난 35년간 꾸준히 한국과 과학기술 협력을 이어온 나라라고 하니 더욱 친근감이 드는 것이리라.

소련 치하 공산국가들이 뿔뿔이 해체되고 각기 독립을 선언하기 전인 1980년대 중반 필자가 이곳에 들렀을 때 만났던 이 공산국가는 이상하게 평화롭고 여유가 있어 보였다. '푸르다'고 자주 노래했던 다뉴브 강을 설렘 속에 찾았을 때 혼탁한 강물 색깔에 실망, 한바탕 웃었던 기억도 떠오르니 또한 친숙하다. 서유럽 여타 국가 유적지들과 별반 다르지 않은 밝고 자유로운 분위기가 공산권 국가답지 않아 마음 편안했다. 지난 세월의 흐름이 그 답을 알려준다.

물론 모든 광경은 보는 이의 심사에 따라 다를 수 있음은 인정한다. 여행하다 보면 개개인의 머릿속에 똬리 틀고 있는 얕은 지식과 선입견이 별거 아니었음을 종종 발견하니 그게 묘미인 거다. 여행은 새로운 시야를 제공해 준다.

이제 '다뉴브의 진주'라 불리며 유럽 3대 야경 중 '제일'임을 뽐내는 이곳을 최근 30여 년 만에 다시 찾았을 때 느낀 점은 '여유를 갖고 열심히 찾아 나서는 자에게 부다페스트는 다양하고 풍성한 볼거리를 제공한다'는 점이다. 사전 지식 없이 지나치는 정거장인 양 눈요기로 슬쩍 보아서는 발견할 수 없는 매력 말이다.

도시 한가운데 다뉴브 강이 관통하고 있어 낭만적인 부다페스트는 현재 중부 유럽 최대 도시가 됐다. 수도이면서 정치, 경제, 사회, 문화의 중심지이다. 다뉴브 강을 기준으로 서편의 부다와 동편의 페스트가 서로 다른 도시였다가 1873년 합쳐졌다. 세계문화유산으로도 등록됐다. 현재 이곳에는 270만 명 정도가 거주하고 있다.

요한 슈트라우스 2세가 작곡한 왈츠, '아름답고 푸른 다뉴브 강(The blue Danube)으로 크게 알려져 널리 사랑받는 이 강은 유럽에서 두 번째로 긴 강. 2,860km로 독일 남부에서 발원, 오스트리아와 헝가리의 대평원을 지나 부다페스트에 이른다(유럽 쪽 가장 긴 강은 러시아 중부를 흐르는 3,690km의 볼가 강). 관광객들은 이 강 주변의 화려한 야경에 매혹돼 밤이면 강변을 산책하는 사람들로 대낮보다 더 붐빈다.

이 도시에서 역사와 전통이 서려 있는 서편 구릉 지대의 '부다 지구'는 왕궁 및 어부의 요새 등 사적들, 마차시 성당 등이 있다. 1956년 '헝가리 혁명의 발상지'로 유명하다. 수천 명의 사상자와 25만 명의 타국 망명을 불러온 피비린내 났던 최악의 유혈 혁명은 소련 종속 정책에 반기를 든 전국 혁명이었다.

동편 '페스트 지구'는 '헝가리의 샹젤리제 거리'라 불리는 안드라시 대로를 중심으로 왕성한 발전과 변화를 거듭하고 있다. 국회의사당과 국립박물관, 기차역사, 중앙시장과 오페라 하우스 등이 자리해 다른 멋과 맛을 안겨준다.

이 두 구역을 연결하는 대표적인 다리가 세체니 다리다. 교량을 구성하는 상판 위 건축물들이 예술적이고 아름다워 도시의 매력에 큰 역할을 하고 있다. 유럽의 한가운데 자리한 내륙국, 헝가리는 무려 7

개국과 국경을 마주 접하고 있는 공화국(Republic of Hungary)이다. 오스트리아, 슬로베니아, 우크라이나, 루마니아, 세르비아, 불가리아, 크로아티아 등과 접경하고 있으니 세상사 만만치 않은 문제들이 다반사로 일어날 듯 보인다. 헝가리 국토는 남한보다 좀 작은 9만3천㎢, 인구는 977만 명(2021년 기준) 정도로 어림잡고 있다.

이 나라의 공식적인 역사는 9세기 아르파드(Arpad) 왕조 때부터 기록돼 있다. 조상은 투르크계 마자르족이다. 마자르족은 몽골족에 속하며 9세기 즈음해 중앙아시아로부터 서방에 진출해 헝가리를 건국했고 언어는 우랄어족에 속하는 마자르어이다. 현지 가이드들에 의하면 서유럽과 달리 헝가리는 날짜 표기 시 연도, 월, 일 순서로 쓰고 사람 이름도 성(姓)부터 표기하는 등 생활 양식이 한국과 유사한 점이 꽤 있단다. 음식에 매운 고추를 즐겨 넣는 것 등도 닮아있단다.

헝가리는 10세기 이후 몽골과 오스만 제국의 침략을 받았고 이어 170여 년 동안 합스부르크 왕가의 지배를 받는다. 1876년부터 오스트리아-헝가리 제국에 편입, 1차 세계대전 이후 분열, 1919년 헝가리 공화국으로 독립, 이후 43년(1946~1989)간은 공산주의 국가. 2차 세계대전 이후에는 소련 공산주의 체제 아래 독재 정권이 유지됐으나 1989년 공산주의 정권이 무너지면서 민주주의 공화국으로 체제 전환. 2004년 유럽연합 가입 이후 새 역사를 헤쳐가고 있다.

헝가리 하면 우선 전 세계인들의 사랑을 받고 있는 이 나라 작곡가 프란츠 리스트(Franz Liszt, 1811~1886)가 만든 〈헝가리언 랩소디(광시곡, 전체 19곡)〉가 떠오른다. 그리고 세계 저널리즘의 창시자며 이를 정착시키고 지원해 온 퓰리처상의 주인공인 신문왕 조셉 퓰리처(Joseph Pulitzer, 1847~1911)의 조국임이 의외로 다가온다. 이 상은 세계 언론인들이 주목하는 가장 권위 있는 보도상 및 문학·음악상의 대명사로 자리 잡았다.

피아노의 거장이며 천재로 불린 리스트의 〈헝가리언 랩소디〉 2번은 헝가리 집시들의 민속춤곡인 차르다시(Csardas)의 전통 형식으로 이루어져 있다. 차르다시는 헝가리에 전승되어 온 집시의 무곡을 말한다. 낭만파 시대를 대표하는 피아니스트이기도 한 그는 13세부터 평생을 연주하며 타국에서 보내 모국어도 잊을 정도였지만 조국에 대한 애국심은 누구보다 강했다고.

헝가리 민속 음악에 이끌려 이를 바탕으로 한 작곡을 꾸준히 했다. 그의 음악 중 가장 유명한 작품으로 〈라 캄파넬라〉, 〈사랑의 꿈〉, 〈메피스토 왈츠〉 등이 있다. 하이든, 베토벤 등과도 친밀했단다. 브람스도 헝가리의 집시풍 음악에 매료돼 〈헝가리 무곡〉을 작곡해 이래저래 이 나라에 들어서면 수시로 이들의 음악을 접하게 된다. 다뉴브 강을 오가는 유람선과 이곳 축제의 날에는 이런 익숙한 멜로디가 사람들의 마음을 사로잡는다.

리스트의 이름을 딴 부다페스트의 '리스트 음악원'은 세계 음악도들을 유혹한다. 리스트의 좌상이 건물 전면에 새겨져 있다. 우리나라 애국가를 작곡한 안익태도 이 음악원에서 3년간 머물며 공부했던 이유에선지 근처 시민공원에 그의 조각상도 서 있어 친근감이 우러난다.

수도 부다페스트는 다뉴브 강을 사이에 두고 자리를 틀고 있다. 부다 지구에는 왕궁과 마차시 성당, 어부의 요새 등이 있다.

헝가리의 대표적인 정치개혁가의 이름을 딴 세체니 다리를 건너가면 페스트 지구에 국회의사당과 성 이슈트반 성당, 국립박물관, 오페라 하우스, 영웅광장, 시민공원과 중앙시장, 기차역 등을 골고루 만나게 된다. 이 시설들은 1867년 오스트리아-헝가리 이중제국이 도래한 시절 즈음해 건축된 것이다. 페스트 지구를 관통하면서 화려함을 드러내는 안드라시 거리는 '헝가리의 샹젤리제'로 주목을 받고 있다. 이 유적들은 합스부르크 왕가의 170년 지배 시절과 오스트리아와의 합병 시절에 받은 문화적 향취가 녹아들어 사뭇 눈에 띄는 것이리라.

유럽 3대 야경 중의 하나임을 자랑하는 이곳을 부다 지역 겔레르트 언덕에서 바라보는 밤 풍경은 장관이다. 해가 지기 전 분홍빛으로 산과 강물을 물들이다가 새빨갛게 노을이 지는 모습은 환상적이다. 낙조와 함께 다채로운 색상으로 시시각각 변하는 도시 풍경은 감탄사를 연발하게 한다. 유람선을 타고 집시의 무곡을 들으며 다뉴브 강과 함께 흐르면 과연 몽환적이다!

다양한 왕족과 귀족들이 사용했던 부다 지구의 '부다 왕궁'은 13세기 후반에 지어졌다. 현재는 역사적 유물들을 관람할 수 있는 3개의 박물관과 미술관으로 사용 중인 이 왕궁은 4개의 구역으로 조성돼 있다. 왕궁 안에는 멋진 정원과 분수가 돋보이는 막시밀리안 광장(Maximilian Courtyard)이 있어 피곤한 여행객들에게 휴식과 여유를 선사한다.

'마차시 성당(Matthias Church)은 중세 고딕 양식의 외관이 화려한 색상의 모자이크로 덮여있고 여러 개의 원통형 뾰족탑에 십자가와 인물상 장식 등이 반짝여 눈길을 끈다. 건물 지붕은 수놓은 듯 각양각색의 작은 모자이크로 덮여있어 자수(刺繡) 작가의 화려한 작품들을 씌어놓은 듯하다. 성당 안은 섬세한 문양의 스테인드글라스 창문, 예수 십자가상, 성모 마리아가 피 흘린 예수를 안고 있는 피에타상, 갖가지 성인 조각상 등이 볼거리를 제공한다.

성당 이름을 가져온 '마차시 1세'는 16세의 나이에 헝가리 왕위에 오른 뒤 탁월한 통치력과 군사적 역량을 발휘해 내전 및 외세의 침략으로 피폐해졌던 이 나라를 중부 유럽 최강의 국가로 육성한 지휘관이다. 32년이나 집권하면서 이탈리아의 르네상스도 적극적으로 수용, 문화부흥을 이루어 냈지만, 나중에 지나친 왕권 강화와 중앙 집권체제로 국민들의 불만을 사 결국 헝가리가 몰락하는 단초를 제공했다는 비판도 뒤따랐다.

다뉴브 강이 내려다보이는 '어부의 요새(Fisherman's Bastion)'는 동화 속에 등장하는 성채 같다. 왕궁 언덕 동쪽 편에 네오 로마네스크와 네오 고딕 양식을 혼재해 6년간(1899~1905) 지었단다. 건국을 주도한 7개 부족을 상징하는 7개의 고깔모자 모양을 한 탑들이 긴 회랑으로 연결돼 있어 독특하고 정겨운 모양새를 하고 있다. 19세기 시민군이 왕궁을 지키고 있을 때 도나우 강의 어부들 역시 강을 건너오는 적들을 방어하기 위해 세운 요새로 어부들의 애국정신이 스며있는 곳이다. 하얀색의 정갈하고 화려한 성벽과 마차시 성당까지 뻗어있는 계단이 아름답다. 최초의 국왕인 성 이슈트반의 늠름한 청동색 기마상도 돋보인다. 마차시 성당을 보호하기 위한 용도로 지어진 성곽이라 해야 한다. 어여쁜 '어부의 요새'는 낭만적인 도시 풍광에 큰 기여를 하고 있다.

페스트 지구의 성 이슈트반 성당의 정문을 오르는 계단은 여행객들이 광장을 내려다보며 망중한을 즐기기에 좋다. 이 성당의 웅장한 돔 지붕과 치솟은 종탑이

⋯→ 어부의 요새

눈에 들어온다. 성당 안 높은 돔 아래 제단에는 헝가리 최초의 기독교 국왕인 이슈트반(Istvan) 1세의 입상과 그를 기리기 위한 성물들로 둘러싸여 있다. 건국 1천 년을 기념하기 위해 1851년부터 건립된 이 성당은 이슈트반 국왕의 거대한 묘지라고 해도 될 듯하다. 근처 노천카페에서 커피와 맥주를 즐기는 데이트족들이 젊음과 열기를 지펴낸다. 시내 구경용 인력거들도 이들을 기다리며 대기 중이다.

국회의사당 광장 앞 동상은 19세기 정치인 코슈트 러요시(Kossuth Lajos, 1802~1894)를 기린다. 이 나라의 대표적인 민족주의자며 혁명 지도자. 1849년 오스트리아로부터 독립을 선언한 후 헝가리 왕국의 섭정 대통령이 됐다. 그러나 이 혁명이 러시아군에 의해 진압되면서 외국으로 피신, 조국의 민족주의를 알리려 애쓰다 이탈리아 토리노에서 별세했다.

페스트 지구의 '샹젤리제'로 알려진 안드라시 거리는 성 이슈트반 성당에서 시작해 영웅 광장에서 끝난다. 1896년 조성된 영웅 광장 한 가운데는 높이 36m의 기념비 꼭대기에 가브리엘 천사의 동상이 우뚝 서 있다. 그 아래로 헝가리 초기 일곱 부족장의 기마상도 보인다. 광장을 둘러싼 좌우 열주랑(列柱廊)에는 이슈트반 1세 국왕을 비롯해 14명의 헝가리 위인들 동상이 늘어서 있다.

부다페스트 곳곳을 여행하면서 시간적 여유가 있다면 권할 만한 곳들이 있다. 우선 다뉴브 강을 밤낮으로 오가는 유람선 안에서 왈츠 축제 즐기기다. 소규모의 연주단과 댄서들이 함께 춤출 것을 유혹하니 배 안은 금방 웃음소리로 흥겨워진다. 단지 '보는 여행'보다 '참여하는 여행'에서 즐거움이 배가되니 몸소 체험하란 얘기다.

매년 열리는 봄 축제는 즐길 거리가 다양해진다. 대형 오크 맥주통과 테이블을 장착한 10인용 '비어 바이크'를 타고 달리면서 맥주와 수다를 나누는 관광객들의 모습이 활기차 보인다. 또 주변 오페라 하우스 등에서도 실비로 음악회가 열려 부담 없이 즐길 수 있다. 노후한 외관이지만 실내 연주장은 세련되고 정갈하며 연주도 수준급이라 알차다는 느낌을 준다.

헝가리 여행 중 시간을 넉넉히 내서 야외 온천을 즐기면 졸지에 느긋해진다. 부다페스트에는 120개가 넘는 온천이 산재한 곳이다. 온천수에는 미네랄 성분이 유난히 많아 관절과 건강에 아주 좋다며 지역 주민들과 관광객들이 수시로 모여든다. 가격은 주중 시간대와 예약처에 따라 좀 다른데 대충 30~35유로 정도다. 그중 세체니 온천은

→ 세체니 온천

1913년 생긴 유럽 최대의 복합 온천 단지. 지하 1.2km에서 퍼 올린 온천수 온도가 섭씨 76도로 아주 따끈하다. 야외 온천장은 탕 주변으로 고대 건축물인 듯 고풍스러운 건물들이 자리해 중세 시절을 노니는 듯한 기분을 갖게 한다. 휴식용 긴 벤치에 수영복 차림으로 드러누워 하늘을 보면 '상팔자가 따로 없다'는 생각이 든다.

그 나라 국민들의 생활상을 잘 보여주는 시장 구경도 필수다. 페스트 지구에 자리한 중앙시장은 마치 중후하고 유서 깊은 기차역을 연상시킨다. 유럽에서 매년 선정하는 '가장 아름다운 시장'에 3번이나 뽑혔다는 게 시장 상인들의 자랑거리다. 빈말이 아니라는 생각이 든다. 3층으로 이루어진 시장은 아주 짜임새 있고 정갈해 위생적으로 보인다. '시장 음식'도 안심하며 맛볼 생각이 든다. 이 나라 대표적인 전통음식은 '굴라쉬'다. 일명 '마녀 스프'로도 알려진 굴라쉬는 여러 종류의 채소를 넣어 쇠고기와 함께 끓이다 매콤하게 조리한 스튜다. 우리나라 육개장과 비슷하지만 좀 더 되직하다. 토마토 베이스에 쇠고기가 듬뿍 들어가야 제맛이 난다. 여기에 유명한 헝가리언 와인과 함께하면 금상첨화다.

헝가리 전역에는 총 7개 지역 내 22개의 와인 재배지가 산재해 있다. 로마인들이 5세기경 고대 로마의 속주였던 헝가리, 크로아티아, 슬로베니아 등에 포도나무를 가져다 넓은 평원에 심은 게 계기가 됐단다. 그중 특히 헝가리의 기후와 토양이 와인 생산에 적격이었다는 것.

이 나라 와인 종류 중 토카이(Tokai) 산지의 화이트 디저트 와인, 에게르(Egar) 지역의 레드 와인인 '숫소의 피(Bull's Blood)' 등이 인기 상품이다. 특히 토카이 와인은 프랑스 루이 15세가 '왕의 와인'이라 극찬했다는 게 꼬리표로 붙어 다닌다. 시장 매대에 줄줄이 진열돼 있는 것을 보니 일반용은 과히 비싸지 않은 모양이다.

헝가리 국민의 1인당 소득은 1만8천 달러. 수교 직후인 1989년 삼성전자가 진출하기 시작했고 23년 기준 현재 한국타이어, LG전자 등 290여 한국 기업이 진출해 있다. '작지만 강한 나라' 헝가리는 볼펜, 홀로그램 등을 발명한 나라이며 지금까지 15명의 노벨상 수상자를 배출한 기초과학 강국이다. 지난 3년간 한국이 헝가리 최대 투자국이었다. 한국 교민 수는 약 6,300명.

지난 5월에도 헝가리 문화혁신부 장관이 바이오·레이저 분야의 양국 간 과학기술 협력 강화를 위해 한국을 찾았다. 두나라가 윈-윈하는 '전략적 동반자' 관계가 굳건하게 지속되길 기대한다.

[11]

코펜하겐 - 덴마크

▷▶ 안데르센의 숨결이 살아있는 동화의 땅이자 상인의 항구

⋯▶ 동화의 아버지 안데르센의 숨결이 배어있는 코펜하겐 모습

어느 나라를 연상하면 그 나라의 상징물이 단어인 양 머릿속에 연이어 떠오른다.

북구의 작은 나라, 덴마크를 떠올리면 우선 코펜하겐과 '동화의 아버지, 안데르센', 해변에 있는 '인어공주' 동상이 생각할 여지도 없이 떠오른다. 이에 더해 아이들의 인기 블록 장난감인 레고의 탄생지 등이 뒤를 잇는다. 그리고 실존주의 철학자 키르케고르의 나라라는 것도 기억 저편에서 굼뜨게 올라온다. 문득, 여러 상징적 요소로 충만한 우리의 삶에 상징이란 어떤 역할을 하는 것인가. 내가 떠올리는 상징들이 과연 그 나라를 어느 만큼 제대로 이해하는 데 도움이 되는가 하는 의구심이 들었다. 이럴 때 실제로 가서 느껴보고 싶은 욕구가 생긴다.

물론 세대 또는 출신 국가에 따라 떠오르는 것들은 사뭇 다르리라. 최근의 덴마크는 해운업과 의학·약학 분야, 정밀공업이 주된 산업으로 부상하고 주 수입원이 되고 있으니 말이다. 보다 젊은 여행객들에게는 유기농 제품, 다이어트 관련 산업, 맛좋은 맥주 등이 떠오르리라. 그런 세대 간, 국가 간 간극을 메꾸어 오랜 전통으로 이어가는 것이 곧 상징물이리라.

출장이나 여행으로 자주 유럽을 드나들면서도 덴마크 코펜하겐(Denmark Copenhagen)은 좀처럼 가게 되지 않았었다. 유레일 패스를 이용해 처음 유럽 여러 나라를 뒤지고 다닌 1980년대 중반 당시에는 아마도 중부 유럽의 많은 국가들에서 흔히 통용되는 글로벌 패스가 통하지 않아서 더욱 그랬을지도 모른다. 올해 초 방문 시에는 북해 바닷길로 북유럽과 중부 유럽 국가들을 쉽게 연결하는 크루즈 노선을 이용했다. 빌딩같이 거대한 선박을 타는 크루즈 여행에 별로 애정이 가지 않지만 밤잠도 자고 이동도 하니 시간 절약상 가끔 이용하게 된다.

코펜하겐 항구에 다가가자 바람을 불러 신나게 뱅뱅 도는 날개(Blade)들을 장착한 키다리 풍력발전기 수십 대가 도열해 손님들을 맞이한다.

북유럽의 한 국가, 덴마크는 지도상으로 보면 그 위치가 좀 어정쩡해 보인다.

이 나라는 한국과 같이 1개의 길쭉한 유틀란드(Jutland) 반도와 수도 코펜하겐이 자리 잡은 큰 섬, 나머지 작은 섬들로 이루어져 있다. 북유럽 5개 국가 중에서는 바다 건너 변두리에 자리한 가장 작은 나라다. 하지만 이 나라를 둘러싸고 있는 북해 남단은 영국 해협과 함께 온갖 선박들의 운항 밀도가 세계적으로 가장 높은 곳 중의 하나로 손꼽힌다.

덴마크 영토(4만3천km^2)는 한국 면적의 반에도 못 미친다. 근접한 북구 국가인 노르웨이(32만km^2)의 약 7분의 1, 스웨덴(45km^2)의 10분의 1에 불과하다. 그런데 인구 570만 명의 덴마크가 지리적 위치나 크기, 인구수를 감안해 늘 약자일 것으로 생각하면 큰 오산이다.

우선 '덴마크의 힘'이란 의미를 품은 단네브로(Dannebrog)라 불리는 이 나라 국기의 모양새와 영향력이 그를 입증한다. 국기란 한 나라의 역사와 기운, 국민 정서, 즉 정체성을 상징하는 깃. 고유한 독자성을 갖기 위해 한 나라의 조상 대대로 가장 신경 쓰는 표식물이라고 해야 맞다. 그런데 덴마크의 국기가 아이슬란드를 포함한 5대 북유럽 국가들 전체에 고스란히 영향을 미친 것을 알게 되면 입장이 달라진다. 이 국기는 1200년 초반부터 8백여 년 동안 명맥을 그대로 유지하고 있다. 이 세상에 존재하는 모든 국기 중 가장 오래된 것이라는 설도 있다.

빨간 바탕에 왼쪽으로 약간 치우친 하얀 십자가가 자리하고 있다. 간결하고, 화사하고, 어여쁘다. 나머지 네 나라의 국기는 똑같은 디자인에 십자가나 바탕색만 바꾸었을 뿐. 마치 쌍둥이 형제자매가 옷 색깔만 달리한 느낌이다.

국가적 자존심에 관한 얘기인데 그런 모방 행위가 각국 국민들에게 허용될까? 쉽게 되는 일이 아니다. 덴마크가 북유럽에서 가장 먼저 국가 체계를 확립하고 북유럽 국가 상인들의 권익을 보호하기 위한 '칼마르 동맹'을 맺을 때에도 덴마크 왕을 중심으로 연합한 것에서 기인한다. 그만큼 부강했고 그들 이웃에 리더십을 인정받았던 덕분이리라.

연이어, 절대적으로 조그마한 나라가 어찌 그리 막강한 힘을 발휘했을까 궁금해진다.

덴마크는 다른 북유럽 국가들에 비해 위도상 낮게 포진, 겨울에도 최저 기온이 3~4도로 온난한 것이 큰 장점. 북대서양 해류로부터 불어오는 편서풍의 영향으로 기온의 연교차가 적다. 한여름에도 최고 기온이 20도 정도. 늘 쾌적해 인구 정착이 쉽고 낙농업이 발달할 좋은 여건을 갖추고 있다. 또 중부 유럽과 반도의 한 면을 접하고 있어 발전, 변화된 문물을 수용하는 데 빨랐다는 것이다.

위에 언급한 칼마르 동맹이란 덴마크를 중심으로 한 노르웨이, 스웨덴 등 북유럽의 세 나라가 스웨덴의 항구 도시 칼마르에 모여 그들의 해상 상업권을 확보하고 굳건히 지켜나가기 위해 결성한 연합체. 이들은 그 아래쪽의 독일 등 중부 유럽 국가들의 상업조합인 한자(Hansa) 동맹이 발트 해 연안으로 전진하면서 북유럽 국가들의 상권 위협에 대처할 목적으로 결성했다. 덴마크는 나중 영토 확장의 야심을 가진 스웨덴과의 전쟁(1643~1645)에서 크게 패하면서 쇠퇴일로에 접어들어 북유럽에서 한동안 위상이 축소됐던 것도 사실이다.

요즘의 덴마크는 어떤가. 입헌군주국이자 왕실국가인 이 나라의 1인당 국민총소득은 2022년 경우 7만3천2백 달러다. 3만6천 달러인 한국의 두 배가 넘는다. 국민 최저임금이 세계에서 가장 높고 소득 불균등 수준은 가장 낮은 곳이라니 의외며 부럽다. 10세기 초 북유럽의 바이킹 부족(스칸디나비아 반도에서 8~11세기 말 중유럽과 북유럽을 항해하면서 교역과 약탈을 일삼은 바다 사람들)을 통합한 왕이 덴마크 최초의 왕이었다니 그 핏줄의 영향이 만만치 않은가 보다.

그들 언어인 덴마크어로 '쾨벤하운'으로 부르는 수도 코펜하겐은 쉽게 '동화의 아버지' 안데르센의 도시라고 해야 할 것 같다. 인구 1백만 명이 거주하는 이 도시 곳곳에 그가 살던 집들, '그를 기억하라'고 주문하는 듯 풍채 좋고 푸근한 그의 동상, 그가 쓴 동화 속 주인공이 동상으로도 만들어져 수많은 관광객들을 끌어들이고 있으니 말이다. 북유럽의 현지인 여행 가이드들은 코펜하겐을 소개할 때 '한스와 쇠렌의 도시'라고 부른다. 한스 안데르센과 그와 동시대에 살았던 철학자 쇠렌 키르케고르의 이름이다. 코펜하겐 중심가 시청사 옆과 놀이공원 사이의 대로 이름도 안데르센이다.

덴마크어로 '상인의 항구'라는 뜻을 가진 수도 코펜하겐은 셸란 섬의 남동쪽 해안에 위치하고 있다. 대표적인 관광 장소는 '새로운 항구'라는 의미의 뉘하운(Nyhavn) 지역이다. 1673년 운하가 개통되면서 알록달록하게 조성된 이곳은 운하를 가운데 두고 양옆에 노천카페와 갖가지 물건을 파는 노점상, 식당들이 즐비하다. 운하 옆에 도열한 형형색색의 가옥들은 마치 동화 속 마을임을 뽐내는 듯 보인다. 화려한 색채의 앙상블을 과시하려는 듯 온갖 파스텔계 색상을 입고 있다. 관광객들은 일제히 카메라를 들이댄다.

운하 가운데 도열한 유람선들이 자유로운 상상력을 한껏 부추기며 어서 타라고 손짓한다. 수로를 따라 양쪽에 늘어선 건물들을 감상하는 맛은 여행의 흥취를 높여준다. 삶이 무미건조하고 지루해질 때 이곳을 거닐다 보면 어느덧 다른 활력 속으로 자신이 밀려들어 갔음을 자각하게 될 것 같다. 특히 운하 가장자리에 빼곡한 음식점에서 이것저것 군것질을 해 배가 부르고 나면 금방 세상에 너그러워진다.

이곳 건물 중 역시나 가장 눈길이 머무는 곳은 현대 아동문학의 기초를 놓은 세계적인 작가, 안데르센(Hans Andersen, 1805~1875)이 생전 거주하던 곳이다.

안데르센이 바닷가와 마주하고 있는 뉘하운 항구 근처에서 살던 노란 타운하우스 벽에는 "안데르센이 여기 살면서 1835년 3월 첫 동화집을 냈다"고 쓰여있다. 운하 풍경을 설명하는 유람선 가이드는 "생활 형편이 여유롭지 않았던 안데르센이 이곳 67번지, 18번지 등 여러 곳을 월세로 전전했다"며 갖가지 색상의 집들을 손짓으로 일러준다. 코펜하겐에서 기차를 타면 1시간 30분 정도 걸리는 오덴세의 생가에는 그의 동상과 박물관이 있다.

 덴마크 제2의 도시 오덴세에서 구두 수선공과 세탁부였던 부모의 가난한 환경 속에서 자란 그는, 불과 14세에 연극인의 꿈을 안고 코펜하겐으로 이주했으나 별 성과를 내지 못한다. 하지만 당시 한 예술 애호가의 후원으로 학교에 다니게 되면서 재학 중에 발표한《죽어가는 아이》를 계기로 작가의 길로 들어서게 된다. 늦깎이 작가로 장편소설《즉흥시인》등을 발표하면서 주목을 받는다. 30세에서야《아이들을 위한 동화》라는 이름의 첫 동화집을 내면서 승승장구하게 된다.

 19세기 창작 아동문학의 기틀을 잡은 안데르센은《미운 오리 새끼》,《인어공주》,《벌거벗은 임금님》,《성냥팔이 소녀》등 2백여 편의 작품을 남겼으며 전 세계 어린이들의 필독서로 사랑받고 있다. 140여년 전에 타계한 그가 아직도 어린이들의 상상세계를 지배하고 있는 셈이다. 마침 가족 여행 중이었던 다른 나라 어린이에게 물어도 안데르센의 동화 얘기를 줄줄 외운다. 한국에 돌아와서도 동네 꼬마들에게 과연 그런가 해서 물었더니 역시나 그렇단다. 새삼 신기해져서 동화의 의미와 역할을 떠올리게 한다.

 동화는 물론 만화, 애니메이션, 드라마의 형식으로 전 세계 작품들에서 종횡무진 활약하는 인어공주의 동상은 뉘히운 북쪽 랑엘리니 부두 한켠 바위 위에 의외로 작고 소박한 모습으로 앉아있다. 명성에 비해 너무 조촐해 다들 의외라는 표정이다. 마치 벨기에 브뤼셀의 명물, 〈오줌 누는 소년〉을 봤을 때와 같은 느낌이 든다. 크기가 무슨 문제일까마는 사진이나 영상으로 인어공주를 접한 사람들의 기대가 그만큼 컸다는 의미가 되겠다. 어찌 됐든 해외 여행객들은 시도 때도 없이 남녀노소 불문하고 이 바닷가를 찾아와 80㎝ 높이의 그 작은 동상을 반긴다. 이 동상은 덴마크 맥주 회사인 칼스버그의 회장이 조각가에게 의뢰해 만들어 기증한 것이라고.

동화, 인어공주는 전 세계 사람들이 공유하는 어릴 적 추억의 한 단면이다.

⋯▸ 인어공주 동상

바닷속 왕국의 인어공주가 물에 빠진 육지의 왕자를 구해준 후 짝사랑에 빠진다. 한동안 악마의 유혹에 흔들리고 방황하지만 결국 다른 나라 공주와 결혼한 왕자를 축복하고 영생을 얻어 승천하게 된다는 것이 주된 줄거리다. 요즘같이 급변하는 세상에서 멀리 한국의 어린이들도 읽는 이런 상상 속 터무니없이 '지어낸 얘기(Fairy tale)'들이 180여 년쯤 되는 오랜 세월을 이어 생존하는 힘은 무엇일까 심히 궁금해졌다.

안데르센 동상이 서 있는 코펜하겐 시청사를 중심으로 한 건물 집단들은 마치 코펜하겐의 고유한 분위기를 조성하기 위해 고심한 건축 프로젝트의 결과물인 듯 보였다. 잘 어울린다는 얘기다. 세계 곳곳에서 오는 여행자들의 만남 장소로 제격인 근처의 중앙역사는 4개의 고딕식 첨탑이 중앙의 가장 크고 높은 주 첨탑을 둘러싸고 있다. 유사한 분위기의 시청사도 역시 같은 계열의 첨탑 배치를 자랑하고 있다. 3~4층 높이의 검붉은 벽돌 건물 위에 5개의 청록색 고딕식 첨탑이 자리하고 있어 세월의 무게감과 아름다움을 드러내고 있다. 가운데 가장 높은 105m의 첨탑에는 고색창연한 금장 시계가 박혀있다. 아무리 세월이 흘러도 정확한 시간을 알려준다 해서 진귀한 명품으로 존중받고 있단다.

청사 정면 중심부를 장식하고 있는 황금빛 부조 조각상은 덴마크의 창립자며 강력한 통치자로 명성을 떨친 대주교 압솔론을 새긴 것. 햇살을 받으면 그 황금빛을 도시 곳곳에 뿌려줘 은혜로운 느낌을 전파한다. 압솔론이 돌로 성을 쌓았다는 크리스티안보르 궁전의 왕립도서관에는 안데르센의 일기와 편지, 원고 등이 보관돼 있다.

시청사 오른쪽에는 이 도시의 '대표 주자'임을 입증하려는 듯 안데르센의 대형 동상이 청록색 중절모자를 쓴 채 중후한 모습으로 대로변 풀밭 옆에 자리하고 있다. 동상의 받침단을 높이 쌓지 않아 누구든 친숙하게 매만질 수 있다. 행인의 손길을 탄 동상 곳곳이 반들반들하다.
사진을 찍으며 그의 무릎 사이에 애써 안기려는 여행객들도 자주 눈에 띈다. 동상 속 안데르센의 시선은 정면이 아닌 대각선 방향의 건너편을 바라봐 관람자의 눈길도 그를 따라가게 된다.
그 옆 큰 길이 안데르센 대로(Blvd.)다. 그리고 시청사를 마주 보는 건물에 삼성전자 휴대폰의 집채만 한 광고가 걸려있어 감탄을 자아낸다. 세상의 주요 관문에는 늘 삼성이 세계의 관광객에게 이렇게 손짓하니 말이다.

안데르센의 시선은 동화작가답게 건너편 '티볼리 가든'에 꽂혀있다. 동상 설립 당시 의도된 것이란다. 1843년 개장한 이곳은 어린이용 테마파크의 효시며 모델인 양 손꼽히는 곳이라니 안데르센은 승천해서도 여전히 아이들이 자주 드나드는 모습을 흐뭇하게 지켜보는 셈이다. 시내 중심에 자리한 이 공원 안에는 역시 세상에서 가장 오래됐다는 스릴 만점의 롤러코스터가 어린이들을 유혹하고 있다. 티볼리 가든 안에서 여행객들이 쏟아내는 즐거운 비명과 함성이 대로변의 행인들을 모은다. 뱃놀이 연못, 회전목마, 극장, 레스토랑 등도 있어 시내 한복판의 놀이터인 셈. 1955년 개장한 미국의 디즈니랜드가 이 공원에서 아이디어를 얻었다니 대단히 앞선 발상을 한 것임에 틀림없다. 티볼리 가든은 안데르센이 한창 잘 나가는 시기에 지어졌으니 분명 그가 덴마크를 보다 실질적인 '동화의 나라'로 만드는 데 기여했다고 여겨진다.

일부 평론가들은 그의 동화 집필에 어렵고 외로웠던 유년 시절의 상상력이 큰 영향을 미친 것으로 보고 있다. 한편으로는 결혼 한번 해보지 않은 독신자가 어린이들을 현혹하는 글을 쓰고 있다는 비난에도 시달렸다는 씁쓸한 뒷얘기도 전해진다. 1843년 발표한 《미운 오리 새끼》가 큰 성공을 거두면서 그의 작품은 성별과 나이에 무관하게 누구나 즐기는 작품이 됐다. 그를 기념하는 우표도 발행되고 정부 연금 등 국가 혜택까지 받게 됐다고.

40세 이후는 경제적 여유를 누리기도 했지만 죽기 3년 전, 침대에서 떨어진 낙상 후유증과 합병증에 시달리다 1875년 8월, 70세를 일기로 세상을 떠났다. 그의 장례식은 덴마크의 당시 국왕이었던 크리스티안 9세와 루이센 왕비까지 참석할 정도로 국가적 행사가 됐었다니 덴마크에서의 그의 위상이 가늠된다. 암튼 코펜하겐의 관광 코스에서 안데르센과 놀이 공원 관련 프로그램이 빠지면 안 된다는 듯 여러 종류의 현지 안내 팸플릿이 온통 그 얘기다.

덴마크가 원조임을 자랑하는 레고 장난감은 타임지에 의해 '역사상 가장 영향력 있는 장난감'으로 뽑히기도 했다. 레고라는 단어 자체가 덴마크어로 '재미있게 놀다'라는 의미의 'Leg godt'에서 유래됐다. 레고는 조립식 블록 장난감을 지칭하는 전 세계 보통명사가 됐을 정도다. 레고는 덴마크의 목수인 올레 크리스티안센이 1932년 설립한 회사. 레고 그룹이 최근 사용하는 슬로건, '세상을 다시 세우자(Rebuild the world)'가 다중적 의미를 지니고 있어 인상적이다.

《죽음에 이르는 병》, 《이것이냐 저것이냐》, 《불안의 개념》 등의 저서로 잘 알려진 철학자 쇠렌 키르케고르(Soren Kierkegaard, 1813~1855) 역시 이곳 출신이다. 크리스티안보르 궁전 근방에 세워진 그의 동상이 그가 덴마크를 상징하는 인물 중 한 사람임을 드러내 준다. 그가 강조한 '개인의 자유와 체험을 중시하는 주체적인 삶'은 북유럽에 넓게 영향을 미쳤고 후대에 실존주의 철학의 대표적 인물로 손꼽히게 됐다. 실존주의의 사전적 풀이는 인간의 일반적 본질보다는 타인과 대체할 수 없는 개개 인간의 주체적 실존을 강조하는 철학을 의미한다. 부유한 상인의 집안에서 태어났으나 부모와 다섯 오누이까지 모두 잃는 엄청난 시련의 절망과 고독 속에서 몸부림치다 42세의 젊은 나이에 비극적인 삶을 마감한다. 그가 견지해 온 인간 실존을 위한 철학이 과연 그에게 어떤 삶의 무기를 안겨주었는지 궁금해진다.

입헌군주국인 덴마크 왕국에는 여왕을 위시한 왕실 식구들이 살고 있는 아말리엔보르 궁전이 코펜하겐 시내에 있다. 귀족들이 살던 주택 4채를 보수해 지은 이유에선지 의외로 소박해 보인다. 코펜하겐의 영역을 넓게 확장하고 이 궁을 지은 프레데리크 5세의 기마상이 궁전 4채가 둘러싼 정중앙 광장에 자리하고 있다. 매일 정오에 행해지는 왕궁 근위병 교대식도 여행객들에게는 색다른 볼거리 중의 하나다. 위엄을 보이려는 듯 지나치게 큰 검정 털모자를 장착해 가분수가 된 듯한 그들 모습이 오히려 정겹고 동화스러웠다.

⋯▸ 왕궁 근위병 교대식

왕실 식구들은 당초 덴마크의 창건자이기도 한 압살론 대주교가 지은 크리스티안보르 궁전에 머물렀으나 전쟁과 큰 화재로 궁전이 타격을 입어 현재의 아말리엔보르 궁전으로 옮긴 것이다. 현재 덴마크의회가 들어있는 크리스티안보르 궁전은 영국의 극작가 셰익스피어(William Shakespeare, 1564~1616)의 4대 비극 중 하나인 덴마크 왕자 《햄릿(Hamlet)》의 배경이 된 곳이라니 '스토리'가 살아있는 곳은 역시 느낌이 별다름을 실감하게 된다.

  그렇게 저마다 다른 우리의 삶은 개인이 체감한 크고 작은 역사들의 결집체인 것이다. 여행은 추억 속 스토리를 만들어 가기에 아주 매력적인 행위이다. 함께 겪은 사람과 장소, 시간들이 있어야 비로소 흘러간 세월들을 현재의 것으로 오롯이 살려낼 수가 있는 것이리라.
  안데르센은 "모든 사람의 일생은 신의 손으로 쓰여진 동화"라 했다는데 아주 그럴싸하다.

[12]

로마 – 이탈리아

▷▶ 기원전부터 전 인류의 자랑거리, 모든 예술의 발상지

⋯ 영화 〈로마의 휴일〉로 유명해진 스페인 광장 모습

로마는 인류의 자랑거리다. 이탈리아 세계 최고의 관광지로 이 나라 국가 재정에 기여하지만 이런 보물덩어리를 2천여 년간 갖고 있는 인류에게는 국경 구분 없이 축복이라는 생각이 든다. 그게 어디 있으면 어떠리. 우리 모두가 가서 보고 경탄하고 즐기고 감사하는 마음을 가지면 되는 것이다.

눈부신 지중해 햇살 아래, 과거가 여전히 꿈틀거리면서 현재와 공존하는 곳, 서양 문명의 총본산인 로마를 말하지 않고는 인간사를 말할 수 없으리라. "모든 길은 로마로 통한다"는 말을 입증이라도 하려는 듯 로마는 영광의 그 시절을 고스란히 품에 안은 채 세계인들을 불러들이고 있다.

너희들 인류의 조상이 무엇을 꿈꾸고 그걸 이루기 위해 얼마나 치열하고 지혜롭게 살아왔는가를 웅변하는 곳으로 로마만큼 적격인 데가 어디 있으랴.

B.C. 800년 전 조성돼 저물지 않는 '영원의 도시'로 자리매김했으며 '세계의 수도'였던 지위를 아직도 내려놓지 않으려 한다. 도시 전체가 유네스코 세계문화유산으로 지정된 것은 당연한 처사 같다.

그들의 조상들이 2천 년 전 로마 한복판에 지어놓은 원형경기장 콜로세움이 어떤 사연을 껴안고 어떤 목적과 기술, 안목으로 지어졌는가를 안다면 기타 여러 군더더기 수식은 한가한 놀음이다.

"로마는 잘 안 보여준다. 공부해 오지 않는 사람에게 로마는 보여주지 않는다"는 말이 있다. 맞다. 이번 여행에는 사뭇 달리 보였다. 그동안 몇 번이고 가면서 도대체 무얼 봤다는 것인가. 그냥 이전에는 "세월이 아득하게 흘러 많이 부서지고 낡은 경기장이지만 2천 년 전, 5만 명이나 수용하는 규모로 지었으니 대단하다. 그렇지만 '세계 7대 불가사의 중 하나로 손꼽힐 정도인가?' 하는 의구심도 들었던 게 사실이다. 로마의 고대 원형경기장 콜로세움을 두고 하는 말이다. 그랬다.

나는 그냥 겉모양만을 대충 본 것이었다. 그 경기장을 둘러싸고 있는 험난한 역사와 건축 동기, 건축에 동원된 고도의 전략과 기술·경비 등은 아랑곳하지 않은 '눈 뜬 장님'이 본 것이었음을 고백하지 않을 수 없다.

이번만큼은 '제대로 봐야지' 하는 마음으로 2023년 초봄, 여장을 꾸렸다. 행선지는 로마를 포함한 이탈리아. 한 달여의 여정을 시작하기 전 이책 저책 뒤지며 공부도 조금 한 상태였다. 이탈리아는 그 분위기에 이끌려 30대 중반부터 여러 번 들락거렸다. 처음 여행은 30대 중반, 열흘간 직장 휴가를 받아 기차 여행으로 구석구석을 누비고 다녔다. 그 이후로는 그 지역 관광청이나 기업들의 초청을 받아, 마지막은 몇 년 전, 유럽을 못 가보신 어머니를 보여드리기 위해서였다.

굳이 내가 자주 가본 로마를 다시 찾은 것은 그동안 여러 권의 관련 책자나 자료들을 보며 '이제까지 내가 봐온 것은 아는 게 없이 건축물 외형이나 대충 훑고 온 것'이라는 반성과 아쉬움이 함께했기 때문이었다. 대문호 괴테가 한밤중 26년간 살던 프랑크푸르트를 몰래 빠져나와 로마로 도망친 후 홀로 1년 9개월인가 훑고 다닌 이야기, 《이탈리아 기행》의 영향을 받은 덕분이기도 하다.

이전과 달리 내가 눈여겨보고 오랜 시간을 머문 곳은 누구나 들러 보았을 로마 콜로세움. 이번에는 그곳으로 가는 거친 도로 위 울퉁불퉁한 돌멩이 하나하나, 로마를 설명한 문구가 선명한 고대 배수구 뚜껑에도 신경이 쓰였다. 그냥 넘길까 봐서.

겉모습은 익히 알고 있으니 그 건축물이 당시 왜 지어졌고 그토록 짧은 기간 동안 어떤 기술을 동원해 완성할 수 있었는지부터 공부하고 관람하니 흥미진진해졌다. 대단하다는 찬사가 절로 쏟아져 나왔다. 그전에는 권력과 재정이 풍부한 사치스런 로마 황제가 위세를 몰아 국민들을 지배하기 위한 수단 정도로만 여겼었다.

그게 아니었다. 콜로세움은 오히려 국민들의 환심을 사기 위한 소위 포퓰리즘 정치의 수단이었던 것이다. '위풍당당한 로마 황제가 새삼 무엇 때문에?'라는 반문이 이어질 법한데 권력 장악의 배경이 그래야 했던 거다. 콜로세움을 짓기 시작한 로마 황제는 누구인가? 율리우스 시저도, 아우구스투스도, 네로 황제도 아닌 평민 출신 베스파시아누스 황제였기 때문이리라.

우리에게 잘 알려지지 않은 베스파시아누스는, 광적인 네로 황제가 사치와 정신질환, 기독교인 박해, 반란세력에 의해 권위가 추락한 후 자살로 생을 마감하자 로마 원로원이 여러 번의 실패 끝에 지명해 앉힌 평민 출신의 늙은 장군이었다.

권력에 사심이 없을 듯해 지명했지만 그게 아니었다. 그는 권력욕이 넘쳤고 자신의 권세를 국민들에게 알리고 신경을 다른 곳으로 유도하기 위한 전략으로 거대한 경기장이며 공연·오락장으로 쓸 콜로세움을 짓기 시작했다는 것이다. 일종의 선심 정책의 일환이었던 것이다. 그가 국민들에게 "내 정권하에서는 안심하고 국민들은 먹고 마시고 즐겨라"라고 선포했다는 기록만 봐도 그렇다.

그런 목적을 세운 만큼 콜로세움은 자신의 생존 시 빨리 지어야 한다는 강박감 속에서 불과 8년 만에 완성했다. 이집트 피라미드 등 거대 건축물들이 수십 년 걸렸던 것과는 사뭇 다른 속도전이었던 것. 아무리 원해도 그런 대규모의 경기장이 설계 3년, 건축 기간 5년 등 불과 8년 만에 가능할까?

현대의 건축가들도 의문을 품을 만한데 그 해결책으로 고도의 전략과 치밀한 계산을 구사한 걸 알게 되면 다들 혀를 내두르게 된다.

당연히 천문학적 숫자의 경비와 건축 인력이 필요했을 것이다. 그러나 곳간은 이미 네로 황제가 탕진해 버려 비어있었고 세금을 걷기에는 국민의 원성이 두려웠다. 이웃 나라 침략과 약탈을 통해 마련하자는 데 생각이 미쳤다. 그는 아들 티투스를 시켜 예루살렘을 침공, 보물들을 약탈하고 유대인들을 잡아와 노예로 팔아 자금을 마련했다는 것이다. 그 사이 베스파시아누스는 죽고 대를 이은 티투스가 황제가 돼 경기장을 완공했다.

콜로세움의 밖에서 외관을 보면 수많은 아치형 출입구가 원형경기장을 빙 둘러 에워싸고 있다. 주된 건축자재는 근처 티볼리 산에서 채취한 대리석. 필요한 건 고도의 건축기술자였을 것이다. 노예들이야 건축자재를 나를 때 동원되지 건축물을 설계하고 건축물을 건립하는 노하우는 건축기술자에 달려있음은 당연한 것이다. 그럼 어떻게 그 많은 기술자를 동원했는가가 의문이 들게 마련이다.

핵심 전략은 이 건물 전체에 해당하는 3층 건물(4층은 목재로 이루어짐) 각 층을 모두 두 기둥을 양쪽에 두고 가운데를 아치형으로 접착한

⇢ 콜로세움

게이트(門)의 대열로 이루어졌다는 것이다. 즉 한 개의 층마다 같은 모양의 아치형 문 세트를 80개씩 연이어 붙여 한 바퀴를 돌려 원형을 마련한 것이다.

나머지 두 개 층 조립에 필요한 문(門) 세트는 160개이니 도합 240개의 세트를 조립식 레고 블록처럼 연결해 건물을 완성했다는 계산이다. 그 당시에 대량 생산을 염두에 두고 건축 과정을 표준화한 발상이 돋보인다. 요즘 세상에서도 여전히 즐겨 쓰는 기법을….

이에 더해 콜로세움의 각층이 모두 80개씩의 아치형 출입문의 조합으로 이루어진 것은 많은 인파가 쉽고 빠르게 경기장을 드나들 수 있게 한 묘수라고 후세 사가들은 평가하고 있다. 20분 만에 전 관람객 출입이 가능했다니 놀랄 일이다.

원활한 작업 진행을 위해 현재의 엘리베이터와 유사한 기능을 하는 기구를 수백 개씩 사용했다는 기록도 있다. 당시는 전기가 없었으니 기계가 아닌 노예 등 인부들이 끌어 올린 모양이다.

급박하게 이루어진 조립식이라 해서 경기장의 미적인 면을 소홀히

한 것은 아니다. 여기에 예술적 아름다움을 다양하게 구현하기 위해 아치를 이루는 양쪽 기둥은 층마다 도리아식, 이오니아식, 코린트식으로 상부 장식을 달리해 남성적 권위와 여성적인 섬세한 아름다움, 경쾌하고 편안한 분위기를 골고루 살렸다는 것이다. 이는 경기장 각 층마다 허용된 관객의 지위를 고려한 것으로 풀이된다.

원로원이나 귀족이 앉는 1층에는 남성적인 사각형 장식을 기둥 상부에 올린 도리아식, 부자들이 앉는 2층은 양의 머리처럼 말려있는 부드럽고 여성적인 이오니아 양식을 도입한 것이다.

또 현재는 훼손돼 없어졌으나 2층의 경우 각기 다른 조각상 160개가 도열해 있었다고 한다.

이런 조각상들은 모두 네로 황제의 황금 궁전에서 뜯어온 것을 배치한 것으로 베스파시아누스가 마치 황제의 사적인 소유를 피하고 경기장 건립을 통해 일반 국민과 재산을 공유한다는 계산하에 시도된 것이라고 로마 건축물 연구가들은 입을 모은다. 이는 소유물의 공공화라는 생색도 내고 재정 압박도 해결한 치밀한 방법이라는 것이다.

또 많은 양의 물을 콜로세움 안으로 끌어와 경기장 내를 물로 채워 전쟁 승리를 기원하는 해전(海戰)까지 진행했다고 하니 신기한 일이다. 모두 최첨단 과학기술이 접목돼 이룬 일이니 지금도 믿기지 않는 형국이다.

또 경기 도중 강하게 내리쬐는 햇볕을 피하기 위한 가림막도 경기장 전체 상공에 폈다 접었다 할 수 있게 설치했다니 이 또한 놀라운 일이다. 경기장 원형 둘레에 국기를 꽂을 수 있게 하는 홈을 촘촘히 파고 막대기들을 세워 그늘을 만드는 천들을 가로로 펼쳐놓았다는 것이다.

빠른 시일 내에 조립식으로 건축했다고 해서 건물이 부실한 것도 아닌 듯하다. 로마시는 마치 국민들이나 해외 관광객들에게 과시라도 하듯 콜로세움 밑으로 현재 전철이 지나가고 있음을 홍보하고 있다.

이 콜로세움은 서기 313년 기독교 공인 이후 검투사 경기가 잔인해 보이니 일반인의 관람을 금하자는 여론에 밀려 사용이 주춤해져 경기장은 한동안 제 기능을 잃었었다고 한다.

로마 제국 멸망 이후는 동물 사육장이나 거주 지역으로 쓰이기도 했단다. 경기장 일부가 파손돼 안타까움을 주는 것은 2천 년의 세월에 눌려 낡기도 했으나 한동안 이 건축 석재들을 떼어다가 다른 건축물을 세우거나 보수 작업하는 데 활용한 때문이라는 것이다.

지금은 연간 관광객이 물밀 듯 모여드는 세계 최고의 관광지로 각광을 받고 있다. 지금부터 2천 년 전에 지었다는 건물이라기에는 아직도 믿기 어려울 정도니 '불가사의', '영원의 도시'라는 수식어는 앞으로도 영원할 것 같다.

이 경기장은 로마인들의 단합과 오락을 위한 스포츠류의 행사 외에도 자국에는 없고 다른 국가에 살고 있는 호랑이, 타조, 기린 등 동물들을 소개하는 이벤트 쇼나 전시회, 연극 등을 하는 다목적 문화 공간으로 활용된 것으로 보인다. 황제와 시민들의 소통 공간 역할도 했다는 것이니 그 기획이 놀랍지 않은가.

로마 중심부에 자리 잡은 고색창연한 판테온 신전은 B.C. 27년 지어졌으나 원형 그대로가 보존돼 있다. 당시 다신교 국가였던 그들이 숭앙하던 모든 로마 신들을 모시기 위한 신전인 것이다. 그래서 신전 이름도 판(Pan, '모든'의 의미) + 테온(Theon, 신전)이라 이름 붙인 것이리라. 2천 년의 파란만장한 세월 동안 꿋꿋이 견뎌낸 고색창연한 그 모습, 경이로움 그 자체다. 고개가 절로 숙여진다. 아직도 로마 제국의 대단한 위용을 생생하게 전달하며 그 아름다움으로 현세의 사람들을 매료시킨다. '천사의 설계', '고대 건축의 정수'라는 수식어가 늘 따라붙는다.

그리스 양식에 로마형 아치와 돔 형식을 접목했다. 돔으로 이루어진 지붕은 기둥 없이 벽체만으로 지지되고 있는데 돔 한가운데 직경 9m의 구멍 환기창을 뚫어 무게를 분산시킨 지혜를 발휘, 현세의 건축가들도 혀를 내두를 정도라는 것.

스페인 광장을 거쳐 판테온으로 가는 길, 철판으로 된 하수구 뚜껑에도 '원로원과 시민에 의한 로마'라는 뜻의 글이 쓰여있어 이곳이 고대 로마의 도로 한복판이었음을 알려주고 있다.

로마 한복판, 바로크 양식의 트레비 분수 광장엔 여전히 사람들로 미어터진다 해야 맞다.
37년 전 유레일 패스를 이용해 처음으로 서유럽 전역을 뺑뺑 돌다가 로마 테르미니 역에서 내렸던 두근거림이 아스라이 되살아났다.

당시는 그저 〈로마의 휴일〉에 나온 스페인 광장과 트레비 분수를 만나러 간다며 신이 나서 종종걸음으로 내달렸던 기억이 난다. 그리고 바로크 양식의 아름다움을 발산하는 그 멋진 분수에 다른 이들과 마찬가지로 소원을 빌며 동전을 던졌었다. 최근에도 여전히 지속되는 동전 던지기는 웃음을 부른다. 동서남북, 지구촌 사람들의 공통된 행위인지라 그 또한 정겹다. 다들 거기서 거기인 거다.

여행자답게 "두 발로 끝까지 걷게 해달라"는 소망을 중얼거렸다. 주기적으로 걷어내는 동전들은 자선 사업에 쓰인다고. 트레비(Trevi)란 이름은 세 길이 합쳐지는 삼거리란 뜻이란다. 고대부터 물의 공급에 신경을 많이 써왔던 로마의 시내 곳곳에는 이를 알리려는 듯 심심찮게 각종 분수가 눈에 들어오는데, 트레비는 곳곳에 분수가 넘치는 로마에서도 단연 압권이다. 한 자료에 따르면, 1732년 로마 교황이 주최한 분수 설계전에서 우승한 니콜라 살비(Nichola Salvi)의 작품으로 1762년 완성됐다. 나폴리 궁전의 벽면을 배경으로 이용했고 개선문의 모양을 본떠 만든 것으로 보인다. 궁전의 우아한 기둥과 창문 등이 분수대의 예술적 분위기를 고조시킨다.

인간과 물고기로 이루어진 반인반어(半人半漁)의 트리톤이 거친 바다와 잔잔한 바다를 상징하는 말 두 마리를 앞세우고 있는 조각상, 바다의 신 넵튠이 큰 조개 위에 서 있는 소삭상 등이 분수대를 이뤄 로마에서 가장 아름답다는 분수로 관광객을 끌어모으고 있다. 트레비 분수를 둘러싼 계단과 스페인 광장에서 한숨 돌리며 앉아서 마시던 커피 향도 되살아나는 듯했다. 그리고 80대 초반의 어머니를 잠시 모시고 왔었지만 어머니는 힘들다며 중도 포기를 선언했었다.

2023년 봄, 오랜만에 다시 만난 트레비 분수와 스페인 광장 사이의 맥도날드는 역시 여행자들을 반갑게 한다. 떠도는 여행자에게 맥도날드는 최소한의 예측 가능한 맛과 잠시의 부담 없는 휴식을 저렴한 가격에 보장하는 보루 같은 곳이라는 생각이 든다.

프라다 상점 옆에 있는, 로마에서 가장 오래된 커피숍이라는 '안티코 카페 그레코'도 한번 들려 유서 깊은 커피 맛을 음미해 보니 기대 이상은 아니다. 그간 워낙 온갖 종류의 커피를 섭렵하고 다양한 맛에 익숙하다 보니 그런 게다. 커피는 그냥 어딘가 내 곁에 있어주면 되는 것이다.

근처에서 파는 이탈리아 아이스크림인 젤라또를 사 먹는 젊은 연인들의 모습은 수십 년이 흘러도 여전하다. 내게도 저런 젊음이 있었는데… 역시 젊음은 예쁘다. 다시 돌아가고 싶지는 않지만….

스페인 광장 위쪽은 프랑스 마을이고 그곳을 오르는 계단이 스페인 계단이란다. 스페인 광장, 스페인 계단이라는 이름은 17세기 교황청 스페인 대사가 이곳에 본부를 두면서 덩달아 붙게 됐단다. 그 주변에서 갈릴레오 갈릴레이가 지동설을 주장했다가 법적 심판을 받았다는 건물도 만나게 된다.

계절에 따라 다르지만 가로수에 매달린 주황색 오렌지가 푸르름과 어울려 이국적인 멋을 던져준다. 로마 뒷골목의 흔한 분수대와 식수를 위한 수로(水路), 여기저기 아랑곳하지 않는 쓰레기봉투 등도 로마 광장을 말해주는 구성요소들이다. 사람 태우기를 기다리는 말 마차,

계단에 핀 꽃들 어쩌다 보이는, 하늘 높이 껑충한 팜트리가 이국에 와 있음을 알려준다. 새삼 내게 주어진 여유와 자유에 감사한 마음 가득하다.

15세기 중반 이후 로마시는 매우 번창했다. 르네상스 문화의 중심지로 자리 잡았으며 로마 교황령의 수도로서 성벽 궁전 교회 등이 건설되며 화려함을 되찾았다. 15세기 말에는 미켈란젤로, 라파엘로, 브라만테 등의 거장들이 로마로 몰려들면서 교황을 위한 예술 활동을 펼쳐 전성기를 구가했다. 로마를 가득 채운 문화유산들은 당연히 인류의 축복이다. 전 인류의 인간 보물들도 무수히 반짝이는 로마는 신이 내린 크나큰 선물이요 기쁨임에 틀림없다.

[13]

두브로브니크 – 크로아티아

▷ 하나님이 숨겨놓은 '신의 정원'을 품은 아드리아 해의 보석

⋯▶ 천상의 해안 절경이 압권인 주홍빛 마을 풍광

여행을 하다 자연의 경이로움에 흠뻑 빠질 때는 감탄과 자탄이 함께 나온다. 우선 순연(純然)한 아름다움에 감탄하고 그 다음은 영세한 표현의 한계에 자탄하게 된다. 인간은 본성적으로 늘 표현에 목마름이 있는 존재라고 했던가. 이럴 땐 끙끙대지 말고 안으로 안으로 천천히 마음 밭에 되새기자며 자신을 타이른다.

아드리아 해를 끼고 동부 유럽 끝자락에 자리한 크로아티아(Croatia)의 플리트비체(Plitvicka)를 접하고도 그랬다. 흔히 '신의 정원'이라고들 하더니 정말 그럴싸했다. 아니, '신이 자신을 위해 숨겨놓은 어여쁜 정원 같다'는 표현이 더 어울린다. 신성한 아름다움에 아기자기함과 정겨움도 갖추고 있어 매일 산책하지 않고는 못 배기는 정원 말이다.

가장 많은 관람자로 전 세계 영화사의 한 획을 그었다는 SF 영화 〈아바타〉의 무대 배경으로도 각광을 받았다는 플리트비체의 숲과 호수들. 이 영화 속에서 플리트비체는 1백여 년 후인 2150년대 인류가 진출할 신비로운 행성, '판도라'의 자연과 원주민의 생활상을 표현하는 데 적합해 차용된 것 같다. 아마도 별다른 세계의 신기함과 이질감을 그곳을 통해 관객에게 주입할 수 있으리라 자신한 모양이다.

그렇다. 눈부시게 아름다운 대자연을 만나는 일은 더할 수 없는 축복이다. 자연을 통해 인간은 창조주의 신성(神性)과 위대한 능력에 감읍해 절로 머리를 숙이게 된다. 그야말로 자연을 '하나님의 숨겨진 얼굴', 즉 'The hidden face of God'인 양 받아들여 그 앞에서 경탄하고 소름이 돋는 경우가 종종 있다. '산이 많아 푸르다'는 의미를 담고 있는, 빌긴 반도로 향하는 마음은 생생하게 요동쳤다. 우리에겐 친숙하지 않은 데다 '유럽의 화약고'라는 언어가 머릿속을 맴돌지만 최근 '죽기 전 꼭 가봐야 할 명소'인 양 지구촌 사람들을 불러모으니 더욱 그곳으로 발길을 재촉하게 된다.

유럽 대륙 동남쪽 끝자락에 자리한 발칸 국가들. 우리에겐 여전히 낯설기만 하다.

아시아와 유럽을 연결하는 교차적 길목인 곳. 지정학적 중요성 때문에 다양한 세력의 끝없는 충돌과 속박을 받은 역사가 계속돼 발칸 반도의 혼란스런 민족·종교·문화·영토 문제는 당연한 귀결이리라. 잦은 전투가 일상인 양 오랫동안 온 세상 매스컴에 노출돼 왔으니 발칸의 뉴스는 왠지 그 지역이 위험하고 음울할 것 같은 선입견을 고착화한다. '폭력과 야만', '인종청소'니 '내전', '유럽의 화약고'라는 단어가 멋대로 생각을 가둔다. 복잡해 골치 아프다며 관심 밖으로 슬쩍 떠밀어 놓기도 했었다.

'발칸 반도의 나라들'이란 19세기 이후 도나우 강과 사바 강 등을 경계로 한 그 이남 지역 나라들을 지칭한다. 유럽 남동부의 몬테네그로, 보스니아 헤르체고비나, 북마케도니아, 불가리아, 알바니아, 코소보 및 세르비아와 크로아티아, 그리스 대부분을 포괄한다.

그중 여행지로 유난히 각광을 받는 곳이 있다. 1천3백여 개의 섬이 담겨있는 아드리아 해를 가운데 두고 장화같이 생긴 이탈리아를 건너편에 마주 보고 (지도상) 있는 크로아티아는 그 복잡다단한 역사와는 무관하다는 듯 천혜의 자연경관을 뽐낸다. 한때는 사회주의 국가인 유고슬라비아의 한 부분이기도 했던 이곳은 기다란 해안과 깊숙한 내륙을 동시에 가진 V자형 모양새를 하고 있다. 국토는 8만8천km^2, 10만4천km^2인 한국보다 약간 작지만 국민은 약 403만 명 수준으로 한국의 13분의 1수준이니 느슨하다.

지난 2013년부터 유럽연합에 가입해 새로운 이미지를 형성 중이다. 유고슬라비아 연방에서 독립한 국가들 중 1인당 GDP가 1만 달러가 넘는 두 국가 중 하나. 다른 하나는 슬로베니아다.

약 1만6천8백 달러 수준으로 3만5천 달러인 한국의 2분의 1 정도다. 관광 산업이 주 수입원이지만 주요 산업은 기계, 조선, 화학, 석유, 천연가스, 알루미늄 등 경공업과 중공업이 고루 발달해 있다. 한국인들에게는 약 10년 전 한 방송 프로그램에 소개된 이후 다른 어느 곳보다 매력적인 관광지로 급부상하고 있다.

대단한 풍광으로 주목받고 있는 크로아티아는 옆구리에 아드리아 해를 끼고 있다. 아드리아 해 연안은 섬과 반도, 만 등 굴곡이 심한 해안선을 형성해 부근의 경치는 눈에 띄게 아름답고 변화무쌍하다. 이 지역은 역사적으로 동방정교회를 믿는 동로마 제국(비잔티움 제국, 395~1453) 치하를 거쳐 이슬람교를 믿는 오스만 제국(1299~1922)의 지배를 받는다. 연이어 로마 가톨릭 교회가 주류인 오스트리아-헝가리 제국(1867~1918) 등의 영향권 아래서 얽히고설켜 종교적 이합집산에 따른 정치 기류와 문화유산이 복잡다단하다. 정치적 지형 변화는 피지배인들에게 억압과 상처, 살상을 가져다주기 마련이다.

아직도 바깥세상 사람들에게는, 러시아 제국의 지배를 받고 한동안은 유고슬라비아 사회주의 연방공화국(1945~1992) 내 6개 공화국의 일부였다가 독립을 선언한 후, 유럽연합의 한 국가가 된 이 나라가 낯설고 혼란스러울 수가 있다. 이들 발칸 국가들을 제대로 느끼려면 우선 지나간 역사부터 공부하고 알아야 한다. 그래야 또 다른 매력으로 살아남은 그들 문화와 자연이 흥미진진해지고 소중해진다.

크로아티아의 아드리아 해안가는 천혜의 자연이 비밀스럽게 둥지를 튼 느낌이 든다.

그중 플리트비체와 두브로브니크, 스플리트는 당연 압권이다. 그중 몇 곳의 기막힌 풍광들을 담은 영상이 몇 년 전부터 여행 애호가들을 통해 부지런히 퍼 날라지다 보니 요즘은 전 세계 여행객들이 넘쳐 현지인들이 즐거운(?) 비명을 지르는 '오버 투어리즘'의 현장으로 변신을 거듭하고 있다.

'신의 정원'이라는 별명을 가진 크로아티아 최대, 최고의 국립공원, 플리트비체 호수공원은 조물주가 인간계에 내려올 때 마치 사색하고 휴식하기 위해 감추어 놓은 정원 같다. 인류에게 신이 내려준 선물이라기보다는 신이 자신을 위해서 마련해 놓은 지구 행성의 휴식처 같다고나 할까? 그 자연경관이 내뿜는 정기(精氣)조차 예사롭지 않다는 느낌이 들어서다. 숨 가쁜 일정 속 거친 호흡과 맥박이 안정을 찾아 잔잔하게 흐르는 느낌을 가질 수 있으니 말이다. 아마 침입자들 역시 이 아까운 자연을 차마 훼손하지 못했으리라.

유럽인들 사이에서도 가장 경이로운 풍광의 하나로 꼽히는 플리트비체는 울울창창한 숲속에 다양한 모습의 폭포들이 낙하하면서 저마다 다른 속도와 박자로 경쾌한 함성을 내지른다.

아름다운 두 개의 산 사이에 자리한 플리트비체는 16개의 에메랄드빛, 청록색 호수들이 90여 개의 다채로운 폭포들을 집중적으로 담아내 저마다 지상 최고의 아름다움을 경연하는 듯하다.

그야말로 신의 위대한 예술혼이 지구 행성의 자연 풍경을 가장 멋지게 보여주려 작심한 듯한 느낌이 든다.

플리트비체는 갖가지 보석이 가득 담긴 상자인 양 눈부시게 영롱하다. 호수 수심에 따라 청록색도 자연스레 다채롭게 변색한다. 하늘에서 흐르고 다시 호수 위에 그대로 비치는 뭉게구름 역시 혼재돼 시시각각 변신한다. 바람에 따라 흔들리는 나뭇잎도, 산책로를 도는 사람들의 울긋불긋한 모습도 비쳐 그야말로 선계(仙界)의 풍경을 내보인다. 그래서 '요정의 숲'이라는 또 다른 별명이 붙었나 보다.

재난과 로맨스를 그려낸 영화, 〈타이타닉〉을 만든 저명한 영화 감독, 제임스 카메론(James Cameron, 1954~)이 다시 크게 히트한 영화 〈아바타〉의 배경으로 잘 들어맞는 느낌이다. 세계 영화계 역대 흥행 사상 2009년 첫 방영 이후 현재까지 최대 관객을 동원한 영화. 13년만인 2022년 이후 후속작이 연이어 만들어지고 있는 영화다. 신의 화신(化身)이나 사용자의 분신(分身)을 의미하는 용어인 '아바타'를 통해 별천지 세계를 연출하려고 플리트비체를 선택한 제작진의 그 출중한 안목이 돋보인다.

크로아티아의 수도 자그레브(Zagreb)에서 남쪽으로 2시간 30여 분 달리면 만난다. 석회암과 백색을 띠는 퇴적암인 백악 위로 흐른 물이 석회침전물을 쌓아 형성된 대표적인 카르스트 지형(석회암이 물속의 탄산가스에 의해 용식되거나 침진되어 형성되는 지형의 통칭)이다. 수천 년간 강물이 흐르면서 석회암이 융해되어 계곡처럼 움푹 파인 호수가 형성됐다. 호수들이 층층이 연이어지는 다단계 호수가 일품이다.

노쇠해 쓰러진 나무 위에 석회암 침전물이 엉겨 붙고 호수를 막아 천연 댐이 형성된 후 자연스레 폭포가 되어 그 아래 곳곳으로 흘러내리는 형국이다. 이토록 특정한 지역 안에 시시각각 다른 빛과 색상을 자아내는 16개의 크고 작은 호수들과 90여 개의 폭포와 동굴 등이 촘촘히 얽혀 환상적인 모습을 보이는 곳은 매우 드물다.

초록과 옥빛 등이 감도는 호수 위에 조성된 나무 산책로들을 산책하다가 보트를 타기도 하면서 그를 둘러싸고 있는 원시림에 안기면 뼛속 깊이 편안한 기운이 감돈다.

원시림 속의 호수·폭포 공원의 절경을 감상하는 코스도 다양하다. 여행자의 시간 여유에 따라 하루 코스, 반나절 코스, 2시간 약식 코스 등이 있다.

최대 6~7시간 정도 걸리는 하루 코스의 경우 '입구 2'에서 상층부 → 중층부 → 하층부 순으로 산책하면 된다. 상층부에서 하이킹을 시작해 오크루그라크, 갈로바체, 그라딘스코 호수 3곳을 감상할 수 있다. 중층부 코스에서는 코즈야크 호수를 만나 15분간 배를 타고 이동해 하층부 선착장으로 가서 하이킹을 다시 즐길 수 있다.

하층부에는 밀라노바츠, 가바노바츠, 칼루데로바츠, 노바코비차 브로드 등 4개 호수와 벨리키 폭포 등을 비교하며 감상할 수 있어 즐겁다. 이들 다양한 호수 풍경을 만나는 것이 이곳 여행의 하이라이트. 특히 높이가 78m로 가장 낙폭이 큰 벨리키 폭포에 연이어 줄줄이 떨어지는 다단계 폭포가 장쾌한 멋을 선사한다. 화룡점정이다. 이 코스 등을 모두 이으면 산책로가 8km 정도 된다.

넉넉하게 시간을 할애하면 근처 숲과 나무, 호수에 서식하는 동식물을 느긋하게 감상할 수 있어 좋다. 맑은 물에는 송어와 작은 물고기, 청개구리들이 한가롭게 유영하고 1백여 종의 이름 모를 새들의 지저귐이 별천지를 떠올리게 한다. 작고 귀여운 들꽃들이 청초한 아름다움을 뽐낸다. 운이 좋으면 사슴이나 늑대 등 야생동물을 접하는 기회도 주어진다.

플리트비체는 1949년 크로아티아의 첫 번째 국립공원으로 지정됐고 1979년에는 유네스코에서 세계자연유산으로 지정했다. 총면적 8천7백만 평(약 2만9천 ha)에 숲이 6천6백만 평, 호수와 개천은 65만 평에 이른다. 이 공원 안에 담긴 큰 목장과 농장도 평화로움에 일조한다.

그 다음은, 평소 국내외에서 무수한 영상과 광고를 통해 가보고 싶은 충동을 느끼게 하는 두브로브니크(Dubrovnik)로 발길을 재촉하게 된다.

"두브로브니크를 보지 않고는 천국을 얘기하지 말라"고 했다는 영국의 극작가, 조지 버나드 쇼(George Bernard Shaw, 1856~1950)의 찬사를 담은 광고 문안들이 관광객들을 유혹한다.

대표적인 이동시설인 기차 편이 없는 두브로브니크를 버스로 가는 길은 멀고 멀다. V자형으로 생긴 크로아티아 땅덩어리의 맨 아랫부분에 놓여있으니 특히 그렇다. 비행기로 1시간 거리다. 아드리아 해의 절경을 따라 좁은 육로들을 버스로 이동하면 시간은 걸리지만 뭔 없이 아름다운 해안 풍경에 심취할 수 있어 좋다.

두브로브니크에 도착하자마자 천상의 해안 절경을 따라 조성된 성벽 근처로 성급하게 달려가게 된다. 이곳 관광의 하이라이트는 단연코 성벽 투어다. 마치 공중에 떠 있는 양 바다를 내려다보며 성벽꼭대기에 구불구불 운치 있게 조성된 좁은 산책로를 따라 걷는 코스는 상상만으로도 짜릿하다. 눈부시도록 검푸른 바다를 캔버스 삼아 펼쳐진 주홍색 마을 풍광에 당장 마음을 빼앗기게 마련이다. 두브로브니크를 외부세력으로부터 보호하기 위해 쌓은 2㎞ 이상의 이 성벽 위 길은 5개의 요새와 16개의 탑으로 구성돼 있다.

성벽 산책은 성벽 왼쪽, 티켓 판매 창구로부터 시작해 한 바퀴 돌면 다시 제자리로 돌아오게 된다. 두 시간여 멋진 풍광에 흠뻑 취해 마치 다른 행성의 어느 곳을 여행하는 느낌도 건질 수 있다. 때론 산책로 밑으로 자리한 서민들의 집안과 정원 풍경도 흘깃흘깃 훔쳐볼 수 있어 재미를 더한다. 성벽 밑을 굽어보며 이곳 주민들과 인사를 나누는 것도 흥겹다.

빨랫줄에 걸린 속옷들, 먹이를 탐해 눈치를 보는 고양이 무리들, 정원에서 서성이며 담배를 태우고 텃밭을 가꾸는 주민들의 생활상을 들여다보면서 현실과 상상 속을 넘나든다.
현재 남아있는 5개의 요새 중 성 요한 요새는 남동쪽 항구를 지키기 위해 1346년에 세운 첫 번째 사각형 모양의 부두 타워다. 성채 수비를 위해 쓰였던 대포가 포진해 있고 지상층 요새에는 큰 수족관과 해양박물관도 자리 잡고 있다.

성곽 전망이 가장 멋지게 나오는 곳으로 소문나 누구나 인증 사진을 찍는 곳은 민체타 요새다. 이곳 전망대에 오르면 흔히 대표 영상으로 널리 알려진 주홍색 지붕, 아이보리 담장으로 거대하게 도배된 도시 전경을 한눈에 볼 수 있다. 바다를 껴안은 두텁고 높은 성벽이 천연 요새 역할을 해 이 지역을 450년간 별 손상 없이 아름답게 유지할 수 있었다니 참 고마운 일이다.

케이블카를 타고 올라가 두브로브니크를 잘 조망할 수 있는 스르지 산 전망대에서는 이 성곽 도시의 전경을 한눈에 파악하고 감상할 수가 있다. 보통 성벽 산책과 구시가지를 다 둘러본 후 들리는 코스인데 이곳에서 보는 일출과 일몰의 황홀한 풍경은 잊지 못할 추억으로 여행객들의 머릿속에 깊이 박혀있으리라. 이럴 때 전망대 커피숍에서 마시는 한 잔의 커피는 여행의 느긋한 쾌감을 흠뻑 끌어올린다. 하늘과 바다, 절벽이 절묘하게 어우러진 요새 산책로 한 바퀴를 여유 있게 돌고 난 후 요새를 내려와 번화가인 스트라둔 대로(플라차 대로)를 구경하는 맛도 일품이다. 미로인 양 좁게 여기저기 펼쳐진 샛길따라 자리한 상점들 역시 즐거움과 추억거리를 선사한다.

이곳 구시가지의 건축물들은 하나같이 두브로브니크 근교에서 가져온 주홍빛 테라로사(카르스트 지형에서 볼 수 있는 적색 토양)로 빚은 기와 지붕을 저마다 모자인 양 얹고 있다. 검푸른 바다색과 어우러진 절묘한 색상의 조화와 변화가 요술 같다.

두브로브니크 번화가인 스트라둔 대로 끝자락에 있는 루자 광장 근처에는 바로크 양식의 아름다운 성 블라이세 성당이 있다. 또 고딕 르네상스 양식의 건물로 두 번의 지진에도 살아남아 원래의 모습을 보여주고 있는 스폰자 궁전, 15세기 두브로브니크 최고 통치자의 집무실이었던 렉터 궁전 등이 자리하고 있어 이 지역 역사의 흔적들을 살필 겸 부지런히 들려볼 만하다.

플리트비체, 두브로브니크 외에도 아드리아 해안가에는 천연의 아름다운 도시들이 줄을 잇는다. 자동차를 직접 운전하거나 버스를 이용할 경우 이왕 먼 길을 온 김에 한 번씩 들려 잊지 못할 자연을 가슴에 담아갈 만하다.

그중에서도 3세기경 로마의 황제 디오클레티아누스가 아름답고 따뜻한 고향 해안가에서 여생을 보내기 위해 아드리아 해 한켠에 호화로운 궁전을 지었다는 황제의 도시, '스플리트(Split)'는 매력 있는 휴양 도시로 전 세계인들이 줄지어 찾는 곳이다.

또 13세기 초부터 수백 년간 베네치아 공국의 지배를 받아 그 흔적이 남아있는 고도(古都)의 환상적인 일몰 풍경과 파도와 어우러져 감미로운 소리를 내도록 설치한 '바다 오르간'이 신비로운 음률을 쏟아내는 자다르(Zadar) 등도 들려볼 만하다.

역시 눈부신 자연의 찬란한 아름다움은 인간들에게 창조주의 임재를 겸허하게 받아들이게 만드는 강력한 힘을 갖고 있다. 소위 '자연계시'의 영어 표현이 'Natural revelation'임을 보라. 그렇듯 자연은 무소부재인 창조주의 존재를 드러내 폭로해 주고 깨우쳐 주니 딱 맞는 말인 것 같다.

[14]

오슬로 – 노르웨이

▷▶ 피오르의 장엄한 절경 속 빛나는 도시

⋯▶ 빙하 계곡, 게이랑에르 피오르의 장엄하고 멋진 풍경

　조물주의 위대한 예술혼이 빚어낸 대자연의 숭혼한 아름다움을 바라보는 기회는 정령 하늘이 인류에게 하사한 멋진 선물이다. 세계 곳곳에 포진한 기막힌 자연 절경들을 마주 대하게 되면 그야말로 'Beyond description!'이란 외침이 딱 들어맞는다. 온갖 수사가 부족해 표현을 포기하게 된다는 고백이다. 이런 자연 속에 터 잡고 한 그루

나무인 양 끼어들어 함께 살아가고 있음에 새삼 감사함을 느끼게 된다. 아직 만나지 못한 지구촌 곳곳의 생면부지 풍경을 가슴에 담는 일은 축복이다.

내 다리가 별 저항 없이 내 뜻대로 달려주는 그 시간까지 나는 지구촌 곳곳을 샅샅이 돌아보고 싶다. 감탄이 없는 삶은 죽은 목숨과 별반 다르지 않다.
조물주를 향해 발현되는 무궁한 경외심과 찬양을 절로 하게 만드는 그 자연 속에서 남은 시간, 열심히 걷고 또 걸으리라.

2022년 늦가을, 눈부시게 파란 하늘, 새하얀 줄기에 황금빛으로 물든 작은 이파리들이 춤추듯 바람에 나부끼는 자작나무 숲길을 하염없이 달리다 만난 피오르(fiord. 영어식 발음)를 접하고 역시나 그런 생각이 요동쳤다.
게다가 "대자연의 지고지순한 아름다움에 매료될 수 있게 우리 몸에 장착된 센서의 작동에 감사한다"고 함께 여행에 나섰던 누군가 한 말이 좌중을 끄덕이게 했다. 가끔 그리고 어느 때보다 가벼워진 듯 느껴지는 육신 속 기쁨은 절로 탄성과 웃음으로 터져 나온다.

평소 자작나무의 자태에 흠뻑 빠져있는 필자가 그렇게 많은 자작나무의 군집·군무를 몇 시간씩 접한 것은 처음이라 큰 행운이었다. 특히 코발트빛 하늘 아래 가을빛이 든 자작나무들의 수억만 개 노란 이파리들이 바람에 휘날릴 때의 황홀함은 어디 견줄 데 없다. 혼자 보기 아깝다. 이럴 때 떠오르는 사람들이 '찐 사랑'의 대상이리라.

피오르(fjord)는 빙하(氷河)가 이동, 침식하면서 형성된 U자형의 계곡이 바다와 만난 후 바닷물이 계곡 안으로 들어와 침수된 해안 지형을 말한다.

피오르는 빙하기에 빙하가 얼었다 녹기를 반복하면서 깎아낸 골짜기에 바닷물이 들어와 형성된 지형이다. 지구의 지질을 연구한 학자들에 의하면 46억 년 전 지구가 탄생한 이후 신생대에 여러 번의 빙하기가 나타났고 인류가 처음으로 등장하는 신생대 4기에 피오르가 형성됐다는 것이다.

이 피오르는 '내륙으로 깊게 들어온 만(灣)'을 의미하며 유럽 국가들 중에서도 노르웨이에 전형적으로 나타나는 지형이기 때문에 그 명칭이 일반화되었다. 북유럽 지도를 보면 좁고 긴 노르웨이의 서쪽 해안선이 마치 끝없이 뾰족뾰족한 톱니바퀴를 장착한 듯 보인다. 빙하가 흘러내리며 침식당한 계곡이 요술인 양 요철을 만들어 낸 현상이다.

노르웨이 서해안에는 수많은 빙하 계곡이 자리하고 있다. 그중 가장 관광객이 몰리는 곳은 송네(Sogne) 피오르와 게이랑에르(Geiranger) 피오르다. 모두 세계자연유산으로 각광받는 곳으로 자동차와 유람선, 산악열차를 번갈아 이용하면 신이 내린 자연경관의 묘미를 최대한 흠뻑 즐길 수 있다.

송네 피오르는 길이 204km에 달하는 세계에서 가장 긴 최장(最長)의 협만. 끝없이 도열해 있는 웅장한 경관이 여행객들을 긴장시켜 절로 숨을 고르게 만든다. 빙하의 침식을 받은 급한 경사면이 바다로 꽂혀 깊이가 1,300m에 이르는 곳도 있다. 양쪽의 급사면과 급사면 사이를 흐르는 바다 위를 달리는 페리를 타고 전진하면서 접하게 되는 연이은 절경들의 퍼레이드는 약 20억 년 전에 만들어진 우주의 작품들이다. 도저히 감이 안 잡히는 그 세월의 흔적이 지금 내 눈 앞에 펼쳐지고 있으니 이게 바로 기적이 아니고 무엇이랴.

우뚝 치솟은 검은 화강암 절벽 위에서 떨어져 내리는 빙하의 폭포수와 폭포수 사이를 이리저리 헤집고 다니면서 거센 물줄기에 맞을까 관광객들이 질러대는 즐거운 비명이 모두를 졸지에 어린아이로 만든다.

다시 기차로 달리면서 당신의 귓속에 노르웨이의 대표적인 민족주의 작곡가인 에드바르 그리그(Edvard Grieg, 1843~1907)의 〈솔베이지의 노래〉를 곁들여 보라. 처연하고 구슬픈 멜로디는 무상한 세월의 흐름 속에 사랑하는 사람이 언젠가는 돌아올 것을 굳게 믿으며 기다릴 것을 약속하는 가사와 어우러져 감상은 졸지에 최고조에 달한다. 우리 모두도 삶 속에서 그리워하며 기다리는 사람, 사랑, 우정, 장소들이 있어 그러하리라.

바다에서 수직으로 우뚝 솟아올라 병풍처럼 늘어서 있는 웅장한 송네 피오르의 조망, 가장 유명하고 기다란 그 빙하 곁의 산자락 품 안에 여기저기 안긴 그림 같은 마을들, 세계에서 가장 크고 오래됐다는 뵈이야 빙원, 빙하의 생성과정을 화면과 각종 연구자료로 보여주는 빙하 박물관, 군데군데 산줄기를 타고 하얗게 쏟아져 내리는 7자매 폭포 등 다양한 폭포들이 순간순간 숨을 멈추게 한다.

⋯▸ 매년 노벨평화상이 수여되는 오슬로의 아름다운 항구

　노르웨이 남서부 해안 깊숙하게 자리 잡고 주요한 항구 도시의 역할을 하고 있는 베르겐은 피오르로 향하는 출발점이며 되돌아오는 지점이다. 베르겐에서 기차를 이용해 출발했다가 다시 버스-페리로 이동, 플롬을 거친 후 산악열차-기차로 갈아타고 베르겐으로 돌아오는 여정이다.

　베르겐은 현재의 수도인 오슬로 이전, 12~13세기에 노르웨이의 수도였으며 중세 이후 해상 무역의 핵심 지역이었던 만큼 당시의 영화와 위세를 여러 곳에서 느끼게 해준다.
　이곳은 월트 디즈니 컴퍼니가 창립 90주년을 기념하기 위해 만든 애니메이션 영화, 〈겨울 왕국〉 속에 등장하는 아렌델 왕국의 모티프가 된 곳이기도 하다.

　타임지와 뉴욕포스트가 '2013년 최고의 영화'로 선정했고 당시 우리나라에서도 1천만 관객을 동원한 이 영화 속의 얼어붙은 설경과 눈

사람, 순록들, 환상적인 영상들이 그러하다.

빨강, 주황, 흰색 등 현란한 색상으로 채색한 뾰족지붕 가옥들이 정겹게 다닥다닥 붙어있어 동화 속 마을을 연상케 한다. 그 앞 바다에서 노니는 각종 선박이 도시에 활기와 낭만을 불어넣고 있다. 그 앞을 두리번거리며 거닐기만 해도 머릿속에 늘 똬리를 틀고 있는 현실은 저만큼 멀어져 있다. 다른 세상으로의 여행은 진부해진 일상에 새 바람을 불어넣는 작업이다.

피오르 관광을 끝내고 돌아가는 길, 바이킹(Viking)족의 무대이기도 했던 노르웨이의 수도 오슬로의 바이킹 박물관에 들러서 당시 쓰였던 선박들을 감상해 보자. 바이킹 족은 8세기 말에서 11세기 말까지 북유럽과 중앙 유럽까지 탐험했던 바닷사람들로, 교역과 약탈을 일삼으며 유럽 북단 스칸디나비아 반도에 거주했던 노르드인들을 일컫는다.

바이킹의 도전과 모험 정신을 이어받아 북극과 남극 탐험의 선구자로 명성을 날린 2명의 노르웨이인인 프리드쇼프 난센(Fridtjof Nansen)과 로알 아문센(Roald Amundsen)의 전설적인 이름도 소개되니 딴 세상에 와 있는 느낌도 든다. 아주 오래전 한국이라는 나라의 교과서에도 출현한 그들의 이름을 무턱대고 달달 외웠던 덕분인지 아는 사람인 양 반가워진다.

경이로운 자연의 아름다움에도 인간의 스토리가 곁들여지면 더 생생하게 활기를 띤다.

필자에게는 현재의 노르웨이 수도인 오슬로가 그런대로 친숙한 느낌으로 다가온다.

　매년 12월 노벨평화상이 따로 주어지는 곳으로 오슬로 시청사와 그 옆의 노벨 평화센터가 언론에 자주 소개되는 곳이기도 한 덕분이다. 무엇보다 우리나라 김대중 전 대통령이 한국인 최초로 노벨평화상을 받은 곳이니 더욱 그렇다. 게다가 그가 노벨평화상 후보로 오랫동안 거론됐다가 드디어 2000년 낙점되기까지 몇 년간 외신 담당 기자 자격으로 수시로 이곳 관련 위원회에 전화를 걸곤 했던 기억이 새롭다. 각국 언론사 전화가 빗발치는 와중에도 친절하게 설명을 해주던 익명의 담당 위원이 새삼 떠올랐다.

　노벨평화상 시상식이 열리는 시청사는 투박한 겉모습과는 달리 내부 1~2층 4면 벽을 온통 대형 프레스코 벽화로 뒤덮고 있어 여느 시청사들과는 판이한 면모를 자랑한다. 그 나라의 역사와 문화, 사람들을 다룬 벽화인 듯 보였다.

　노르웨이가 낳은 세계적인 미술가를 기리는 '뭉크의 방'도 둘러볼 만하다. 우리가 흔히 알고 있는 그로테스크한 에드바르트 뭉크(Edvard Munch, 1863~1944)의 작품, 〈절규(The Scream)〉와는 분위기가 아주 다른 〈일생〉 등의 그림이 걸려있어 사뭇 다른 맛을 보게 된다. 바로 옆에 노벨 평화센터도 있다.

　오슬로 중앙역에서 걸어서 10여 분 거리에 있는 노르웨이 국립미술관에서 〈절규〉 등 뭉크의 작품들을 감상할 수가 있다. 직기의 정신적 불안과 아픔이 배어있는 듯한 그 그림을 지구촌 여행객들이 몰려들어 그토록 감탄하는 이유는 과연 무엇일까 궁금해진다.

　1893년 그러니까 그의 나이 30세에 제작된 〈절규〉는 그의 경험에

→ 노르웨이 태생, 에르바르트 뭉크의 작품, '절규'

서 비롯됐다고 전해진다. 핏빛 노을 속을 배경으로 한 이 그림 속에 등장하는 남자는 길가 다리 난간에서 온 얼굴에 경련을 일으키며 두 손으로 귀를 막은 채 그야말로 비명을 지르는 모습을 검푸른 색채로 표현하고 있어 보는 이들에게 불안과 강박을 느끼게끔 몰고 간다.

노르웨이 오슬로 여행을 끝내기 전 마지막으로 세계적인 조각가 구스타브 비겔란(Gustav Vigeland, 1869~1943) 조각공원에 들려보자.

→ 비겔란 조각공원

흔히 '북유럽의 로댕'으로 불리는 비겔란은 인간사 희로애락 전체를 각가지 조각작품 속에 사실적으로 구현해 냈다. 작품 감상자들은 212점의 청동 및 화강암 작품들을 보면서 자신과 이웃의 삶을 되돌아보게 된다. 오슬로의 프로그나(Frogner) 야외공원 안에 있는 이 조각공원은 특히 아귀다툼하듯 정상을 향해 오르려는 인간 군상들의 욕망을 표현한 〈모놀리텐(Monolitten)〉으로 유명세를 타고 있다. 121명의 인간 군상들 하나하나의 표정이 여실하게 살아있는 듯한 이 작품은 무게가 260톤에 이르는 세계 최대의 조각품이다. 비겔란이 14년의 세월 동안 화강암에 매달려 조각해 넣은 단일 작품으로 단연 압권이다.

울면서 떼를 쓰는 벌거벗은 어린아이를 표현한 청동 조각상이 웃음을 자아낸다. 사람들이 손으로 쓰다듬어 귀여운 모습 곳곳이 반들반들해졌다. 공원 안으로 낮게 흐르면서 하늘의 뭉게구름을 담고 있는 물줄기, 울창하고 쭉쭉 뻗은 키 큰 나무들, 갖가지 색상의 튤립들이 가득 피어있는 공원에 들어서면 청아한 분위기에 마음이 맑고 깨끗해진다.

조각공원 남쪽에 자리한 비겔란 박물관은 그가 74세로 생을 마감하기 전 그가 살고 작업을 했던 곳으로 오슬로시와의 협약에 따라 그의 유골함이 종탑에 보관돼 있는 곳이기도 하다. 혼신을 다해 인간을 연구하고 사랑했던 그의 명복을 빈다.

[15]

기자와 룩소르 – 이집트

▷▶ 피라미드와 스핑크스, 신전, 왕가의 계곡과 장례 사원, 오벨리스크

⋯▶ 4천5백 년 전에 세운 피라미드와 스핑크스

"와우 어메이징!"

이집트로 가는 길은 타임머신을 타고 수천 년 전으로 되돌아 가는 시간 여행이다. 세계 각국에서 까마득한 고대로의 시간 여행을 위해 작심하고 몰려든 관광객들은 다만 한마디 비명을 지를 뿐이다. 무슨 말을 하랴. 신비함이 가득 채워진 온갖 대형 사건들, 기적의 현장 앞

에서. 인천공항에서 아부다비를 거쳐 18시간 비행기를 타고 날라온 한국 여행객들도 피곤도 잊은 채 까마득하고 아스라한 시간 속으로 흘러들어 갔다.

가장 웅대한 쿠푸 왕 피라미드

4대 문명의 발상지인 나일 강 하류, 이집트 북부 기자에 위치한 왕들의 무덤 지역, 피라미드들과 스핑크스를 대하면서 말이다. 지금으로부터 4천5백 년 전 그러니까 B.C. 2천5백여 년 전 고대 왕조 시대의 유물들을 만나면 까마득한 세월을 이어져 오늘에 이른 인류의 대장정과 위대한 생존, 필멸의 역사에 소름이 돋는다.

광활한 모래언덕에서 수천 년을 닳고 닳으면서도 꿋꿋이 버텨온 거대한 돌무더기, 3개의 피라미드는 '불가사의(不可思議)'라는 단어를 떠올리게 한다. 인간의 머리로 도저히 이해하기 어려운 이상하고 야릇한 일들에 붙여진 수식어 말이다.

광활한 모래밭 한가운데 뜨거운 태양 빛을 받아 되받아 쏘는 피라미드의 꼭지와 꼭지를, 점과 점을 잇는 4개 면의 길고 날카로운 직선은 도전과 비약의 의지를 표출한 것 같아 강력한 힘이 느껴진다. 피라미드의 본체는 각 면이 동서남북으로 향한 각추형(角錐形)의 돌이나 흙벽돌로 이루어져 있다. 사진에서는 숱하게 보아왔지만 둥근 곡선의 부드러운 아름다움을 전해주는 우리네 왕릉과는 사뭇 다른 인상을 준다.

가장 큰 규모를 자랑하는 쿠푸 왕 피라미드. 이에 더해 멘카우라

왕과 카프레 왕의 피라미드 3곳을 둘러보기 위해 사람들은 모래바람이 거센 들판에서 낙타 등이나 말 마차에 오른다. 낙타를 타고 바삐 움직이는 그들의 모습 역시 어느새 다른 세상의 종족처럼 느껴져 구경꾼들은 서로 구경거리가 된다. 분명 현재의 시간은 사라지고 과거로 가는 여행임을 서로 느끼게 하니까.

거대함에 입을 벌어지게 하는 쿠푸 왕 피라미드는 높이가 147m, 밑변길이가 230m다. 쌓아올린 돌의 전체 무게는 5천9백만 톤으로 약 230만 개의 석회암과 화강암을 이용해 맨 밑단에서 끝단까지 210단을 쌓아올렸다니 과연 기적의 산물들이다. 건축 당시 맨 꼭대기에 있던 금으로 만든 꼭지 모양은 도난당했단다. 대(大)피라미드 안에는 좁고 긴 회랑, 왕과 왕비의 방이라는 이름이 붙은 공간들이 세월을 깊이 싸안아 유폐시키고 있는 듯하다.

그 까마득한 옛날에 과연 무엇으로 어떻게 그 꼭대기까지 육중한 돌들을 쌓아올렸을까 가늠조차 어려워 혼란스럽다. 그토록 대단했던 인류의 지혜는 그동안 과연 발전을 거듭한 것일까 하는 생각도 든다. 왕들의 무덤을 지키는 길이 50m가 넘는 거대한 스핑크스는 긴 세월의 흔적에 코가 마모되고 짓물러 안타까움을 자아낸다. 그로테스크한 아름다움이 거기 스며있다.

투탕카멘의 고대 유물과 이집트 박물관

'보물 창고' 이집트의 각지에서 발굴된 신전이나 파라오의 무덤들에서 수거한 유물 10만여 점이 보관된 이집트 박물관은 전 세계 관광객들이 몰려드는 곳이다. 고고학적 유물의 양과 질적인 차원에서 세게 최고라 아니할 수 없다. 카이로 중심부에 위치해 있다.

　우선 박물관 2층에는 20세기 고고학 발굴의 백미라고 일컬어지는 투탕카멘 왕(제18왕조 말기)의 유물들이 대단한 위용을 자랑하고 있다. 아직도 믿기 어려울 정도로 정교하고 화려한 왕의 황금 수레, 침대, 의자, 향수 항아리 등이 사치스러운 옛 영광과 부귀를 그려내고 있다.

　파라오들의 무덤들은 도굴꾼들에 의해 파헤쳐졌지만 소년 왕, 투탕카멘의 무덤은 다행히 제외됐다. 훼손이 안 된 유물 3천5백여 점이 쏟아져나와 전 세계 고고학자들을 흥분시켰었다.
　111kg의 순금을 써서 만들었다는 황금 관 안에 투탕카멘의 미라가 있었고 그 옆에 왕의 관을 에워싸는 별도의 '황금 사당'이 부조로 조각된 여신의 호위를 받고 있으니 인류 역사상 가장 화려하나 짧고 허무한 생애를 마감했으리라.

　아주 어린 나이에 왕좌에 올랐다가 18세의 나이에 죽은 투탕카멘의 고고 유물은 살아있는 듯 용맹스러워 보이는 사자, 호랑이, 말 동상들의 호위를 받고 있다. 그 정교함과 섬세 화려함이 극에 달해 관광객들은 감탄사를 연발하며 아쉬운 듯 발길을 돌린다.

　또 아멘호테프 3세와 왕비의 거대한 좌상이 4천 년이라는 시간의 무게를 건너뛰어 아직도 대단한 위용을 자랑하는 장소이다. 왕족이나 귀족의 미라를 넣어놓은 석관과 목관의 화려한 문양이나 채색은 떠난 영혼들의 귀환을 비는 염원이 담겨있으리라.

고고학 지구의 장례 사원

기자에서 50분 정도 걸려 도착한 사카라 '고고학 지구'는 왕족과 귀족들의 무덤이 있는 유적지, 장례 사원이다. 4천4백여 년간 아무도 침범, 도굴, 훼손하지 않은 무덤이라 해서 고고학자들의 발길이 이어지는 곳. 정교하고 화려한 각종 벽화, 부조 등의 옛 모습이 고스란히 담겨있어 탄성을 자아내는 곳이다. 4천 년이 지나 이곳을 찾아온 사람들에게 그들이 하고 싶은 말이 무엇이었을까 궁금해진다. 아니, 당시 죽은 자가 사랑했던 사람이나 가족들이 헤어짐이 안타까워 부르짖는 절규였으리라. 죽은 자의 저승길을 밝혀주기 위해, 아니면 훗날 다시 만나 이상향에서 함께 하자는 약속의 언어였을 것이리라.

유적지 신전 입구에 세워진 42개의 돌기둥이 있는 복도를 거쳐 통로에 이르면 계단식인 조세르의 피라미드가 보인다. 이 계단은 죽은 파라오의 신이 하늘로 올라가는 길이라는 것을 의미한다고 전해진다. 그 주변으로 작고 큰 무덤들이 산재해 있다.

2021년 1월, 고고학자들은 이집트 제6왕조의 파라오 부인인, 왕비의 사원을 발굴했다고 밝혔다. 제6왕조는 B.C. 2150년까지 170여 년간 이집트를 지배한 왕조. 이곳에서는 사후세계로 안내하는 주문이 적힌 사자의 서(死者의 書, Book of the Dead)인 파피루스도 발견돼 이목을 끌었다. 이 학자들은 또 B.C. 1069년까지 150여 년간 이집트를 지배한 신왕조 시대의 미라와 관, 우물 무덤 등을 찾아냈다며 50여 개의 목관도 함께 공개했다.

왕가의 계곡 & 룩소르 신전

룩소르는 카이로에서 나일 강을 따라 기자와 멤피스를 거쳐 테베 지구에 이르러 만날 수 있는 곳이다. 고대 이집트 신왕국 시대의 수도 테베의 남쪽 교외에 자리 잡은 곳으로 현재 수도인 카이로에서 660 ㎞ 거리. 룩소르 및 카르낙 신전 등 '왕가의 계곡'이 자리 잡고 있다.

룩소르 신전은 B.C. 14세기경 제18왕조의 아멘호테프 3세가 건립하고 제19왕조의 람세스 2세가 증축한 것으로, 나일 강을 따라 북쪽으로부터 큰 탑이 도열한 대탑문(大塔門), 람세스 2세의 큰 안마당, 제2탑문, 아멘호테프 3세의 열주랑(列柱廊)과 안마당 다주실(多柱室), 내진(內陣)으로 이어진다.

⋯→ 룩소르 서안 사카라 고고힉지구의 장례사원

대탑문 앞에는 람세스 2세의 오벨리스크가 한 쌍 있었는데 북쪽의 것은 현재 파리의 콩코르드 광장으로 옮겨져 있다고. 높이가 25m에 이르러 늘씬하면서도 아름다운 위용을 자랑하는 이 오벨리스크는 1829년 프랑스 왕 루이-필립에게 주어져 이집트 사람들이라면 한이

맺힐 일이다. 신전 입구 '스핑크스의 길'이 끝나는 곳에 서 있다. 그 입구는 역시 람세스 2세가 건축한 열주(列柱)식 안뜰로 이어진다. 안뜰은 다시 아멘호테프 3세가 지은 100m에 달하는 열네 개의 열주가 늘어서 있는 주랑으로 이어진다.

두 번째 열주식 안뜰은 이 주랑(柱廊) 건너편에 있다. 신전 내부는 32개의 기둥이 서 있는 정원을 통해 들어갈 수 있다. 이 내부 성소는 이집트의 조각과 로마의 치장 벽토로 장식한 전실을 포함하고 있는데, 로마인들 역시 이곳을 제의를 올리는 데 사용했음을 알 수 있게 한다. 이 신전은 아문 신에게 바치는 성소인 동시에 아멘호테프 3세가 태어난 분만실이기도 하여 파라오의 탄생을 묘사한 부조가 걸려있다.

또 탑문 앞에서부터는 '스핑크스 참배길'이 카르낙 신전까지 이어진다. 이 길은 룩소르 신전에서 시작하여 카르낙 신전까지 $3km$가량 뻗어있다. 카르낙 신전은 1천여 년에 걸쳐 만든 사원으로 웅장한 기둥 동상 및 역사상 가장 큰 예배당이 있는 곳으로 알려져 있다.

예수 피난 교회

'올드 카이로'는 기독교 신자들의 발걸음이 이어지는 곳이다. 당시 지배국인 로마의 유대인 학살을 피해 예수와 함께 마리아와 요셉 부부가 숨어지내던 곳으로 알려져 있다. 들어서면서부터 성스러운 기분이 들어 옷매무새를 가다듬게 된다. 아기 예수가 기거했던 동굴 위에 세워진 교회 안에는 큰 돌기둥이 도열해 무게감을 보이고 있다.

천장은 '노아의 방주' 모양으로 만들어져 눈길을 끈다. 당시 식수를 얻기 위해 사용한 우물 터도 그대로 남아 감격을 더해준다. 피신 동굴은 교회 왼쪽 계단 아래 5평 규모인데 당시의 생활 모습이 그대로 남겨져 있다고 해서 신성시되는 곳이다.

휴양지 엘구나

홍해 연안의 휴양 도시 후루가다의 북쪽으로 20km 떨어진 해양스포츠의 천국 엘구나. 겨울도 온화하고 얕은 모래 수심에 바람은 강해 커다란 연에 매달려 '카이트 보드 서핑'을 즐기는 모습이 자유롭다. 금세 고대 유적지에서 별천지로 이동한 느낌을 받는다.

온갖 잡생각을 잊게 하는 에메랄드빛 바다 풍경이라니! 근처에 골프장과 요트장을 갖춘 휴양지로 붉은 산호 군락이 많다고 해서 이름 붙여진 홍해 바다에서 스노클링과 일광욕을 즐기기에도 그만이다.

카이로 최대 전통시장

이외에도 고대가 아닌 현세의 이집트 서민들의 생활상을 보여주는 최대 전통시장인 카이로의 칸-엘 칼릴리 시장 등을 들러보자. 카이로 이슬람 지구에 있는 이곳은 1382년에 세워져 640여 년의 역사를 자랑하는 세계 최고 시장 중의 하나.

세상의 모든 물건을 취급하는 듯한 1,500여 개의 상점들이 즐비하고 시끌벅적하다. 이른 아침부터 웃고 떠들며 거리의 음식을 맛있게 사 먹는 그곳 사람들과 관광객들의 거침없는 웃음은 언제 4천여 년 전의 먼 나라를 구경하고 왔는지 까맣게 잊게 만든다.

'현재를 붙잡고 지금을 즐겨라'라는 외침이 현실세계에서 실천되고 있다는 기분을 갖게 한다.

⋯ 이집트 박물관 내부의 유물

[16]

베네치아 – 이탈리아

▶▶ 나폴레옹도 감탄한 '유럽의 응접실', 지구촌 최고의 놀이터

···▶ 바다 위 도시 베네치아의 곤돌라 뱃사공

'물의 도시'는 해방감을 선사한다. 풍광에 따라 고적함과 평안함, 경쾌함과 열정이 솟게 하는 물은 특히나 어딘가 저편으로 떠나고 싶다는 유혹을 일으킨다.

'미로의 도시', 150개의 운하와 400여 개의 다리가 거미줄처럼 얽

혀있는 120여 개 섬으로 이루어진 바다 위 도시, 베네치아(Venezia)는 색다른 풍광으로 여행객들의 마음을 사로잡는다. 광활한 알프스 계곡의 물이 흘러내려 아드리아 해에서 만나는 지점에 콕 박혀 영롱하게 반짝이니 그야말로 '아드리아 해의 보석'이다. 그 별명, 제격이다.

별 과장 없이 들어맞는다. 게다가 운치 넘치는 수상 도시 위를 떠도는 갈매기떼들과 함께 바다를 질주하고 가까이 자리한 알프스 돌로미티 산자락에서 스키를 즐기는 여행객들은 아마 이곳을 지구촌 '최고의 놀이터'로 손꼽을 것 같다.

베네치아 본섬은 이탈리아 반도 북부 오른쪽 해안가 육지에 자리한 베네치아 메스트레 역에서 10여 분 기차를 타고 산타 루치아 역에서 내리면 닿을 수 있다. 순식간에 전혀 다른 환경에 놓이면서 어리둥절해진다. 물론 버스나 일반 자동차로도 이동할 수 있다.

하고 많은 육지의 땅을 놓아두고 그들은 왜 천년세월을 마다치 않고 바다 위에 떠서 살고 있는 걸까. 게다가 다른 주변 도시민들보다 더 부유해 툭하면 분리 독립을 요구할 정도인데 신기할 지경이다. 이런 사연의 발단은 멀리 서로마 제국의 멸망과 맥이 닿아있다.

서기 476년 서로마 제국 멸망 이후 주인 없는 땅이 된 이탈리아 반도는 동고트, 롬바르드족, 프랑크 왕국들의 침략과 지배를 받게 된다. 이때 이들에 쫓긴 이탈리아인들이 바다 한가운데로 도망가 숨어든 곳이 지금의 베네치아 본섬이다. 온통 습지인 석호(潟湖, Lagoon)에 집을 짓고 마을을 형성해 여러 개 섬에서 각기 떨어져 살게 된 것. 석호는 산호초에 의해 외해(바깥쪽 바다)와 분리된 얕은 수역에 모래, 해초,

부유물 등 퇴적물이 이동해 쌓여 생긴 지역이다.

　이들의 지배를 거치고 난 이후에도 한동안은 신성로마제국의 통치를 받게 된다.
　11세기 이후부터는 황제의 권력이 약화되고 지방 영주들이 통치하는 도시 국가들이 다투어 출현한다. 서로마 제국 멸망 이후 르네상스까지 약 1천 년 동안 황제 아닌 교황에게 권력이 집중되었던 시기를 통칭해 우리는 중세 시대라고 부른다. 기독교의 교리와 위세가 인간의 생각과 문화, 생활을 지배하던 시기 말이다.

　베네치아 공국은 위로는 지중해가 자리한 지리적 이점으로, 중세 말기에는 지중해 무역을 독점하다시피 해 유럽에서 가장 아름답고 부유한 도시로 거듭났다.
　비잔티움 제국으로도 불리는 동로마 제국과도 지중해를 사이에 두고 마주 보고 있어 여러 지방의 상인들과 섞여 교역하다 보니 자연 해상 무역의 강자로 성장하게 된 것이다.

　그동안 넉넉해진 재정을 바탕으로 섬과 섬 사이 수로(水路)에 4백여 개의 다리를 놓아 육지인 양 연결하니 왕래에 별문제가 없게 됐다. 오히려 그 독특한 자연환경이 매력적이어서 전 세계 관광객들이 다투어 찾아오는 유명 관광지로 각광을 받고 있다. 베네치아의 자체 인구는 5만5천 명인데 그 100배에 달하는 550만 명이 해마다 이곳을 찾고 있을 정도다.

　이탈리아는 서로마 제국 멸망 이후 외세의 지배를 받아오면서 분열돼 도시 국가들의 연합체 상태로 지내왔다. 정작 1,300년 이상은 통일이 안 된 상태였다. 드디어 1861년, 비록 분열된 상태지만 이탈리아 왕국을 형성했다. 9년 후인 1870년에는 통일 국가를 이루고 2차 세계대전 이후인 1946년에서야 현재의 이탈리아 공화국을 수립했다.

장화 모양의 반도 국가인 이탈리아는 8,000km가 넘는 해안선을 자랑한다. 반도 오른편을 길게 감싸고 있는 아드리아 해는 이탈리아와 발칸 반도 사이에 있는 좁고 긴 해역으로 길이 800km, 너비 95~225km이다. (이 나라 전체 인구는 5천8백만 명으로 한국보다 7백만 명 정도 많으며 면적은 30만km^2로 한국의 3배 정도다.)

이렇게 오랜 기간 도시 국가로 존재하다 보니 지역색이 강해졌다. 도시민들은 국가에 우선해 자신들이 지켜온 지역에 대한 강한 애착심을 보이고 있다. 28개의 지역 언어가 그를 입증해 준다. 현재의 표준어로는 〈신곡(神曲)〉을 집필한 단테(Dante)의 문학이 영향을 주어 그가 활동하던 피렌체의 방언이 통용된다. 통일된 지 고작 1백여 년 된 탓인지 언어는 물론 음식도 서로 다른 편이다. 일부 지역 언어는 타지에 사는 이탈리아 사람들이 못 알아들을 정도라고.

지역별로 발전상이 다르다 보니 지금도 '따로 각자 살자'는 의견이 사라지지 않고 있다. 특히 베네치아 등 북부 지방의 경우 1인당 소득 평균치가 4만 달러 이상으로 남부 지역의 두 배 정도라 그런 주장이 강하다.

해상 무역과 관광업의 강자인 베네치아 본섬에 가면 그래서인지 여유와 활기가 느껴진다. 늘상 연일 관광객이 쏟아져 들어오고 그들을 겨냥한 관광상품들이 도시 전체를 들뜨게 만든다.

아름다운 섬 곳곳에 여행객을 태운 날렵하고 길쭉한 쪽배인 곤돌라와 장거리 운송수단인 수상택시용 보트들이 쉬지 않고 날아다니니 그 풍경만 보아도 절로 활력이 솟게 된다. 겉보기에는 매일의 삶이 축제처럼 펼쳐지는 현장 같다는 생각도 든다.

베네치아에 가면 제일 먼저 발을 딛게 되는 곳이 산 마르코 광장과 그 가운데 자리 잡은 산 마르코 대성당이다. 산 마르코는 예수의 열두 제자 중 한 사람. 이집트에 그리스도를 전파한 인물이며 마가복음의 저자이다. 이집트 알렉산드리아에서 순교한 그의 유해를 모시기 위한 납골당으로 건축한 것이 바로 비잔틴 양식의 이 대성당이다.

광장을 가운데 두고 빙 둘러 에워싸고 있는 듯 보이는 건물들이 산 마르코 성당과 두칼레 궁전, 각종 카페 등이다. 광장은 베네치아 본섬의 여행 출발점이면서 종착지이다.

사람들이 이곳의 아름다움을 보기 위해 몰리자 이곳에 들렀던 프랑스의 나폴레옹이 "유럽에서 가장 아름다운 응접실"이라며 감탄했다는 일화도 전해진다.

광장의 인파와 번잡함에 이끌려 들뜬 마음으로 이리저리 돌아다니다 보면 정신을 못 차리기 십상이다. 떠나기 전에 지도로 대충 여행 코스의 윤곽을 확인하지 않으면 수많은 골목길에서 길을 잃기 십상이다. 중간중간 곤돌라가 휘돌아다니는 수로도 겹겹이 있고 바닷가

쪽으로는 다른 섬으로 가는 수상택시 정류장이 있다 보니 본섬의 윤곽을 파악하지 못하면 혼란스럽다

광장 내의 두칼레 궁전(Palazzo Ducale)은 베네치아를 다스리던 총독이 머물렀던 궁전. 위아래 층 회랑이 모두 수십 개의 아치형 문과 역시 우아하고 늘씬하게 도열한 원형 기둥이 조화를 이뤄 기품 있는 자태와 아름다움을 뽐내고 있다.

이런 건물 집단을 양쪽에 거느린 안쪽의 궁전은 둥근 돔인 쿠폴라와 뾰족한 첨탑으로 이루어져 그 시절, 궁전의 위엄과 영광을 드러내고 있다. 또 궁전 외관 여기저기에 세워진 인물 석상들과 계단, 벽, 천장을 장식한 화려한 부조물들도 이에 가세하고 있다. 두칼레 궁전에서 바다 한쪽 건너편에 보이는 산타 마리아 델라 살루테 성당은 페스트가 만연한 17세기, 거주민들을 보호해 달라는 뜻에서 수호성인인 성모 마리아에게 봉헌할 목적으로 지어졌단다.

광장을 거닐다 보면 광장 한켠에 여행객들로 소란스러운 한 노천카페에 주목하게 된다.
이탈리아 최장수(1720년 개업) 커피숍으로 소문난 '카페 플로리안'이다. 한국에서도 바람둥이의 전설적인 대명사로 알려진 '카사노바'가 자주 드나든 곳으로 소문이 난 곳이다. 아름다운 바다와 북적이는 인파들, 하늘과 바람이 축제하듯 춤추는 이곳에서 태어나 살다 보면 정신 못 차리는 그런 인물 몇몇쯤은 생겨나리라.

그래도 '탕아'라는 오명으로도 이 도시를 대표하는 역사적 인물이

됐으니 '카사노비스트'를 꿈꾸는 남성 동지들은 여전히 그가 부러울지도 모른다. 1725년 이곳 태생인 카사노바는 단지 희대의 난봉꾼에 그치지 않고 대학에서 법학을 공부한 후에는 성직자, 군인, 바이올린 연주자로도 활동했다고 한다. 73세의 나이로 죽기 전 남긴 회고록《나의 편력》에는 젊었을 때 수많은 여성들을 만나 사랑에 목숨을 걸었던 부분만 기록했다니 복잡한 여성편력을 꽤나 자랑하고 싶었나 보다.

이탈리아 명승지들 대부분의 장소에서 그렇듯 야외테이블에 앉으면 자릿세용으로 음료 가격이 훨씬 비싸지는 게 상례와도 같다. 때에 따라서는 생음악 연주를 곁들여 주는 곳도 있으니 그냥 넘어가게 된다. 한국인 여행객이 많아지면 한국 유행가도 슬쩍 끼워 넣으니 더 그렇게 된다.

광장을 중심에 두고 사방으로 난 길을 따라 걸으면 온갖 먹거리와 음료, 사치품과 기념품을 파는 가게들이 쉴새 없이 나타나 상점 안을 둘러보는 재미도 쏠쏠하다.

산 마르코 광장을 둘러본 다음은 쪽배처럼 보이는 곤돌라의 유혹에 빠진다. 바다에 지은 집들 사이, 좁은 수로를 누비는 멋진 곤돌라를 보면 안 타고는 못 배긴다. 날아갈 듯 날렵하고 늘씬한 곤돌라를 긴 장대로 노 젓는 곤돌리에들은 경쟁적으로 쪽배를 장식해 흥취를 더한다. '흔들린다'는 의미를 내포한 곤돌라는 불안정한 흔들림으로 긴장하게 만든다. 승객이 마음에 들면 잘 생긴 뱃사공들이 즉석에서 칸초네를 불러주는 행운도 찾아온다. 그냥 뱃사공이라 하기엔 마땅치 않다. 곤돌라의 긴 장대에 버금가게 늘씬하고 출중한 외모가 마치 이탈리아 영화에서 본 어느 두목의 조직원들 같다. 그래서인지 분위기는 더 쫀득해진다. 자리를 안배하면 억지로 4~5명까지 탈 수 있는 구조다. 조금의 무게 불균형도 불안한지 뱃사공은 앞뒤 승객들의 몸무게를 가늠해 안배한다.

곤돌라를 타고 수상가옥들을 가까이 살피니 감탄사가 절로 나온다. 육지에 세운 정식 시멘트 건물과 다를 바가 없어 보였기 때문이다. 우선 이곳 습지 아래에 물속에서도 잘 썩지 않는 나무기둥들을 모래를 버무린 진흙 속에 굳게 박은 후 점토를 부어 단단하게 고정시킨다고. 그 다음 다시 그 위에 평평한 석회암 돌판을 까는 게 순서다. 튼튼하고 견고한 돌판이 안정된 상태가 되면 그 위에 건물을 지어 문제가 없다는 것이 뱃사공의 설명이다.

이론적으로는 이해가 된다. 하지만 곤돌라를 타고 수상(水上) 건물에 바짝 붙어 들여다보면 이건 거의 기적에 가깝다. 날이 맑고 바람이 없는 날도 수상가옥의 현관 입구와 바로 앞에서 출렁이는 바닷물 높이의 차이가 불과 30cm도 안 돼 보였기 때문이다. 만약 풍랑이 몰아치거나 비가 거세게 내리면 온 집들이 물에 잠겨 무너지고 인명 피해는 상당하리라는 추측이 든다. 물론 퇴적물로 인해 바다와 일정 거리 분리된 석호에 자리한 집들이긴 해도 말이다. 높은 습기에 항상 노출된 가옥과 가재도구들이 과연 괜찮을까? 왜 그들은 이런 불안, 불편함을 감수하고 구태여 이곳에서 살아갈까? 생활이 안정되면 모두 다 육지로 도망가 버릴 듯한데 신기했다. 불편해도 익숙하면 '스위트 홈'이 되는가 보다. 11월에는 물이 넘치기도 해 수로 위에 임시 산책용 나무 길을 만든다니 그 정도는 무시할 만한가 보다.

그 다음은 아드리아 해를 본격 질주하는 바포레토(Vaporetto)라 불리는 수상버스를 타고 섬 여행을 떠나는 차례다. 무라노 섬과 부라노 섬으로 향한다. 수상버스는 10여 명의 여행객이 함께 탈 수 있는 모터보트 같은 것으로 뱃머리에 운전기사가 서게 된다.

좁은 수로에서 벗어나 넓은 바다를 전속력으로 달리면 일행들은 환호하며 소리를 지르게 된다. 신이 나면 절로 그렇게 되는 게 인간 본성인 모양이다.

⋯ 알록달록 무라노 섬

본섬에서 가까운 무라노 섬은 유리 공예로 유명한데 상점마다 갖가지 예쁘고 귀여운 유리 공예품을 실컷 감상할 수가 있다. 그 다음 25분 정도 날려 노작한 부라노 섬은 지마다 프레스코 벽화처럼 갖가지 페인트로 단장한 가옥 수십 채가 바다 안갯속에 잠겨있다. 잠시 전혀 다른 동화 속 별세계에 와있는 듯한 착각이 든다. 좀 전의 베네치아 본섬과는 영 딴판으로 영화 제작용 세트장 같다.

세상과는 절연한 듯한 수십 명의 노인들과 가난한 여성들이 하루 종일 집안에 갇혀 수공예품을 만들고 있다는 섬이다. 초기에는 고기잡이를 끝내고 해 질 녘에 돌아온 어부들이 물안개에 가려진 자기 집을 쉽게 찾기 위해 알록달록하게 집을 채색하기 시작했다는 것이다. 지금은 2~3층 모든 집들이 초록, 분홍, 연두, 보라색 칠을 한 채 어깨를 맞대고 수로를 따라 도열해 있다. 자가용 어선은 문밖 수로에 정박시키고.

가까이 보이는 근처 섬은 날씬하고 아름다운 자태로 쭉 뻗은 스프루스 나무들로 장벽을 둘러치고 있다. 속이 들여다보이질 않으니 뭘 모르고 보면 신비해 보인다. 알고 보니 베네치아 섬에서 죽은 사람들이 묻히길 소망하는 공원묘지란다. 물 위에 살던 사람은 죽어서도 영육이 물 위에 떠 있길 바라는 모양이다.

본섬에 되돌아오면 여전한 분위기에 취해 기분도 낼 겸 근처 괜찮은 식당에서 하루를 마무리하게 된다. 와인을 곁들인 현지 음식을 저녁으로 먹는 자리. 특히 관광객이 몰리는 이곳의 '바가지 씌우기'가 전 유럽에 번져있는 소매치기처럼 일어나곤 한다는 것이다. 알아둘 것은 메뉴에 쓰여있는 스테이크 가격이 최종 가격이 아니라 소고기 1백 그램당 가격이라는 것. 영어 메뉴판이 거의 부재한 이탈리아 관광지에서 가격만 보고 주문했다가 계산대 앞에서 당황하게 된다. 항의할 수도, 되돌릴 수도 없는 실수가 된다.

와인 역시 잘 모르는 상태에서 웨이터에게 추천을 의뢰할 경우 이름도 모르는 고가의 와인이 등장해 바가지를 흠뻑 뒤집어쓰게 된단다. 현지 가이드 이상호 씨의 조언이다.

외국인 관광객들이 베네치아 본섬을 벗어나려면 20~30분 거리에 있는 '마르코 폴로' 국제공항을 이용하게 된다. 어디서 익숙해진 이름이다. 마르코 폴로(Marco Polo, 1254~1324)는 이곳에서 태어난 상인으로 이미 7백여 년 전에 《동방견문록》을 펴내 우리에게도 교과서를 통해 잘 알려진 사람. 이 책은 동방 세계의 13~14세기 역사와 문화, 지리, 민속 등을 담은 것으로 서양인들이 동쪽 세상을 이해하는 데 큰 역할을 했다. 무려 24년간 중국, 몽골, 이란 등 동방 국가들을 여행하거나 체류했으며 중국 원나라에서 17년 동안 관직 생활까지 한 인물이다.

베네치아는 이탈리아 북쪽에 거대하게 자리 잡은 알프스 산맥의 돌로미티 산자락을 가기에 편한 중간 기착지이다. 만년설이 덮여있는 '희고 높은 산'이란 의미가 내포된 알프스(Alps)는 언제 보아도 마음을 일순간에 빼앗는다. 태곳적 눈이 축적돼 만년설의 장관을 이루는 하얀 협곡 사이로 인간 스키어들이 급강하, 질주하는 모습은 그 자체로 최고의 청량제다. 세속의 인간사는 끼어들지 못한다. 지중해 가까이서 시작된 이 산계(山系)는 북쪽으로 뻗은 다음 활모양을 이루며 동쪽으로 방향을 바꾼다. 스위스, 프랑스, 이탈리아, 오스트리아, 독일, 슬로베니아, 리히텐슈타인 등 7개국에 산자락을 펼쳐놓은 셈이다.

이탈리아의 알프스, 돌로미티 산맥은 여태 경험한 다른 지역의 알프스를 능가할 정도로 압권이었다. 올해 3월 하순, 예기치 않은 춘설이 굵게 쏟아져 일부 도로가 통제되긴 했지만 눈 가득 쌓인 설경이 더더욱 경이로웠다. 그동안 스위스 융프라우, 마터호른, 프랑스의 몽블랑 근처 산간 마을 등을 여행하면서 알프스 분위기를 대충 감 잡았다고 생각했었다. 리프트를 타고 산등성이에 올라가 트레킹을 좀 하고 난 후, 돌로미티를 보지 않으면 알프스를 제대로 본 것이 아니라는 걸 알게 됐다. 일단, 깎아지른 알프스 스키 슬로프에 올라가 무아지경에서 그 광활한 백설벌판을 종횡무진 급강하는 스키어들의 젊음과 몰입, 열정의 세계가 부럽고 부러웠다.

쌓인 눈발을 아랑곳하지 않고 산길에 피어있는 천진한 야생화들은 또 얼마나 순결하고 정겨웠는지. 저녁에는 산중 산장에 들러 바비큐에 와인을 곁들이며 휴식을 취한 후 모닥불에 데운 물로 샤워도 하니 세상살이, 가지가지 무궁무진하다. '세상은 넓고 할 일은 많다'더니!

⋯ 웅장한 돌로미티 설원에서 스키를 즐기는 사람들

[17]

아를 – 프랑스

▷▶ 비운의 천재 화가, 반 고흐가 병마와 싸우며 말년을 보낸 곳

···▶ 고흐가 머물던 에스파스 반 고흐 정신요양원 풍경

파리 리옹 역에서 기차를 타고 4시간을 날리니 오랫동안 그리던 프랑스 남동부 아를 역에 이른다. 늦여름, 이 역에 내리자마자 청정하고 화사하며 눈 부신 햇살이 어서 오라고 인사를 건네듯 반긴다. 좀 전에 있던 파리와 달리, 마치 시간이 더디고 평화롭게 다른 박자로 간다는 느낌도 든다. 나무가 우거진 그늘에 들어서면 조용하고 낮은 파

동이 육신에 냇물처럼 흘러 청량함도 깃든다.

하지만 나는 마치 약속이나 있는 듯 역에서 나와 왼쪽 길을 따라 부지런히 걷는다. 지도를 보면 30분 거리에 관광객이 보아야 할 명소들이 잇따라 나오고 그 길가에는 거리 예술가들이 내놓은 아름다운 그림들과 수작업으로 만든 소품들이 유혹하지만 내가 만나야 하는 사람이 따로 있기 때문이다.

그를 빼놓고 아를이란 곳을 상상조차 하기 곤란한 사람이 있으니 바로 지구촌 사람들이 열광하는 빈센트 반 고흐(Vincent van Gogh, 1853~1890)다. 찬란한 햇살이 당장 행복감을 지펴내는 눈부신 아를에서 '비운의 화가'를 만나기 위해 다들 발걸음을 재촉하는 곳이다. 내 귀에는 이미 돈 맥클린이 노래한 〈빈센트〉가 흘러들어 그의 생전 아픔을 마음으로나마 함께하겠다는 각오를 하게 한다. 이럴 때 음악은 내 영혼에 쏘는 뜨거운 불화살이다. 음악의 강력한 힘에 사로잡히는 것은 또 하나의 행운이다. '언어가 끝나는 지점에서 음악이 시작된다'고 하지 않던가.

> "~~~~~이제는 이해해요 / 당신이 내게 하려고 했던 말이 무엇인지 / 당신은 온전한 정신을 위해 얼마나 고통을 받았는지 / 그리고 그들을 자유롭게 하기 위해 얼마나 노력했는지 / 사람들은 알지도 못했고 들으려고 하지도 않았지만 / 아마도 그들은 이제 듣고 있을 거에요 / 당신의 사랑은 여전히 진실했죠 / 그리고 어떤 희망도 보이지 않던 별이 총총한 그 밤에 ~~~~~"

이 노래와 함께 35세의 젊은 고흐가 정신병으로 입원해 미친 듯이 그림을 그린 곳이라는 '에스파스 반 고흐'에 들려보라. 과연 어느 강심장이 절로 흘러내리는 눈물을 제어할 수 있는지 묻고 싶다. 후기 인상주의의 대표적인 화가, 비운의 예술가 하면 떠오르는 인물이 고흐다. 아니, 그의 이름에는 더 이상 다른 수식어가 필요 없으리라. 파리에서 머물다 지친 고흐가 이곳 아를에 머무는 약 1년 반 동안 무려 1백여 점의 작품을 탄생시켰다는 의미에서 그이 이름을 딴 '에스파스 반 고흐'는 원래 정신병으로 고생했던 고흐가 치료를 받았던 정신병원 겸 요양원.

우리가 이미 알고 있는 고흐의 '아를 요양원의 정원' 그림에도 고스란히 담겨있어 이곳을 찾는 이들은 마치 이전에도 왔었던 듯한 기시감을 겪게 되는 곳이기도 하다. 그림에서처럼 아직도 온갖 꽃들이 심겨있는 그곳에 그가 그린 그림의 복제품이 걸려있어 더욱 반갑다.
그의 그림은 현재의 실물보다 더 노란색을 많이 써서 애써 밝아 보이려 한 그의 심정을 담았다고나 할까. 지금은 아를 정부가 대충 리모델링해 시민문화 공간의 역할을 하고 있다.

역시 후기 인상파 화가였던 다섯 살 위의 고갱(1848~1903)을 반갑게 맞이하기 위해 부엌에 해바라기 그림을 걸었을 정도로 그를 좋아했던 고흐는 그와의 불화로 자신의 귀를 직접 잘라내는 광기를 부려 이곳에서 치료차 요양을 해야 했던 것으로 전해진다.

입구로 들어가면 수십 개의 아치형 회랑이 사방으로 둘러쳐져 있고 회랑 안 복도길 한켠에 역시 수십 개의 방문이 줄지어 있다. 2층 건물로 특히 노란색 사각형 기둥이 눈길을 끈다. 방문은 고흐가 좋아해 흔히 쓰는 청남색으로 칠해져 있었다. 지방의 허름한 모텔 같은 느낌도 든다. 가운데 중정식 마당은 환자들이 햇볕을 쬐면서 쉴 수 있는 공간으로 설정, 그나마 빨갛고 노란 색상의 예쁜 꽃들을 보며 고흐가 잠시나마 위안을 삼지 않았을까 하는 생각도 들었다. 이곳 아를에서 그는 맑고 아름다운 공기와 풍광을 사랑하면서 〈해바라기〉, 〈씨 뿌리는 사람〉, 〈론 강의 별이 빛나는 밤〉 등 불후의 명작들을 탄생시켰다. 내가 아를을 방문했을 때도 여기저기 무더기로 핀 해바라기밭을 근처에서 볼 수 있었다.

"사랑하는 테오야, 그림 그리기가 내게 주는 만족감은 그 어느 것도 대신할 수 없을 거야. 다시 한번 작품에 내 온 힘을 쏟아부을 수 있다면 내게는 최고의 치료약이 될 것 같다"고 동생에게 보낸 편지를 보면 생활비와 그림물감 살 돈을 보내주며 자신을 돌보아 준 동생에게 얼마나 의지했나를 미루어 짐작할 수 있다. 살아생전 단 한 점의 작품(〈붉은 포도밭〉, 400프랑)만 판매할 수 있었던 그가 얼마나 절박했을지도 말이다.

그는 죽기 2년 전인 1888년 동생에게 쓴 다른 편지에서 "내 작품이 팔리지 않아도 어쩔 수 없지. 그렇지만 언젠가는 사람들도 내 그림이 거기에 사용한 물감보다, 내 인생보다 더한 가치가 있다는 것을 알게 될 거야", "별이 반짝이는 밤하늘은 나를 꿈꾸게 한다"라고 전한다.

아기자기하고 볼거리 많은 아를의 작은 골목들을 지나면 그가 그렸던 노란색 카페가 나온다. 커피광이었던 고흐가 밤낮없이 찾아가 커피를 마신 곳, 거기서 함께 먹었던 빵들이 그림을 그리는 원동력이었다는 얘기도 전해진다. 여기저기의 전시회나 책자에서 숱하게 그림으로 접해 우리에게 아주 익숙한 곳이다. 그래서 한밤중 길거리 카페로 달려나가 낭만을 즐기고 싶게 만드는 곳이다. '카페 반 고흐'라 불리고 실제 벽에 그렇게 쓰여있다. 그의 작품 이름은 〈밤의 카페 테라스〉. 노란색 벽, 동그란 야외 테이블, 작은 돌멩이로 이루어진 주변 길바닥, 푸른색 밤하늘에 반짝이는 별 무리들, 어둠 속에 빛을 밝힌 주택들의 모습 등이 지금도 여전하다.

카페 안쪽에 2층 계단이 놓여있는 이곳은 노란 해바라기 등 각종 화려한 꽃장식, 고흐 그림 복제 패널들로 장식돼 있고 위에 어닝이 설치된 수십 개의 야외테이블에서 밤의 낭만을 즐기려는 여행객들의 웅성거림이 활기를 돋운다. 궁핍이 극에 달했던 고흐가 나흘 동안 아무것도 안 먹고 커피만 20여 잔 마셨다는 설도 전해져 마음을 아리게 한다. 정신적으로 피폐해진 그에게 커피가 위안이며 예술혼을 지피는 자극제였던 모양이다. 포름 광장의 카페 테라스에는 고흐가 그렸던 그림을 복제해 입간판인 양 세워놓고 있다.

네덜란드 농촌 출신인 고흐는 엄격한 목사 아버지와 그림을 좋아하는 어머니 사이 6남매 중 장남으로 태어났다. 어릴 때부터 폐쇄적인 분위기 속에서 혼자 놀기를 좋아했던 그는 어머니 재주를 이어받은 덕분인지 그림을 그리며 외로움을 달랬던 것 같다. 11살 때 들어간 기숙학교에서도 적응을 못 하고 여러 학교를 전전하다가 학업을 제대로 끝내지 못한 것으로 알려져 있다.

마침 16세인 1869년 큰아버지의 소개로 그림 중개상 일을 처음 시작했다. 당시 해상 무역의 중심지로 번성, 돈 많은 상인들이 드나들었던 네덜란드에는 그림을 매매하는 시장이 잘 형성돼 있었다는 것. 고흐는 돈벌이가 괜찮았던 파리, 런던 등의 화랑에서 7년여 동안 일하면서 미술에 대한 안목과 애정을 기른 것으로 알려져 있다.

고흐는 당시 프랑스 태생 장 프랑수아 밀레(1814~1875)의 작품, 〈만종〉을 보고, 그의 삶에 깊은 감명을 받고 새로운 삶을 살고자 시도한다. 가난하고 어려운 사람들의 삶과 함께해 온 밀레의 삶에 도취한 그는 그런 삶을 사는 목사가 되겠다고 결심한다.

한때 그는 자신의 물건들을 모두 가난한 사람들에게 나눠주고 탄광촌을 찾아가 여러 그림을 집중적으로 그려 한때는 '탄광의 그리스도'라는 별명까지 얻었을 정도라고. 이런 그의 활동이나 생각이 정상을 벗어났다는 이유로 '광적이다'라는 가족과 주위의 시선에 시달려야 했던 그는 궁지에 몰리면서 1년여 동안 가족과 연락을 두절한 상태로 떠돌이 생활을 하게 된다.

그에게 그나마 삶의 의욕을 고취시킨 사람은 동생 테오였다. 고흐의 천재성과 성공을 기대했던 동생은 고흐에게 생활비와 물감 비용을 제공한다. 이런 배려에 힘입은 고흐는 편지와 돈을 보낸 테오에게 감사함과 자신의 속마음을 담은 편지를 보내기 시작한다. 그가 유일하게 이해받고 지원을 받은 사람이니 얼마나 의지하고 위안을 받았는지 상상이 간다. 자연스럽게 자신의 작품에 대해 언급하면서 그림의 이미지를 담은 드로잉도 함께 보냈던 것. 동생 테오가 보관한 덕분에 남아있는 고흐의 친필 편지는 6백여 통, 나머지를 포함하면 9백여 통에 이른다고. 우리는 이 편지들로 인해 불세출의 위대한 화가, 고흐의 전 생애를 들여다볼 수 있으니 얼마나 다행이고 고마운가.

"사랑하는 동생 테오야, 내겐 별이 총총한 밤이 필요해. 아마도 그런 밤은 잘 익은 밀밭 위에 있을 거야. 여기 아를에는 정말 아름다운 밤이 있어." 황금빛 태양과 별이 총총한 밤하늘, 아름다운 자연경관에 매혹된 그는 아를에 1년 반쯤 살면서 그림을 정신없이 쏟아낸다.

도로 곳곳에 고흐 뒷모습 이미지를 넣은 표지판을 따라가면 그림을 그린 장소에 해당 그림의 복사본이 놓여있어 구경꾼들의 탄성을 불러낸다.

고흐는 죽고 나서 결국 고갱, 세잔과 함께 19세기 후반 프랑스에서 시작된 후기 인상주의를 대표하는 작가가 됐다. 화가의 주관적 표현을 중시하고 극히 간략한 기교를 써서 인상파의 화풍을 개성적으로 발전시킨 것이 후기 인상주의다. 특히 고흐는 선명한 색채와 정서적인 감화로 20세기 현대 미술에 지대한 영향을 미친 작가다. 그 자신도 전혀 모르게 말이다. 그는 남겨진 지구촌 후손들에게 무한한 감동과 죄책감을 오늘도 선사하고 있는 것이다.

마네와 모네, 드가, 르누아르로 대표되는 인상주의 역시 19세기 프랑스에서 일어난 근대 미술의 한 사조. 사물에 부여된 고유한, 지정된 색을 부정하고 태양광선에 의해 시시각각으로 변해 보이는 대상의 순간적인 색채를 포착해서 밝은 그림을 그린 게 특징이다. 강렬한 색채와 격정적인 필치로 독특한 화풍을 일으켜 20세기 초 역시 프랑스에서 일어난 야수파에 큰 영향을 주었다. 포비즘(Fauvisme)이라 불리는 야수파는 전통적이고 타성적인 사실주의의 색채 체계를 파괴, 각 개성의 대담한 해방을 시도한 미술운동이다.

고흐의 작품들은 삶의 거의 마지막 단계에서 정신병과 싸우면서 그린 것들이다. 900여 점의 페인팅, 1,100여 점의 드로잉과 스케치 등 총 2,000여 점의 작품을 남겼다.

그의 수많은 자화상과 풍경화, 초상화, 해바라기 등은 세계에서 가장 비싼 작품들로 각종 기록을 경신하고 있다. 가격의 천문학적 숫자에 다들 놀라지만 그게 미술 시장인 모양이다.

전문가들은 고흐의 화풍이 대충 4번의 변화를 겪었다고 분석한다. 초기 그림과 파리 시절, 아를에서의 그림, 오베르의 그림들로 나뉜다. 초기의 〈감자 먹는 사람들〉과 생애 마지막 오베르 시절의 〈까마귀가 나는 밀밭〉 등은 아주 다르다. 인상주의 화가들의 영향을 받아 고전주의 화풍에서 벗어나 변화를 시도하고 있는 게 보인다.

고흐 그림 특유의 바람이 휘돌아가는 듯한 화풍은 우울증을 심히 앓았던 고흐가 독한 술(압상트)을 마신 상태에서 그림을 그려 사물이 빙빙 돌아가는 것으로 표현됐다는 설도 있다. 그 자신이 아니면 누가 알리. 압상트는 고흐는 물론 1870~1910년까지 프랑스 예술가들이 가장 사랑했던 술이란다.

그런 어두운 사연을 품은 아를 곳곳은 내리쬐는 금빛 햇살처럼 화려한 색상의 꽃들, 야외카페에서 대화를 즐기는 연인들, 그림을 그리고 파는 사람들, 넘치는 여행객, 갖가지 기념품을 파는 노점들이 문득 일부러 명랑함과 유쾌함을 연출, 연기하고 있는 듯 보였다.

현재는 한가하고 낭만적이며 조촐해 보이기까지 하는 아를이 로마, 콘스탄티노플과 함께 고대 로마 제국 시대에 번영했던 3대 도시의 하나였다니 믿기 어려울 정도다. 기원전 로마의 지배 아래 있으면서 그 영향을 많이 받은 탓인지 로마의 콜로세움을 그대로 닮은 원형경기장 아레나에 그 흔적이 고스란히 담겼다. 고흐도 감탄했던지 아를의 원형경기장을 그림으로 남겼다.

2,100여 년 전에 세워졌다는 아를의 원형경기장은 길이 136m, 높이 107m로 2만5천 명 정도를 수용할 수 있다니 놀라운 일이다. 60개의 아치로 드나들도록 이루어져 있으며 1층은 도리아식, 2층은 코린트 양식이 돋보인다. 2층으로 올라가면 아를의 모습이 한눈에 들어온다.

한동안 요새나 빈민들의 거주지로도 쓰였으나 19세기 초 복구해 지금은 경기장으로 쓰고 있다. 이곳에선 가까운 스페인의 영향을 받아서인지 투우 경기가 진행되곤 한다. 스페인식의 경기와는 달리 여러 명의 투우사가 나와 소의 머리 부분에 있는 리본을 제거하는 식으로 가볍게 즐기는 편이라고. 소를 죽이지는 않는다니 다행이었다.

아레나 경기장에서 도보 5분 거리 정도에 위치한 생 트로퓌 성당은 로마네스크 양식의 건물로 아름다움이 돋보여 유네스코가 지정한 세계문화유산으로 등재돼 있다. 1078년에 건축되어 중세의 분위기를 고스란히 대변하는 이 성당에는 최후의 심판을 묘사하는 반월창(半月窓)과 성 스테파누스, 유다의 조각들이 새겨져 있어 볼거리를 제공한다.

이 근처에 있는 고대극장은 2개의 기둥만 남은 폐허로 변했지만 세월의 무상함과 쓸쓸한 아름다움의 묘미를 전해준다. B.C. 1세기 아우구스투스 대제 때 지은 극장으로 1만 명 이상의 관객을 수용할 수 있었다니 아를의 옛 영화와 위치를 가늠하게 만든다. 요즘은 매월 8월 한여름, 유명 예술가들이 참여하는 축제를 벌여 아를에 색다른 기운을 선사한다.

하지만 고흐가 죽기 직전 이런 풍광과 사연을 담은 아를을 떠나 마지막 흔적을 남긴 곳은 프랑스 북부의 오베르 쉬르 우아즈이다. 고갱과의 갈등으로 귀를 자르고 아를에서 정신병원 치료를 받았던 그가 죽음을 맞으러 향한 곳이다. 파리 북쪽에서 30km 정도 떨어진 곳, 1890년 7월 27일 그는 들판으로 들어가 권총으로 자살을 시도했다. 이틀 후 동생인 테오가 지켜보는 가운데 결국 숨을 거두면서 그는 "슬픔은 끊임없이 계속될 것이다(La tristesse durera toujours)"라는 말을 유언처럼 남겼다고 한다. 얼마나 고통스러운 일생이었으면 사후에도 슬픔은 피할 수 없는 운명인 양 얘기했을까. 37세였던 고흐와 4살 터울인 동생 테오도 고흐가 세상을 떠난 지 6개월 만에 사망했다.

목숨을 거두기까지 70여 일을 머문 이 동네에 반 고흐 공원과 그의 묘지가 있다. 그가 이곳에 머물었던 집은 '라부씨'라는 여관이었다. 그가 여기저기 묵었던 곳 중 유일하게 손상되지 않고 남아있는 곳인데 현재 개인 역사 기념물로 지정돼 본래 모습대로 방을 복원했다고. 1층은 당시 모습을 간직한 레스토랑, 2층은 고흐 박물관으로 그가 살

야생전에 사용했던 가난한 모습의 1890년대 침대, 책상, 의자들이 놓여있어 썰렁하기 그지없다.

⋯› 고흐가 정신병 치료 받으며 말년에 남긴 작품, 〈별이 빛나는 밤에〉

고뇌하고 절규하고 때론 발광하면서 그는 여기서 〈까마귀가 있는 밀밭〉, 〈오베르의 노트르담 교회〉, 〈가셰 박사의 초상〉 등 80여 점의 그림을 남겼다니 그저 후손들은 숙연하게 옷깃을 여미며 명복을 빌게 된다. 온 세상의 미술 애호가들이 광적으로 사랑하는 그의 영혼이 현세로 날아올라 오늘의 영광과 기쁨을 느낄 수 있다면 얼마나 좋으랴!

[18]

리스본 – 포르투갈

▷▶ 세계 지도를 확장한 모험의 땅, 대항해 시대의 본진

⋯▶ 불세출의 탐험가들이 줄줄이 배출된 리스본의 항구와 선박들

망망대해! 끝이 보이지 않게 뻥 뚫린 대서양의 드넓은 바다가 거세게 출렁이며 말을 건네온다. 유럽 대륙의 서남부 이베리아 반도 맨 끝자락에 자리한 포르투갈의 땅끝마을 '까보 다 로까'. 이곳 대서양 해안가 절벽에 서서 망망대해를 건너다보면 궁금증이 거센 파도처럼 밀려온다. 지리적으로 유럽 변방에 위치한 이 작은 나라(면적 9만2천㎢,

남한 면적의 90% 정도)가 저 거친 바다를 뚫고 나가 중세와 근대 약 5백 년간 세계 곳곳에 식민지를 거느린 거대 해상제국으로 군림했었으니 말이다.

그들의 전성기, '대항해 시대'에 자기네 본토의 수십 배가 넘는 수많은 식민지를 호령하던 그 저력은 도대체 어디서 솟아났으며 어떻게 해서 오늘날 그 영광의 날들을 역사 속으로 흘려버렸는지 자못 궁금해지게 마련이다. 현재 유럽에서 경제적으로 가장 소박한 나라 중 하나가 된 포르투갈은 호기심과 열정, 투지로 충만했던 그들 쟁쟁한 조상들이 일궜던 옛 영광을 되찾기 위해 여전히 절치부심하고 있을 테니 말이다.

우선 포르투갈의 중심지이자 수도인 리스본의 테주 강변에 세워진 벨렝 탑과 대항로 발견 기념비는 '대항해 시대'를 열어젖혔던 이 나라가 '바다의 제왕'으로 승승장구하면서 대서양을 향해 출발하는 모든 탐험대의 전진기지 역할을 했음을 증언한다. 포르투갈(Portugal)이라는 국가명 자체가 항구라는 의미의 라틴어 포르투스(Portus)와 서쪽을 뜻하는 칼레(Cale)가

⋯▶ 대항해 시대의 사람들

합쳐져 만들어진 이름이니 아주 제격이다.

 이들 포르투갈인들은 '네모나고 평평한 지구의 끝'을 알 수 없어 두려웠던 그 시절, 아스라한 서쪽 바다를 향해 어떻게 죽음 불사의 모험을 하게 됐을까? 15세기 말 유럽 국가들은 아시아의 비단, 향신료에 탐닉해 모두 동방으로 가는 행로 개척에 몰두 중이었다. 중국에서 만든 옷감 비단과 인도의 후추, 정향 등 각종 향신료는 재력과 지위의 상징물처럼 여겨져 동방과 서방 세계의 왕족과 부호들이 저마다 눈독을 들인 사치품이었다.

 그 와중에 동·서양의 교역로였던 실크로드가 한동안 폐쇄되는 사태 또한 발생하자 위기감에 욕망은 더 커진다. 15세기 중엽 이슬람 세력인 오스만 제국이 동로마 제국의 수도였던 콘스탄티노플, 즉 지금의 이스탄불을 점령(1453)하면서 육상 교역로가 막히게 된 것이다. 그러자 새로운 루트 개발을 서둘러 특히 서쪽 맨 끝 변방의 포르투갈과 스페인은 전력을 다해 바닷길 개척에 뛰어들게 된다. 이들 두 나라 정부의 경쟁적인 후원하에 처음으로 세계 일주를 한 페르디난드 마젤란을 위시해 바스쿠 다 가마, 크리스토퍼 콜럼버스, 아메리고 베스푸치 등이 선두주자로 뛰게 된다.

 특히 유라시아 대륙 최서남단에 자리한 작은 나라, 포르투갈의 경우 지도를 살펴보면, 오른쪽으로는 지중해를 면하고 있는 스페인, 이탈리아, 그리스, 터키 등이 포진해 있다. 대서양 위쪽으로는 프랑스, 독일, 영국 등 쟁쟁한 나라들이 자리하고 있어 운신의 폭이 매우 좁아 안타까운 상태였다. 결국 동방으로 가기 위해서는 남쪽의 아프리카 대륙의 해안을 빙 돌아 희망봉을 지나 인도양으로 나가야 한다. 그래야 '천국의 알갱이'라 불릴 정도로 음식의 풍미를 더해주는 후추 등 각종 향신료와 실크, 면화 등의 생산으로 막대한 국부를 형성하고 있는 인도와 중국 등의 아시아 쪽으로 전진할 수 있었던 것이다. 육류 음식의 맛과 유통기한을 늘려주는 후추 한 알의 가격이 진주 한 알과 비견될 정도로 고가였다니 애가 탈만 했으리라.

대서양 위쪽에서 아래 방향으로, 즉 아프리카 대륙을 빙 돌아 항해하면서 일부 국가들을 식민지화하는 데도 성공한다. 결국 포르투갈은 식민지들 덕분에 15세기부터 약 5백 년간 최고의 전성기를 구가한다. 이들의 화려했던 대항해 시대의 역사는 수도 리스본의 테주 강과 이어지는 대서양 바닷가와 땅끝마을 '까보 다 로까'에 서면 거센 파도처럼 철석이며 다가온다.

15세기, '해양왕'이란 이름으로 불리면서 전 세계 집권자들에게 선망의 대상이 됐던 엔리케 왕자(Enrique, 1394~1460)가 죽은 지 500주년을 기리기 위해 1960년 포르투갈 정부가 리스본에 세운 '항로 발견 기념비'가 그를 말해준다. 설치 장소는 바로 인도 항로를 개척해 나라의 국운을 흥하게 한 바스쿠 다 가마가 배를 띄워 떠난 자리다. 당시 항해했던 범선 캐러벨(Caravelle)의 모습을 재현한 기념비 안에 해상제국을 만드는데 기여한 역사직 인물 10여 명의 석상을 배치해 눈길을 끈다.

우선 항해 지도 개발 등 온갖 지략과 리더십으로 바다를 장악할 꿈을 실현한 해상왕 엔리케가 기념 선박 선두에 서 있다. 그 뒤에 서 있는 인물들은 거친 바다의 남쪽으로 치달아 1488년 최초로 희망봉을 발견한 탐험가 바르톨로메우 디아스, 인도 항로를 개척한 바스쿠 다 가마, 세계 최초로 세계 일주를 한 탐험가 페르디난드 마젤란, 바다에서 살다시피 하며 포르투갈과 바다를 주제로 한 서사시로 역사에 기록된 루이스 드 카몽이스 등이 그들이다. 광장 내 대리석 바닥에는 포르투갈이 최고조에 이를 때 지배했던 식민지들을 표시한 세계 지도가 그려져 있다.

엔리케는 포르투갈 주앙 1세의 셋째 아들로 해양 탐사에 많은 업적을 쌓았다. 1418년 이후 아프리카 서해안에 많은 탐험선을 보내 항로 개척에 힘썼다. 모두 육로만 바라볼 때 그는 바다에 집중한 것이다. 당시 이베리아 반도와 아프리카 모로코를 잇는 세우타(지브롤터 해협)를 정복했고 서아프리카 연안과 대서양 탐험 및 개척을 주도하고 지원했다. 천문대와 항해연구소를 세울 정도였다. 거센 풍랑에도 잘 버티는 장거리 항해 선박 캐러벨과 항해도구도 만들었고 항해사들을 양성해 곳곳에 꾸준히 파견했다.

원정 항해에 나섰던 '포르투갈 기사단'의 일원이었던 바스쿠 다 가마(Vasco da Gama, 1460~1524)는 유럽 최초로 대서양과 아프리카 남해안 및 동해안의 몸바사를 거쳐 인도 캘리컷까지 항해한 인물이다. 포르투갈 탐험가 바르톨로메우 디아스가 1488년 아프리카 남단 희망봉을 발견한 이후, 이에 힘입은 덕분이다. 다 가마는 1차 진입 시 캘리컷의 영주가 홀대하자 되돌아와 군대를 이끌고 2차 항해를 감행, 무력 진압 후 결국 인도와 무역을 하게 된다. 포르투갈의 숙원이던 인도 항로를 개척하게 된 것. 이들 항해단은 1497년 리스본에서 출발해 귀환할 때까지 2년여에 걸쳐 총 4만2천㎞를 항해한 것으로 알려져 있다.

나중에는 더 동쪽으로 전진해 향료의 집산지인 말레이 반도 남부의 말라카 제국을 1511년 침공, 향료 무역을 독점하게 됐다. 말라카는 15세기 인도, 중국을 비롯해 아라비아, 그리스 등과 활발한 교역을 한 무역의 중심지였다. 그 뒤를 이어 포르투갈이 졸지에 향료와 동방산물의 중심지로 급부상하게 됐다. 결국 향료 무역을 독점해 승승장구하던 포르투갈은 16세기에는 남미의 브라질 등을 포함해 전 세계 곳곳에 식민지를 거느린 거대 제국으로 위상을 달리하게 된다. 포르투갈과 인도를 오가던 그 당시 풍랑 속 길을 잘못 들어 남대서양 쪽 브라질을 우연히 발견, 점령하게 된 것이다. 남미 국가 중 유일하게 브라질이 포르투갈어를 사용하게 된 연유다.

리스본 항구 입구에 1502년 세워진 제로니무스 수도원(Jeronimos Manastery)은 '네모난 지구의 끝에 가면 결국 절벽으로 떨어져 죽는다'고 생각했던 당시, 목숨을 불사하고 항해에 나선 이들을 보호해 달라며 수호성인에게 헌정할 목적으로 마누엘 왕이 지은 곳이다. 이 수도원에는 포르투갈의 해양제국 시대를 대표하는 다 가마와 카몽이스의 유해가 안치돼 있다. 항해 도중 죽은 다 가마의 시신은 돌아와 이곳에 묻혔다. 후기 고딕과 르네상스 양식으로 지어진 이 수도원은 조개껍데기 등 바다 생물과 동양의 식물들을 장식용으로 활용해서 바다를 거쳐 다른 세계로 향하려 했던 항해사들의 마음을 표현했다. 건축 예술의 백미로 손꼽힌다.

리스본을 가로지르는 '테주 강의 귀부인'이라는 별명이 붙은 벨렝 탑(Belem Tower)은 국가의 찬란했던 발전과 도약에 분수령을 이룬 바스쿠 다 가마의 위대한 항로 발견을 기념하기 위해 16세기 초 마누엘 1세가 건립한 건축물로 유네스코 세계문화유산으로 등재돼 있다.

대서양을 향해 출발하는 모든 탐험대의 전진기지이면서 이곳을 드나드는 선박과 사람들을 감시하는 요새 역할도 했다. 성 중앙에는 뱃사람들의 안녕을 수호하는 성모 마리아상이 있고 탑 상층부에는 멋진 테라스가 있는 왕족의 방, 예배당 등이 있다. 리스본을 지나 대서양으로 흘러드는 테주 강에 놓인 유럽 최장의 교량 이름도 바스쿠 다 가마다. 총 길이 17.2km로 인도 항로 발견 500주년을 기리기 위해 정부와 민간이 합자해 1조 원을 들여 1998년 완공했다.

⋯ 벨렝 탑

인류 역사상 처음으로 1519~1522년, 세계 일주에 성공해 '지구가 둥글다'는 사실을 입증한 페르디난드 마젤란(1480~1521) 역시 포르투갈인이며 한때 포르투갈 기사단의 일원이었다. 중앙아시아 및 동남아시아와 향신료 무역을 하기 위해 새로운 뱃길을 찾아 헤맸던 그는 포르투갈 왕실에 한 지원 요청이 실패하자 결국 에스파냐(지금의 스페인) 왕국의 지원을 얻어내 귀화도 하고 역사적인 탐험을 성사시켰다. 당시 에스파냐의 카를로스 1세는 포르투갈이 인도에서 가져온 후추 등 향신료로 많은 돈을 벌자 이를 만회할 생각으로 마젤란과 의기투합한 것이었다.

마젤란은 콜럼버스가 발견한 대륙이 인도가 아니고 아메리카라는 것이 밝혀진 후 세계 일주 항해에 나섰다. 1519년 9월, 227명의 선원을 다섯 척의 배에 태워 출항했다. 항해 도중 선박 난파 등 우여곡절 끝에 1년 후인 1520년 11월 남아메리카 최남단에 도착, 좁은 해협을 통과하는 데 성공한 후 이 해협을 '마젤란 해협'이라 명명했다. 이들 앞에 출현한 거대한 바다는 태평양이라고 이름 짓는다. 세계에서 가장 긴 나라, 칠레의 맨 아랫마을이면서 세계 최남단인 푼타아레나스에 마젤란의 동상이 지금도 현존하는 이유다

이들은 여세를 몰아 북서쪽으로 전진한다. 식량 부족과 괴혈병 등으로 선원들을 잃어가면서도 4개월만인 1521년 3월 육지를 발견한다. 지금의 마리아나 군도와 필리핀을 발견한 것. 원주민들과의 접전으로 이곳에서 마젤란은 사망한다. 온갖 고초 끝에 1522년 9월 6일 유일하게 빅토리아 호 한 척만 귀향함으로써 세계 일주를 마친다. 277명 중 18명만이 돌아왔다니 3년여간의 항해가 얼마나 혹독했나를 짐작하게 한다. 세계 일주에 처음 성공, 지구가 둥글다는 것을 입증했으니 역사적 사건이 됐다. 이후 에스파냐 왕정은 상공업을 적극

장려하고 해외 식민지 개척에 열을 올려 포르투갈과 함께 선두주자가 된다.

이탈리아 제노바 출신의 항해가인 크리스토퍼 콜럼버스(Christopher Columbus, 1450~1506) 역시 1492년 스페인 왕실의 후원을 받아 항로 개척에 나섰다가 당시 유럽인들이 알지 못했던 새로운 땅, 아메리카 대륙을 탐험하게 된다. 하지만 그는 자신이 탐험한 곳을 죽을 때까지 아시아라고 믿었다. 아메리카가 새로운 존재임을 나중 밝혀낸 사람은 포르투갈 정부의 지원을 받아 투입된 이탈리아의 아메리고 베스푸치(Amerigo Vespucci, 1454~1512)다. 결국 현재의 북남미 대륙은 '아메리고'의 이름을 따서 아메리카라는 이름을 갖게 된 것이다.

포르투갈과 에스파냐의 진출로 인해 유럽은 막대한 이익을 얻어 번창 일로에 접어들었다. 또 콜럼버스의 탐험 이후 아메리카의 감자와 카사바 등의 작물이 유럽과 아시아 등에 보내지면서 인류는 기아의 공포에서 벗어났다. 나중 새로운 아메리카 대륙의 존재가 유럽에 알려지면서 인구가 그쪽으로 대이동, 향후 역사는 무섭게 달라져 오늘에 이른다.

리스본은 15세기 중엽부터 해외 식민지에서 얻은 소득으로 급격한 발전을 이루면서 16세기에는 유럽에서 가장 화려하고 아름다운 도시로 손꼽혔다. 12세기 초인 1143년 레온 왕국으로 독립한 이 나라는 불과 3백~4백 년 사이인 15~16세기 남미의 브라질, 아프리카의 모잠비크와 앙골라 등 5개국, 아시아의 동티모르와 마카오 등을 포함한 거대한 식민지를 개척했다.

유럽 대륙의 가장 서쪽 끝이라 해서 유명한 땅끝마을 '까보 다 로까'는 대서양을 통해 미지의 세계로 나가는 시발점이다. 수도 리스본에서 42km 거리, 1시간 정도 자동차로 달려 도착한 신트라(Sintra) 산맥의 서부 끝 해안 절벽이다. '까보'는 곶, '로까'는 바위라는 뜻이다. 이곳은 포르투갈이 보호구역으로 지정하고 있는 '신트라·카스카이스(Sintra-Cascaes) 자연공원'으로 해발 140m 절벽에 펼쳐진 해안 풍경의 소박하고 쓸쓸한 아름다움이 마음을 흔든다.

땅끝임을 알리는 십자가 돌탑에는 16세기 포르투갈의 대표 서사시인 루이스 카몽이스(Camoes, 1524~1580)의 시구, '이곳에서 땅이 끝나고 바다가 시작되는 곳'이 새겨져 있다. 1572년 그가 쓴 서사시 〈우스 루지아다스(Os Lusiadas)〉 중 한 구절. 우스 루지아다스는 고대 이베리아 반도 서쪽에 살았던 용맹했던 고대 포르투갈 사람을 지칭하는 용어다. 이 시는 인도 항로 발견과 바스쿠 다 가마의 원정, 포르투갈의 신화와 역사를 고루 엮어 그 위업을 기리는 애국적 서사시다. 그의 삶을 영화로 만든 〈카몽이스〉도 2015년 상영됐다.

바닷바람이 시원하고 한적한 이 시골스런 마을은 옛적부터 영국과 스페인 귀족들의 휴양지로 각광받아 이들의 별장들이 전망 좋은 주변에 자리 잡고 있다. 1772년 세워져 유럽에서 세 번째로 오래된 등대가 마치 꽃다발인 양 푸른 바닷가 풍광을 예쁘게 상식한다. 절벽 밑 바다로 향하는 언덕과 산책로에는 들꽃, 선인장 군락과 나지막한 풀밭만이 눈에 들어온다. 빨간 등대와 희고 빨간 배색을 한 건물들이 휴양지 기분을 내준다. 바닷가를 거닐다 보면 포르투갈 전통가요인 파두(Fado)의 여왕으로 불린 아말리아 로드리게스(Amalia Rodrigues,

1920~1999)의 〈검은 돛배(Barco negro)〉가 마음을 뒤흔들며 떠오른다. 바다로 떠나가 헤어져야 했던 연인을 애타게 그리워하는 숙명과 좌절, 고난 등을 강렬하게 노래해 세계적인 명성을 얻었던 그녀가 작고하자 포르투갈 정부는 3일간의 국장을 선포했으며 그녀의 유해는 국립묘지 판테온에 안치됐다. 그녀가 30년을 살았던 리스본의 주택은 작은 박물관으로 바뀌어 팬들을 맞이하고 있다.

가톨릭 신자들의 경우 포르투갈 하면 우선적으로 방문하는 곳이 있다. 바로 세계 3대 성모 발현지 중의 하나인 파티마(Fatima)의 대성당. 까보 다 로까에서 자동차로 2시간 거리다. 로마 교황청이 성지로 공식 인정하고 선포한 곳. 전 세계의 수많은 순례자들이 참배하기 위해 이곳으로 몰려든다. 나머지 성모 발현지 두 곳은 프랑스의 '루르드', 멕시코의 '과달루페'다. 파티마의 경우 1917년 5월부터 5개월간 매달 13일에 3명의 어린 목동 앞에 성모 마리아가 나타나는 기적이 일어난 후 이를 기념하기 위한 성당을 1928년부터 짓기 시작, 1953년 10월 봉헌식을 거행했다.

포르투갈은 마누엘 1세(1495~1521) 때 최고의 황금시대를 열었으나 그 뒤를 이을 후손이 없어지고 왕권이 흔들리면서 내리막길로 향하게 된다. 포르투갈은 결국 60년간의 스페인 신탁통치 시대, 왕위 탈환을 위한 두 나라의 전쟁 등을 거치면서 경제적 어려움을 겪게 된다. 게다가 1755년 11월, 수만 명의 인명을 앗아간 대지진과 화재는 리스본을 쑥대밭으로 만들었다. 또 19세기 초 프랑스의 침입, 1822년 브라질의 독립을 시작으로 아프리카, 동티모르, 마카오 등 대부분의 식민지가 떨어져 나가면서 국력이 급격히 쇠퇴일로를 걸어 요즘에 이른다.

한국과는 1961년 정식으로 수교했고 현재 약 2백여 명의 한국인들이 거주 중. 2022년 기준 1인당 명목 GDP는 2만3천 달러, 인구는 약 1,020만 명(리스본은 약 55만 명). 통계청이 밝힌 2022년 기준 세계 181개국의 총생산액을 보면 포르투갈은 50위인 2천5백억 달러로 집계됐다. 참고로 아메리카 대륙의 미국이 1위로 25조4천6백억, 캐나다는 9위로 2조1천3백억, 한국은 13위인 1조6천7백억 달러다. '해양왕국'을 누렸던 포르투갈에 힘입어 이 세상에 존재가 드러난 아메리카 대륙, 그로부터 5백 년이란 세월이 흘렀다. 역사는 거대한 생물체인 양 부지런히 꿈틀거린다. 한 나라의 역사는 싫든 좋든 여러 국가들 간의 상호 전투적인 관계 속에서 만들어진 결과물이다. 무한대의 치열한 경쟁 속, 오늘의 국제적 현실이 또 다른 내일, 어떤 결과로 귀결될지 자못 궁금해진다.

[19]

산티아고 - 칠레

▷▶ 세상에서 가장 긴 나라, 문화 강국의 수도

⋯▶ 산티아고 구시가지 도시 전경

12월 하순, 칠레 공화국 산티아고(Santiago)의 그날은 유난히 밝고 화창했다. 온갖 새들의 지저귐이 청명한 날씨를 목청껏 노래하는 기분이 들었다.

한국의 한겨울 맹추위를 떨치고 30여 시간을 들여 찾아간 그네들 국제공항은 한여름의 활기로 넘쳤다. 북반구 반대편에 놓여있는 이

나라 날씨를 대충 짐작은 했건만 졸지에 도심 한가운데 야자수 그늘에 앉아있자니 '먼 바깥세상으로 날아왔구나' 하는 감회가 일었다. 산과 바다, 구름 위를 시속 1,000㎞로 달리고 달려 안데스 산맥 아래, 이곳까지 데려다준 초고속 비행기들이 새삼 살아있는 생명인 양 고맙고 기특하다. 단 한 번의 허덕임이나 낑낑거림도 없이 의연했으니.

이 나라 중부 지대에 놓여있는 수도, 산티아고 국제공항 청사를 빠져나오자 12월 하순의 온도는 늦은 봄을 지나 여름으로 가는 듯 28도를 맴돌았다. 그때부터 여행의 성수기가 시작돼 특히 1~2월은 다양한 문화행사와 축제가 열리는 시발점이라는 것이다. 시내 중심지는 공항에서 15㎞ 정도다.

아침에는 선선해 한국의 봄, 4월 같다는 느낌이 들었다. 연간 평균 기온은 최저 11도, 최고 25도 정도다. 시간대는 한국보다 12시간 정도 느리니 당연히 밤낮도 바뀌는 거다. 남아메리카 태평양 남서부 해안가와 안데스 산맥 사이에 남북으로 길고 좁게 자리한 칠레 공화국의 태평양 남북해안 직선거리는 4,300㎞(총 해안선 길이는 6,435㎞)나 된다. 폭은 평균 175㎞ 정도니 지도가 보여주는 그대로 가늘고 기다란 지형이 나온다. '세계에서 가장 긴 나라'인 거다. 이 나라 저 국토 끝 기후는 과연 어떨지 궁금해진다. 남극과도 멀지 않다니 말이다.

길고 긴 이 땅덩어리는 그래서 아주 다양한 기후대를 함께 품고 있다. 맨 북쪽에는 세상에서 가장 메마르고 건조한 아타카마 사막이 자리 잡고 있다. 산티아고가 있는 국토 중앙부는 보통 남·북위 30~40도 사이 지역에 나타나는 지중해성 기후를 보여 강수량 계절 분포가 뚜렷해 건기와 우기가 번갈아 나타난다. 여름에는 건조한 반면 겨울은 습하고 비가 많이 내린다. 필자 도착 당시, 초여름 같은 12월을 맞았지만 안데스 산맥 꼭대기는 여전히 흰 눈이 덮여있어 장관이었다. 국토 남부는 빙하 및 피오르 등을 포함해 다양한 기후대를 포괄하고 있다. 또 국토 전체가 환태평양 지진대에 있어 크고 작은 지진과 화산폭발이 자주 일어나는 양상을 보이고 있다.

남태평양 연안을 따라 자리 잡은 칠레는 북쪽으로는 페루와 볼리비아, 동쪽으로는 아르헨티나, 남쪽으로는 남극해에 면해있다. 스페인이 점령하기 전인 16세기 초에는 잉카 제국의 영토였다. 잉카가 칠레 북부를, 나머지 중부와 남부에는 원주민인 마푸체족이 살고 있었다고 한다.

잉카가 정복한 곳은 에콰도르 고원에서 중부 칠레에 이르는 지역. 전성기에는 약 7백만 명의 인구를 다스렸다고 한다. 칠레는 그 후 1540년부터 270여 년 동안 스페인 식민지였으나 1810년 9월 18일, 대통령제 칠레 공화국으로 독립을 선포했다. 국토 면적이 75만6,950 km^2로 한국의 7.5배 정도의 규모. 인구는 1천8백만 명 정도로 인구 밀도는 한국의 25분의 1 수준으로 느슨, 느긋하다.

공항을 벗어나 찾아간 산티아고 구시가지 광장 주변, 가득 터 잡은 야자수 무리는 여행객들의 마음을 들뜨게 하면서도 풍요롭고 편안한 휴양지 같은 느낌을 선사한다. 이국적인 산천초목이, 겨울을 버리고 여름으로 날아온 여행객들에게 온몸으로 푸릇하고 왕성하고 따뜻한 생기를 뿜어낸다. 안데스 산맥 해발 500m 분지에 자리 잡은 산티아고는 수도답게 전 인구의 28% 정도인 약 510만여 명이 모여 살고 있다. 백인들과 원주민 혼혈인을 뜻하는 메스티조(Mestizo)들이 대부분이며 백인은 30% 정도다.

'산티아고'라는 명칭은 예수 열두 제자 중의 한 사람으로 첫 번째 순교자였던 야고보에서 유래됐다. 성인(聖人)을 뜻하는 산토(Santo)에 티아고(Tiago)라는 이름의 스페인식 발음이 합쳐진 거다. 스페인이 지배 당시 개척한 곳으로 '티아고'는 스페인어권의 흔한 남자 이름이기도 하다. 스페인의 산티아고 순례길에 있는 '성 야고보 성당'도 떠오르게 한다.

칠레의 정치·문화·역사의 중심지인 산티아고의 상징인 아르마스 광장. 다가서자마자 눈길을 끄는 것은 480여 년 전 칠레를 정복한 스페인 총독 발디비아(Valdivia)의 기마상이다. 늘씬하고 잘 생긴 말의 등에 올라타 남성 다운 기개를 뽐내는 그 기마상은 그 주인이 만만치 않은 존재였음을 과시한다. 좀 의아했다.

하지만 그 건너편쯤에, 침략자 발디비아를 죽인 원주민 독립운동가, 마푸체족의 아론소 라우타로(Aronso Lautaro) 석상이 나타난다. 마치 두 조각상을 둘러본 후 험난하고 치욕적인 과거를 '잊지 말라'는 주문처럼 보인다. 서로 지독한 원수지간이였던 두 인물을 산티아고의 중심 광장에 세워놓은 기획자의 의중이 흥미롭다. 분하고 수치스러운 과거도 교훈으로 새기면 가치가 있다는 계산으로 그랬으리라.

16세기 초 쳐들어온 스페인에 수시로 항거, 1810년쯤에 독립 선언을 했던 칠레는 1818년 스페인에 결정적인 승리를 거둔 후에야 비교적 안정기에 들어서는 듯했다. 독립 후 2백여 년이 지난 다음 또 다른 각고의 세월이 기다리고 있을지는 물론 아무도 몰랐다.

광장 주변에는 1558년 발디비아에 의해 건립됐지만 화재와 지진 등으로 손상돼 2백여 년 전 재건축됐다는 메트로폴리타나 대성당이 위용을 자랑한다. 칠레에서 가장 큰 규모답게 아치형 대리석 기둥의 도열이 장중함을 선사한다. 각종 성화와 스테인드글라스가 빛난다. 근처 국립 역사박물관은 선사 시대부터 근현대에 이르기까지의 칠레 역사를 잘 소개하고 있다. 근거리에 있는 '기억과 인권 박물관'도 들려볼 만하다. 다큐멘터리 영상물이 일목요연하게 긴 세월 짓밟혔던 칠레인의 인권과 역사를 조명한다.

몇 블록을 벗어나면 현재 칠레 대통령 집무실로 쓰이는 모네다(Moneda) 궁전이 넓게 자리하고 있다. 1805년에 지어진 네오클래식 스타일의 이 궁전은 1973년 당시 군인이며 정치가였던 아우구스토 피노체트(Augusto Pinochet, 1915~2006)가 사회주의 칠레 정부에 대항하여 군부 쿠데타를 일으킨 곳. 당시 살바도르 아옌데(Salvador Allende, 1908~1973) 대통령이 끝까지 저항하자 폭격해 최후를 마치게 한 곳으로 유명하다. 스페인의 억압에서 벗어나 안정기에 접어드는 듯했으나 150여 년이 지나면서 이 나라는 다시 폭풍우의 광기에 휩싸이게 된 것이다.

20세기 들어 이 대륙에서 가장 잔혹했던 군사 독재 정권이 들어서면서 역사와 국민들은 회오리 폭풍 속에 휘말리게 된다. 17년간(1973~1990) 3천여 명의 국민이 살상되고, 행방불명되는 대참사를 겪는다. 투옥되고 고문 등을 당해야 했던 인구는 수만 명에 이른다는 설도 있다.

궁전 앞 광장 지하에는 피노체트가 지하벙커로 사용했던 곳을 문화센터로 바꿔 각종 전시와 기념품 가게, 카페 등으로 쓰고 있다. 여권을 소지한 일반인이 입장해 궁전 외부와 정원을 볼 수 있게 허용한다. 현재 궁전 앞에는 이 나라의 신헌법을 작성해 칠레 민주주의의 기초를 마련하고 번영에 힘을 쏟았었다는 아르투로 알레산드리 전 대통령(Arturo Alessandri, 1868~1950)의 동상이 세워져 있다. 격일제로 오전 10시에 행해지는 근위대 교대식이 볼거리 중 하나.

지난 1970~1980년대 세계 매스컴에 빈번히 등장할 정도로 유명했던 피노체트는 칠레 공화국의 제33~35대 대통령을 지낸 인물이다. 칠레에서 군사평의회 의장(1973~1981)과 16년간 대통령직(1974~1990)을 수행한 직업군인이자 정치인으로 부모가 프랑스와 스페인 혈통이었다. 그는 의장직을 맡았을 때 쿠데타를 일으켜 당시의 사회당 소속의 대통령이었던 살바도르 아옌데 정부를 전복하고 정권을 잡았다. 미국 정권과 CIA의 배후설이 떠돌았다. 집권 당시에는 군부가 입법부와 경찰의 역할을 대신했고 다른 정당들의 활동을 금지하는 등 철권을 휘둘러 정적들을 탄압했다. 그런 와중에 나라 경제의 기틀을 다졌다고 해서 인도네시아의 수하르토 등과 비견되는 인물이다.

하지만 '정의를 수호'한다는 칠레 법무부(Ministry of Justice) 앞에는 이제 피노체트가 살해한 살바도르 아옌데 전 대통령의 동상이 준엄한 모습으로 세워져 있어 역사가 어떤 평가를 하고 있는지 알려준다.

피노체트가 집권한 당시 국민의 10분의 1 정도가 해외로 도피했고 3만여 명이 해외로 추방됐다는 통계도 있다. 또 4만여 명이 불법 구금됐고 사망·실종된 인구수도 3천여 명에 달한다니 그 상황이 얼마나 끔찍했을지 상상이 간다.

흐드러진 야자수 아래 거리 곳곳에는 이들의 전통춤, 쿠에카(Cueca)를 즉석에서 추어대는 남녀 춤꾼들이 다른 분위기를 유도한다. 수탉이 암탉을 유혹하는 장면을 담았다는 민속춤이다. 망토와 중절모를 쓴 남성과 속을 잔뜩 부풀린 치맛자락을 펄럭이며 춤추는 여성들은 마냥 즐거워 보인다. 흰 손수건을 흔들며 관광객들도 합류하란다. 졸지에 다른 분위기 속으로 몰아가는 춤꾼들은 구경꾼들에게 어둡고 쓸데없는 걱정일랑 어서 결별하고 무조건 웃고 즐기라 강권하는 것 같다. 근처 골목에 밀집해 젊은이들에게 인기를 끄는 핫도그 가게들에 들러 쫀득하고 짭짤한 핫도그를 즐기면 갑자기 느긋해지고 여유가 생긴다. 그야말로 '칠레도 식후경'인 게다.

이곳 산티아고를 보다 가깝게 느끼려면 민생의 현장인 중앙시장에 들르면 된다. 길고 긴 해안에 지역마다 서로 다른 기온 차이 덕분에 칠레에는 다양한 생선 어패류와 과일, 채소 등이 넘친다. 탐스럽고 오색영롱한 과일들이 전시된 것만 보아도 어서 맛보고 싶어 마음이 분주해진다. 현지 상인들은 근처 길거리 간이 식당에서 싱싱한 생선을 즉석에서 요리해 싼값에 공급해 주는 칠레식 해물탕 '빠일라(Paila)' 등을 맛보라고 추천한다. 조개, 홍합, 새우가 어우러져 내는 구수한 맛은 생각만 해도 군침이 돌게 만든다.

해발 630m 높이에서 구시가지 시내를 한눈에 내려다보게 하는 산타 루시아 언덕에 오르자 스페인 총독이 거주하던 저택이 보인다. 수직으로 솟아있는 그 언덕 위 요새인 양 쓰였던 공간은 시민들의 휴식처로 변해있다. 관광, 전시용으로 배치된 대포 등의 무기들이 눈에 뜨인다. 지난 세월 원주민과 맞붙었던 침입자 발

→ 원주민 독립운동가 아론소 라우타로 석상

디비아가 산티아고를 확고하게 손에 넣기 위해 지은 요새라니 아래서 올려다보는 무기력한 원주민들의 심사가 어땠을지 짐작이 간다.

산티아고 중심을 흐르는 마포초 강(Rio Mapocho)의 다리를 산책 삼아 슬슬 걸어서 건너면 또 한곳의 멋진 전망대에 이른다. 푸니쿨라를 이용해 올라갈 수 있는 산 크리스토발(San Cristobal) 언덕은 성모상이 높게 세워져 이곳 시민들이 기도하기에 적합하다. 약 320m의 가파른 언덕 위에 세워진 14m 높이의 하얀 성모상은 하늘을 우러르며 두 팔을 가득 벌리고 있다. 그 밑에 자리한 성당에는 여행객들이 소원을 빌고 마리아를 찬미하기 위해 편지와 불 밝힌 촛대들을 수북하게 놓아두고 있다.

이 언덕 아래 가까운 곳에는, 칠레의 유명한 민중시인으로 이름을 알린 파블로 네루다(Pablo Neruda, 1904~1973)의 집 '라 차스코나(La

Chascona)'가 자리한다.

1971년 노벨문학상을 거머쥐기도 한 네루다의 집은 평소 그가 사랑했던 바다를 모티브로 해서 집 안팎을 장식했다. 다양한 벽화나 그림, 수집품들을 통해서도 그의 예술적 감각과 애정이 드러난다.

칠레 대학교에서 불문학과 교육학을 전공한 네루다는 마드리드 영사 등 외교관을 거쳐 41세부터는 공산당 상원의원으로 활동했다. 1953년에는 스탈린 평화상을 받은 전력이 있다.

그는 피노체트 군부의 쿠데타 와중에 군사들의 침입으로 서재가 불타는 화재사건 이후 병원으로 급송된 다음 사망한 것으로 알려져 있다. 대외용 사망원인은 투병 중이었던 전립선암 때문인 것으로 되어있지만 사유가 수상하다는 소문도 떠돌았다. 한때 대통령 후보로도 추대됐었고 민주화운동의 상징처럼 불렸던 네루다의 장례식이 공개적으로 열리는 것을 피노체트는 허용하지 않았다. 그가 죽은 지 50년이 지난 2023년 9월, 네루다 죽음의 원인이 밝혀져야 한다고 새삼 보도한 영국 BBC방송을 인용해 한국의 일부 언론들도 보도한 바 있다.

감각적인 언어 구사에 민중을 선동하는 그의 능력과 시는 칠레 군중들의 열렬한 환호를 받았다. 네루다의 시집 중《스무 편의 사랑의 시와 한 편의 절망의 노래》,《충만한 힘》 등이 한국에도 번역돼 널리 읽히고 있다. 네루다가 쓴 시(詩)는 어느 날 시와 맞닥뜨려 사로잡히게 된 문학지망생들에게는 아주 리얼하게 다가온다. 시를 사랑했던 네루다가 무형의 추상적 대상인 시가 불현듯 그를 찾아왔을 때의 흥분과 감상을 전한 글이다.

"그러니까 그 나이였어, 시가 나를 찾아왔어, 몰라, 그게, 어디서 왔는지, 모르겠어, 겨울에서인지, 강에서인지. 언제 어떻게 왔는지 모르겠어, 아냐, 그건 목소리가 아니었고, 말도 아니었으며, 침묵도 아니었어, 하여간 어떤 길거리에서 나를 부르더군 … 갑자기 다른 것들로부터, 격렬한 불 속에서 불렀어. 또는 혼자 돌아오는데 그렇게, 얼굴 없이 그건 나를 건드리더군. 나는 뭐라고 해야 할지 몰랐어, 내 입은 이름들을 도무지 대지 못했고 눈은 멀었어. 내 영혼 속에서 뭔가 두드렸어, 열(熱)이나 잃어버린 날개, 그리고 내 마음대로 상상해 보았어…"

현실 정치에서 벗어나 어느 외진 곳에서 자의 반 타의 반으로 은둔하기도 했다는 네루다.

외딴 섬에 놓인 그에게 쏟아지는 독자들의 편지를 전달하는 우체부를 통해 그려낸 영화 〈일 포스티노(1996)〉는 영국과 미국 아카데미 시상식 등에서 외국어영화상과 음악상을 받은 걸작이다. 우리나라에서도 소개돼 잔잔한 감동을 주었었다. 네루다가 죽은 지 23년 만의 일이었다. 이탈리아 제작자가 만든 영화지만 원작은 칠레 작가, 안토니오 스카르메타가 1985년 발표한 〈네루다의 우편 배달부〉이다.

영화 속에서 편지들을 전달받으면서 우정을 나누게 되는 우체부에게 네루다는 "시는 쓴 사람의 것이 아니라 그 시를 필요로 하는 사람의 것이야", "시는 말로 설명할 수 없어, 가슴을 활짝 열고 시의 고동소리를 들어야 해" 등의 명언을 남겼다.

네루다의 시와 삶을 주제로 다룬 영화 〈네루다〉도 칠레에서 만들어져 2017년 상영되기도 했다. 칠레는 네루다 이전 이미 남미 최초로 노벨문학상을 받은 시인 가브리엘라 미스트랄(Gabriela Mistral)도 두고 있어 만만치 않은 문화 강국의 수준을 만방에 과시해 왔다.

요즘의 칠레는 1980년부터 꾸준히 전개해 온 민주화운동 결과 이제 입법, 사법, 행정부가 독립적인 안정적 민주 체제 단계로 접어들었다. 1인당 국내총생산인 GDP는 1만8천 달러(전 세계 57위) 정도로 한국의 절반 수준. 자유시장경제에 기반한 칠레는 천연자원을 이용하는 광업, 농업, 어업이 잘 발달했고 이를 수출하는 무역업도 중추를 맡고 있다. 2천7백여 명의 한국 교민이 살고 있고 현재 한국이 제4위 수출 대상국이다. 지난 62년 국교를 수립한 한국 상대로 연간 4억2천4백만 달러의 흑자를 기록하고 있다. 주요 수출품은 구리, 철광석 등이며 한국에서 가장 많이 수입해 간 물건들은 전화, 컴퓨터, 자동차 부품, 액세서리, 정형외과 의료기구 등이다. 산티아고 국제공항 내외부의 모든 안내 전광판, 컴퓨터, TV 등이 한국산 제품으로 도배되었다 해도 무리가 아니다. 마치 삼성전자 전시장 같다.

칠레 중부의 따뜻하고 건조한 지중해성 기후는 포도를 재배하기에 딱 좋아 칠레는 '남미의 보르도'로 불리며 여기서 생산된 와인이 한국 애호가들에게도 관심을 받고 있다. 일조량이 풍부해 색깔이 진하고 단맛이 강한 포도가 많이 생산되기 때문이다. '와이너리(Winery) 투어 상품'도 있어 매시간 산티아고 교외 포도원들로 출발하는 버스에 올라타도 좋을 듯. 여행 중 향기로운 와인 한두 잔이 잠시나마 당신의 가슴을 촉촉하고 붉게 적시는 힘이 있다는 걸 느낄 테니까.

[20]

와이카토 – 뉴질랜드

▷▶ 몽환적인 자연 풍경이 태곳적 세상을 상기시키는 화산지대

⋯▶ 마오리족의 전투춤 공연

"세상에 이럴 수가…."

깜깜한 동굴 속 작은 쪽배에 올라탄 사람들이 이구동성으로 신음에 가까운 감탄사를 연발한다. 한 치 앞도 잘 보이지 않는 좁은 동굴 안, 별안간 새까만 하늘에서 무수히 반짝이는 은하수 무리를 접하면서다. 뉴질랜드 북섬의 와이토모(Waitomo) 반딧불이 동굴 탐사 여행을

하면서 겪은 일. 요즘 시대에 웬만하면 찾아보기 힘든 반딧불이 수천 수만 마리가 칠흑 같은 석회 동굴 안 천장 벽을 가득 메우면서 영롱한 밤하늘을 연출하고 있으니 말이다.

와이토모 반딧불이 동굴은 신비함 그 자체다. 갖가지 녹회색 잡풀과 고사리 같은 양치식물, 흘러내린 석회암의 석순과 종유석들이 어우러져 태곳적 자연을 연상시키는 좁은 동굴 입구를 지나 만나는 미로 같은 별세계는 몰아지경에 이르게 한다. 그래서 '세계 8대 불가사의' 중 하나로 손꼽히는 모양이다. 이럴 때 여행의 호기심과 흥분은 배가되고 심장은 엇박자로 뛴다. 반딧불이는 흔히 개똥벌레로도 불리는 글로우웜(Glowwarm)을 지칭한다.

약 30~40분 정도 쪽배로 동굴 안 개천을 굽이굽이 여행하는 동안 구경꾼들은 아마 자신이 환상 속을 헤매는 착각을 할 수도 있겠다. 요즘 아이들은 반딧불이의 존재를 동화책에서나 보았을까? 반딧불이는 딱정벌레의 한 종류로 배의 노란 부분이 산소와 만나면 빛을 발한다. 한국에서는 이젠 환경오염 등으로 거의 볼 수 없다. 반딧불이가 서식하는 전라북도 무주군 남대천 일대 서식지를 천연기념물로 지정해 보호할 정도니까.

와이토모 동굴은 뉴질랜드 북섬 와이카토(Waikato) 지방에 자리하고 있다. 와이토모는 그쪽 원주민인 마오리족 언어로 '물과 동굴'을 의미한다.

남서태평양에 떠 있는 뉴질랜드는 북섬과 남섬 2개의 큰 섬과 6백여 개의 작은 섬으로 이루어진 전형적인 섬나라. 1840년 영국의 식민지였다가 1907년 독립했으나 영국 국왕이 국가원수로 행세하는 영국 연방의 입헌군주제 국가, 정치는 의회 민주주의 형태로 이루어진다.

환태평양 조산대(造山帶)에 속해 지형이 험준하고 북섬은 면적의 63%가 산지와 구릉으로 덮여있으며 특히 화산이 많은 것이 특징이다. 자연스럽게 간헐천과 유황온천이 곳곳에 산재하고 있다. 조산대는 '불의 고리'를 의미하며 지구상의 지진 중 90%가 이곳에서 발생하고 활화산 중 70% 정도가 여기에 자리 잡고 있다. 지난 1만1천7백 년 동안 있었던 25개의 대형 화산 폭발 중 22개가 이 '불의 고리'에서 터졌다.

'유황의 도시'로 알려진 로토루아(Rotorua) 소재의 와카레와레와(Whakarewarewa)는 북섬 최대의 화산지대 관광지. 지금은 60여 개의 온천이 작동 중이다. 와카레와레와는 마오리 원주민 언어로 '치솟는 물'을 뜻한다. 지구 깊은 곳에서 솟아나는 뜨거운 물과 수증기가 암석 지면의 길고 크게 갈라진 틈 사이로 솟구쳐 나오고 있다. 물의 온도가 섭씨 50~70도에 이른다니 상당히 뜨거운 셈이다. 19세기경에는 최대 2백여 개의 간헐온천이 들끓었다. 북섬의 최고봉인 루아페후산(2,797m), 나우루호에 산(2,291m) 등 여러 개의 화산이 둘러싸고 있다. 약 30m까지 뜨거운 물줄기가 치솟는 간헐천 등은 이곳 이름이 왜 '와카레와레와'인지 상기시켜 준다.

숲과 계곡 곳곳에 자리 잡은 간헐천들은 매캐한 유황 냄새를 가득 풍기고 사방으로 솟구치며 주변을 운무 속으로 몰아넣어 마치 영화 속에서 그려놓은 '지옥의 계곡' 같은 분위기를 연상시킨다. 지표면이 장작불 위 가마솥에서 끓고 있는 팥죽처럼 부글거리며 튀어 오른다. 여행객들은 으스스한 풍경에 잔뜩 긴장한 표정이다. 일부 스파에서 천연온천과 마사지, 진흙목욕을 즐길 수도 있다. 곳곳에는 '기분출 조리기(Steam vent cooker)'라 쓴 표지판들이 있어 그 옛날 이곳의 마오리족들이 어떻게 추위와 난방, 음식 조리 등을 해왔는지 대충 가늠하게 한다.

⋯→ 유황의 도시 로토루아의 화산지대

북섬의 오클랜드 반도에는 1억9천만 년 전부터 살아와 '뉴질랜드 숲의 군주'라 불리는 카우리(Kauri) 소나무와 리무(Rimu), 마타이(Matai) 등이 도열한 원시림의 산악지대가 포진하고 있다.

뉴질랜드 로토루아 고유의 동·식물을 관람할 수 있는 '레인보우 스프링스' 자연공원은 이 나라 상징이며 국조(國鳥)로 취급하는 조류, 키위(Kiwi)를 만방에 홍보하기 위한 개방형 키위 부화 장소이기도 하다. 야행성 조류인 키위는 타조처럼 날개가 퇴화한 대신 다리가 발달해 아주 잘 달리는 것이 특징. 키위는 호기심이 많고 사람들을 잘 따라 마오리족이 사랑하는 조류다. 이곳에선 멸종 위기에 처한 다른 희귀 동물들도 접할 수 있다.

또 아름드리 붉은 나무들로 빽빽한 '레드우드(Redwood) 수목원'도 깊고 편안한 휴식감을 안긴다. 태고의 세월을 머금고 있는 듯 우듬지와 밑동이 우람한 나무 덩치를 대하면 숲에 정령(精靈)이 깃든 신비가 느껴진다. 정령은 산천초목이나 무생물 등 여러 사물에 깃들어 있다는 영혼으로 원시종교 숭배 대상 중 하나였다. 흔히 '삼나무'로도 불리는 세콰이어종 레드우드는 수피가 붉은빛을 띤 갈색이고 세로로 길게 죽죽 갈라지며 가지와 잎이 빽빽하고 원뿔 모양의 나무 모양새를 보여 듬직하고 장쾌한 매력이 있다.

세계에서 가장 크게 자라는 나무로 최대 1백m 이상 솟구쳐 '살아있는 마천루'라 불린다. 그 숲속에 안개가 스며들면 세월 아득한 원시림이나 정글에 놓여있는 느낌이 강해진다. 거대한 나무의 그늘 밑에는 이끼, 고사리류의 풀들이 포복해 더욱 그렇다. 그러기에 영화 〈아바타〉와 〈쥬라기 공원〉의 촬영지로 제격이었나 보다.

이런 경이로운 자연과 동식물을 접하다 보면 '하나님을 찬양한 인간의 목소리'로 알려진 성성의 시편(Psalms)이 떠오른다. "주님의 손가락으로 만드신 하늘과 달과 별들을 내가 보오니~ 주의 손으로 만드신 온 만물을 그 발아래 두셨으니~ 주여, 주의 이름이 온 땅에 어찌이리 아름다운지요"라고 읊은 일부 구절(8장 3~9절) 말이다.

그 어느 곳보다 자연 친화적인 뉴질랜드의 방대한 농장 투어를 하는 것도 주요 여행 코스 중 하나. 야외목장에서는 종일 그 수많은 양떼들을 마치 조무래기 아이들 대하듯 몰고 다니는 견공들이 보여주는 '양몰이 개의 시범 묘기'가 즐겁다. 견공들은 주인의 지시가 떨어지기 무섭게 움직이는 충복(忠僕)들이다. 인간 일꾼을 대신해 양몰이에 몰입 중인 견공들을 보면 그 의젓함과 영특함에 혀를 내두르게 된다. 넓은 농장지대를 트랙터를 타고 구석구석 돌아보며 알파카나 소, 양들에게 먹이를 직접 줘보는 '먹이 주기 놀이'도 재미있다.

이미 구경꾼들에게 익숙해서인지 전혀 저항감 없이 때론 장난도 치고 더 달라고 어리광을 부리는 모습이 이웃집 개구쟁이들 같다. 원주민 마오리족의 생활상을 엿볼 수 있는 테푸이아 민속촌에 들리면 이들의 오랜 가옥과 수공예품, 전통춤 들을 감상할 수가 있다. 이들의 전통민속 쇼와 전통요리를 뷔페식으로 체험할 수도 있어 한발 깊숙이 그네들의 생활 속으로 빠져들게 된다.

폴리네시아계 해양종족인 마오리(Maori)족이 뉴질랜드에 거주하기 시작한 것은 대충 1,200~1,300년 전. 비교적 최근까지 이곳은 사람들의 발길이 닿지 않았던 곳이다. 이들이 맨 처음 거주했던 곳은 하와이키(Hawaiki) 섬, 마오리족은 부족들 간에 계속되는 전투와 부족한 식량을 탈피할 목적으로 여기저기 헤매고 다니다 우연히 뉴질랜드 섬을 발견했고 삶 터로 정하게 됐다. 발견 당시 마치 섬이 아닌 '긴 흰 구름' 같은 것으로 보였기에 뉴질랜드는 마오리족 언어로 '긴 흰 구름'이라는 단어에서 유래됐다고. '마오리'는 '보통의, 일반적인'이라는 뜻을 가지고 있다. 스스로를 '땅의 사람'이라고 칭하는 그들의 전투춤인 마오리 하카(Haka)가 유명하다.

마오리족의 전투춤은 그야말로 공격적이다. 춤은 이들 일상이며 자신들의 감정을 여과 없이 저돌적으로 드러내는 수단이다. 자신들이 '영토를 지키는 수호자'라는 의무감이 강하다.

춤을 추며 그들은 외친다. "지축이 떨리게 하라. 할 수 있는 최강의 노력을 다하여, 할 수 있는 만큼 강하게, 나는 살아있고 내 생명은 나의 것이다. 전투에서 지게 되면 나는 죽을 것이다. 나는 뛰어난 인간의 자손으로 태어났다. 그런 전설이 나를 태양처럼 비출 것이다."

괴성을 지르고 벌거벗은 상체와 다리, 근육질의 양팔을 주먹으로 두들겨 대며 호전성을 드러낸다. 얼굴에는 침입자가 겁을 먹도록 기괴한 문신을 그려 넣고 포효하면서 긴 나무로 된 장대 무기를 마구 흔들어 댄다. 그들은 전통적으로 파투(Patu)라는 나무를 깎아 만든 몽둥이와 기다란 나무 막대기를 둔기처럼 휘둘러 싸운다. 무섭다.

한국의 6.25 전쟁 때 파견된 6천여 명의 뉴질랜드 지상군 중 마오리 족이 20% 정도 됐다는 얘기를 들으니 갑자기 친숙함이 느껴진다. 이들 참전 용사들이 향수병을 달래기 위해 불렀던 마오리족 민요, '포카레카레 아나(Pokarekare Ana)'는 "비바람이 치던 바다, 잔잔해져 오면 오늘 그대 오시려나 서 바다 건너서, 저 하늘에 반짝이는 별빛도 아름답지만~"이라는 가사의 〈연가(戀歌)〉로 번안(1972년)돼 현재의 60~80대 한국인들이 학창시절에 즐겨 불렀었다.

현재 뉴질랜드 인구는 약 527만 명, 70%가 유럽계이며 그중 마오리족은 약 80만 명(16%)에 달한다고 한다. 호주 등으로 이민 간 사람들을 합하면 90만 명 정도다.

뉴질랜드 정부는 마오리어를 영어와 함께 법적 공용어로 인정하고 있고 큰 행사 때마다 불리는 국가도 마오리어와 영어 순서로 부른다니 조상과 원주민을 존중하는 태도에 진정성이 느껴져 고맙기까지 하다. 뭐든 새로운 것, 강한 것, 이로운 것을 택하는 추세에 말이다.

뉴질랜드는 1800년대 초반 이곳으로 몰려든 유럽인들과 원주민들이 크고 작은 6백여 차례 전투를 벌인 끝에 영국의 식민지가 됐다. 잦은 전투에서 3만여 마오리족이 전사한 후 결국 1840년 영국과 마오리족 추장들 사이에 와이탕기(Waitangi) 협약을 맺어 영국 국민으로서의 권리를 인정받았다. 이 나라의 정체성을 말해주는 국기(國旗) 역시 영국과 아주 흡사하다.

영국의 국기인 '유니언 잭'에 그려져 있는 붉은 십자가의 기본 문양을 그대로 왼쪽 위에 옮겨놓고 그 오른편 아래에는 남반구의 별자리인 남십자성을 의미하는 빨간 별 4개를 넣었다. 청색 바탕은 남태평양을 의미한다. 역시 영연방 국가 중 하나로 뉴질랜드와 2,000km 정도 떨어진 호주 역시, 뉴질랜드와 거의 같은 바탕과 무늬에 하얀 별 5개를 그려 넣은 국기를 소유하고 있다.

이들이 정착하기 전에 뉴질랜드는 무인도로 거대한 조류들의 서식지였다고 한다. 가난과 싸움을 피해 이곳에 온 마오리족은 화산섬인 이곳의 지열을 이용해 난방과 요리를 하며 생계를 이어갔다. 항이(Hangi)라고 알려진 요리법은 지열이 있는 땅속에 고구마나 육류 등을 묻어놓고 그 위에 다시 뜨겁게 달군 자갈들을 덮어 조리하는 방식으로 알려져 있다.

뉴질랜드 북섬은 그야말로 전 세계적으로 영화애호가들의 '역대급 사랑'을 받은 영화, 〈반지의 제왕(The Lord of the Rings)〉과 〈호빗(The Hobbit)〉 시리즈의 주요 촬영지로 크게 주목을 받았었다. 몽환적인 자연 풍경이 상상 속 별천지를 그려내고 있어서다. 영국 출신 학자며 소설가인 존 로날드 톨킨(John Ronald Tolkien, 1892~1973)의 원작 소설을 바탕으로 뉴질랜드 태생의 피터 잭슨(Peter Jackson, 1961~) 감독이 제작한 총 6편의 영화 속에서다. 북섬의 와이카토 지역을 포함해 남섬과 북섬의 150여 군데가 배경으로 등장해 뉴질랜드의 환상적이고 독특한 자연환경을 널리 알렸다. 〈반지의 제왕〉은 오늘날 판타지 문학의 고전이 됐다. '중간계'라는 상상의 공간을 무대로 한 가상의 아주 작은 호빗 종족의 모험담을 그린 〈호빗〉 역시 주목을 받았다.

톨킨의 원작 소설은 1979년 이후 우리나라에서도 여러 군데의 출판사에 의해 연이어 소개됐었다. 특히 〈반지의 제왕〉 연작들은 미국, 영국, 일본 등 전 세계의 굵직한 영화상을 골고루 수상해 피터 잭슨 감독을 일약 스타 반열에 올려놓았다.

인천공항에서 최소 11시간 30분 이상을 날려 뉴질랜드 북섬 오클랜드(Auckland) 국제공항에 들렸으니 아름다운 '요트의 도시', 오클랜드를 만나는 일은 필수다. 게다가 뉴질랜드 최대 도시이자 경제 중심지이기도 하니 상징성이 크다. 남반구에 위치한 이 나라, 이 북섬에서 가장 여행하기 좋은 기간은 12월에서 3월까지이다. 필자가 들린 2월

초순, 기온은 18~25도로 연일 맑고 쾌청한 날들이 이어졌다. 특히나 뱃놀이를 하고 해수욕이나 서핑을 하려면 이곳의 여름철인 2월도 아주 제격이다. 사방이 가없이 뻥 뚫린 바다에는 세상에서 가장 많은 요트와 각국의 초대형 크루즈 선박들이 드넓은 바닷속 무한 상상의 나래를 펴게 한다.

인구 122만 명의 오클랜드는 한때 50개가 넘는 화산이 솟아오른 화산지대로 도심 곳곳에서 분화구를 볼 수 있다. 그중 가장 잘 알려진 화산구가 마운트 이든. 2만 년 전 마지막 폭발로 이루어진 50m 깊이의 분화구가 있지만 지금은 사화산이다. '에덴동산'이라고 흔히 불리는 이곳은 높이가 2백m로 오클랜드 화산구 중 가장 높다. 지금은 마치 녹색 주단을 깔아놓은 듯 아름답고 평화로운 시민들의 휴식처다. 1700년대 마오리족이 살았던 계단식 밭, 집터 등의 흔적이 남아있어 볼거리를 제공한다.

또 오클랜드 시내와 항구, 주변 섬들을 한눈에 내려다볼 수 있는 '노스 헤드 역사 보호구역' 정상에 오르면 사방이 태평양으로 둘러싸여 막힘이 없는 광활한 바다 경치를 감상할 수가 있다. 속이 뻥 뚫린다. 새삼 심호흡을 거듭하게 되고 배포가 괜스레 커지는 느낌도 든다. 보이는 것은 바다 한가운데 점점이 박혀있는 무수한 선박들. 정상에 오르면 그야말로 광활한 대양(大洋)이 파노라마식으로 장쾌하게 펼쳐진다. 마치 컴퓨터그래픽(CG)으로 연출한 거대한 바다의 해전(海戰) 풍경 같다. 자동차나 페리를 이용해 화산 활동으로 형성된 분화구를 담고 있는 '마운트 빅토리아'에 당도한다. 정상으로 걸어가는 길가에 오래전 외세로부터 항구를 지키기 위해 설치한 벙커 터널과 대포 진지 등이 보존돼 있다.

　바다 위 짜릿한 체험을 즐기고 싶다면 오클랜드의 세인트 메리스 베이와 노스 코트를 연결하는 하버 브리지(Auckland Harbor Bridge)가 제격이다. 총 길이 1,020m로 북섬에서 가장 긴 다리. 모든 배들이 통과할 수 있도록 둥근 아치형으로 지어진 데다 바로 뒤 시가지 풍경이 그림같이 어우러져 야경이 특히 환상적이다. 낮에는 40m 높이에서 바닷물에 닿을 듯 뛰어내리는 번지점프를, 하버 브리지 위에서 점프대까지 65m를 걸어 올라가는 모험, '클라임 투어(Climb tour)'에 도전하는 것도 젊음이 누리는 특권이리라.

　뉴질랜드는 한국 넓이의 약 2.5배 정도(26만8천㎢)로 유럽인이 57%, 아시아인과 마오리족이 각각 7~8%를 차지하고 있다. 2022년 기준 1인당 실질 국민 총소득(GNI)은 뉴질랜드가 약 4만8천 달러, 한국은 약 3만6천 달러 수준. 한국과는 1961년 정식으로 수교를 맺었다. 한국 교민은 약 3만1천 명. 이 나라는 낙농업이 국가 경제를 견인, 전체 수출 물량의 절반가량이 낙농업에서 나온다. 양과 양고기, 양모, 육류, 버터, 치즈 생산이 활발하다. 이들은 1차 산업에서 번 돈을 금융업과 IT 등 3차 산업에 투자해 국부(國富)를 일구는 양상을 보인다.

[21]

스톡홀름 – 스웨덴

▷▶ 노벨상과 전설적 팝 그룹 '아바'의 도시

⋯▶ 14개 섬을 통나무로 이어 만든 도시, 스톡홀름의 단아한 풍경

 북유럽 스칸디나비아 반도 한가운데 자리한 스웨덴의 수도 스톡홀름은 아름답고 평화로운 운하의 도시다. 특히나 14개의 섬으로 이루어져 있어 공중에서 내려다보면 환상적인 풍광이 압권이다. 섬과 섬 사이를 '통나무(Stock)로 연결해 만들어진 섬(Holm)'이란 뜻인 듯 스톡홀름(Stockholm) 이름 자체가 그 멋을 드러내 주고 있다. 언뜻 이탈리

아의 베네치아가 떠오른다.

　스톡홀름을 담고 있는 스웨덴에 대한 인상은 매우 호의적이다. 전 세계 지구인들이 그 이름을 듣자마자 떠올리게 되는 것은 이 세상 온갖 상(賞)들의 지존(至尊)인 '노벨상을 주는 나라'일 것이다. 잊을만하면 매년 12월, 인류 발전에 기여한 인물들을 분야별로 호출해 '큰 상'을 안기니 남녀노소 불문 절대 잊을 수 없는 나라인 것이다.

　또한 '100세 시대', 국민 복지가 주된 관심사로 떠오르는 요즘 복지 국가의 대명사인 양 호출돼 자주 언론에서 인용되는 덕분이다. 나이가 좀 든 사람들이라면 4인조 혼성그룹 '아바'가 불러 1970년대 전 세계를 뒤흔들었고 지금도 사랑받는 노래들을 자동적으로 떠올리며 금방 그중 한 소절 들을 흥얼거리게 되리라. 그뿐이랴. 한국에도 진출해 관심을 받고 있는 이케아, 볼보, 아스트라제네카, 에릭손 등 유명 브랜드들이 줄줄이 떠오른다.

　스웨덴의 수도 스톡홀름에 가면 우선 알프레드 노벨(Alfred Nobel, 1833~1896)이라는 이 나라 출신 과학자 겸 사업가의 '숭고한 유산'이 인류 발전을 위해 기여한 인물들을 어떻게 격려하는가를 되새기게 하는 각종 장소들을 만나게 된다.

　13세기 스톡홀름의 역사가 시작된 구시가지란 뜻의 감라스탄(Gamlastan) 그 중심가에 노벨상에 대한 모든 것을 알려주는 노벨 박물관과 수상자를 선정하는 스웨덴 학술원이 있다. 또 주변에 노벨상을 시상하는 스톡홀름 콘서트홀, 축하 만찬을 하는 시청사가 있으니 어찌 피해갈 수 있으랴. 스톡홀름은 1백여 년 전 저세상으로 떠나간 노벨이 죽어서도 여전히 역동적으로 살아 숨 쉬는 곳인 셈이다. 그로 인해 인류가 매년 연말 현존하는 지구촌 위대한 인물들과 그들의 영혼을 찬양하고 기억하게 만드는 장소인 것이다.

발명가인 동시에 유능한 건축기술자의 아들로 스톡홀름에서 태어난 노벨은 나이트로글리세린을 연구하던 중 이를 이용해 고체 폭탄인 다이너마이트를 개발해 1867년 특허를 얻게 된다.
이런 발명과 특허로 인해 그의 가문은 줄지에 유럽 최대 부호 반열에 오르게 된다. 또 이 세상 모든 물질을 이루는 기본 성분인 원소(Element)를 구분하기 쉽게 성질에 따라 배열한 원소 주기율표 102번 원소, '노벨륨'은 노벨의 이름에서 따왔을 정도다.

그 자신의 발명품이 새로운 건축과 문명 발전에 획기적으로 기여했으나 수많은 전쟁에 인명 살상용 무기로 사용되고 있다는 사실에 그는 괴로워했다. 그는 결국 그렇게 해서 번 돈을 대신 인류의 발전과 평화를 위해 사용하겠다는 목표를 세우고 전 재산의 94%를 스웨덴 과학 아카데미에 기부하게 된다. 1896년 12월 10일, 63세의 나이로 숨을 거두기 전, 자신이 기부한 재산에서 나오는 이자수입으로 해마다 물리학, 화학, 생리학&의학, 문학, 평화 5개 분야 발전에 공헌한 전 세계 인물을 대상으로 시상하라는 유언장을 남긴다. 이에 따라 스웨덴 과학 아카데미는 1901년부터 노벨상 제도를 신설, 국적과 성별에 상관없이 각 분야에서 뚜렷한 업적을 남긴 사람들을 엄선해 시상해 왔다.

68년이 흐른 1969년 경제학이 추가돼 오늘날에는 6개 부문이 시상 대상이 됐다. 시상식은 노벨 사망일인 12월 10일 스톡홀름에서 거행된다. 단 평화상만큼은 노벨 제안에 따라 노르웨이의 오슬로 시청사에서 같은 날 수여된다. 노벨상은 명예와 함께 상금 1천만 스웨덴 크로네가 주어진다. 2024년 8월 말 현재 한화로 약 12억7천만 원 정도니 평생 먹고살 만한 돈이라 '로또 상금', '상금의 지존'이란 별명이 붙어 다닌다. 노벨은 청년 시절 사모했던 연인이 일찍 사망한 상처로 인해 일생 독신으로 지내다 이탈리아 산레모의 별장에서 생을 마감했다. 그의 인성에 대해 '매우 비상하면서 지적인 인물, 동시에 고독하고 비관적이었지만 이상주의자적'이란 평가도 뒤따른다.

노벨상 제정 100주년을 기념하기 위해 2001년 건립된 스톡홀름 노벨 박물관에 가면 당연히 노벨 생애와 노벨상의 역사 및 수상자 면면을 살펴볼 수 있고 그들의 소장품도 접할 수 있다.

구시가지 대광장 분수대 건너편의 스벤스칸 아카데미안(Svenskan Akademien) 건물에 자리 잡고 있다. 구내 카페에선 노벨상 시상식 후 디저트로 제공된 아이스크림을 판매하는가 하면 카페를 방문했던 수상자들의 사인이 들어간 의자에 앉아볼 수 있게 해 미소를 자아낸다.

노벨상을 주기 위해 대상자를 선정하는 기구는 물리학, 화학, 경제학 분야 수상자를 뽑는 스웨덴 왕립 과학아카데미와 스웨넨 아카데미(문학상), 카롤린스카 의학 연구소(생리학과 의학상), 노르웨이 노벨위원회(평화상) 등이다. 스웨덴 아카데미의 경우 문학 애호가였던 이 나라 구스타프 3세 국왕이 1786년 스웨덴 언어의 순수성을 보전하고 작가 및 문화단체 지원 등을 위해 설립한 단체. 18명의 위원들로 구성된 노벨문학상 선정위원회 역할을 하고 있다.

　노벨상 시상식은 매년 12월 스톡홀름 최대 번화가인 세르겔 광장 북쪽에 자리한 스톡홀름 콘서트홀에서 거행된다. 지난 4월 '거장' 반열에 오른 한국 피아니스트 조성진이 로열 스톡홀름 필하모닉 오케스트라와 협연한 장소이기도 하다. 높다랗고 둥근 기둥을 한 청회색 건물이다.
　1926년 건립된 콘서트홀 건물 정면에는 스웨덴의 대표 조각가인 칼 밀레스(Carl Milles, 1875~1955)의 작품인 청동색 나체 인물 조각상들이 눈길을 끈다. 각종 클래식 음악회가 연이어 열리는 곳으로 바로 맞은편 광장에서는 매일 벼룩시장이 열려 값싸고 다양한 물건이 거래돼 엄숙할 듯한 주변 분위기를 정겹게 만들어 준다. 밝고 신화적인 조각으로 사랑받는 밀레스는 조각가 로댕(A. Rodin)의 제자로 그의 영향을 받은 대표작 〈오르페우스 분수 군상〉, 〈인간과 자연〉 등으로 이름을 떨쳤다. 발트 해가 보이는 스톡홀름 리딩외 섬의 밀레스 공원은 그의 작품을 중심으로 조성돼 있는 국립 조각공원이다.

　노벨상 수상자들을 위한 만찬이 펼쳐지는 시청사는 스웨덴에서 3번째로 큰 멜라렌(Malaren) 호수 바로 앞에 위치해 있어 풍광이 매우 아름답다. 중세의 고딕과 르네상스 양식 등이 혼재된 느낌의 검붉은 벽돌 건물 전체를 새빨간 담쟁이 넝쿨이 둘러싸고 있어 운치를 더해 준다.
　호수를 등 뒤에 두고 시청사로 걸어 오르면 아치형 기둥으로 둘러싸인 청사 내 광장에 이른다. 거기서 돌아보면 호수와 어울려 아름다운 시청 앞 풍경이 더할 수 없이 평화롭다. 이곳 블루홀에서 수상자들을 위한 만찬이 펼쳐진다.

⋯ 매년 노벨상 수상자 만찬이 열리는 스톡홀름 시청사

그다음 코스는 '황금방(골든홀)'으로 가서 무도회를 즐기는 순서. 시청사의 볼거리로 유명한 이 방은 그야말로 번쩍이는 순금으로 만든 모자이크 조각들로 둘러싸여 화려함의 절정을 보여준다. 한쪽 벽면은 스톡홀름을 수호한다는 멜라렌 호수의 여신이 그려져 있다. 또 한켠에는 동·서양 여러 나라의 상징적인 건축물과 국기 등이 다양하게 그려져 있어 지구촌 국가들 간의 상생과 평화를 표현하려는 느낌을 건네준다.

45분 정도 소요되는 가이드 동반 투어를 이용하면 스웨덴의 역사와 정치, 경제, 문화 등 전반적인 이해의 폭을 넓힐 수 있고 노벨 연회에 대해서도 자세히 들을 수 있다.

지구촌 국가와 언론, 국민들은 때때로 이 노벨상의 수상 인원수를 그 나라 국민들의 우수성을 재는 척도로 삼곤 한다. 현지 가이드에게 물으니 그 숫자를 줄줄 외운다.

20, 21세기를 통틀어 가장 수상자가 많은 나라는 단연코 미국으로 무려 411명이 수상했다. 그다음은 영국 137, 독일 115, 프랑스 75, 스웨덴 34, 구소련 및 러시아 32, 일본 29, 캐나다 28, 스위스 27명 순이다. 한국의 경우 2000년 김대중 전 대통령이 노벨평화상, 2024년 한강 작가가 노벨문학상을 받았다.

북유럽 스칸디나비아 반도 동쪽에 자리한 스웨덴의 정식 명칭은 스웨덴 왕국(Kingdom of Sweden)으로 입헌군주제 국가이다. 수도 스톡홀름이란 명칭의 유래는 14개의 섬이 50여 개의 다리로 연결돼 이루어진 이 도시를 만드는 데 통나무를 바닥이나 경계표시 등을 위해 이곳저곳 사용했기 때문이라는 설이 유력하다. 또 통나무를 띄워 보내 처음 닿은 곳에 이 도시를 만들었다는 얘기도 있다. '북유럽의 베네치아'라는 별명이 붙은 이유도 그 때문일 듯하다. 13세기 초 이미 도시 형태로 존재한 이후 가장 큰 도시로 성장, 북유럽 국가 간에 왕래가 잦았던 곳으로 아직도 그 모습을 잘 간직하고 있는 곳이 감라스탄이라는 옛 동네다. 스톡홀름은 1634년 정식 수도가 된 후 지금은 스칸디나비아 반도 최대 도시가 됐다.

스톡홀름 중심에 있는 작은 섬 속 감라스탄은 '구시가지'를 의미한다. 이름 그대로 스웨덴의 중세 시대 멋과 맛을 가장 잘 드러내 주는 이곳의 중심 광장인 스토르토르예트(Stortorget)에는 현지인이나 관광객이 밤낮을 가리지 않고 종일 모여든다. 현지 주민들 역시 "스톡홀름 내 가장 아름다운 곳, 종일 거닐어도 싫증이 안 나고 차를 마시면서 휴식을 즐길 수 있는 곳"이라고 손꼽는다. 그들은 햇볕을 쬐며 즐기는 이런 휴식을 '피카(Fica)'라는 이름으로 달리 표현하고 있다. 특히 광장에 둥그렇게 어깨를 맞대고 줄지어 늘어서 있는 형형색색의 주택들은 오래된 도시를 가볍고 경쾌하게 만들어 준다.

타운 하우스처럼 옆집과 다닥다닥 붙어있는 집들은 파스텔계의 색상이 혼재된 핑크색, 푸른색, 회색, 연노랑색 등을 하고 있어 동화 속 장면을 연상케 한다. 나이를 잔뜩 머금은 건물이지만 따뜻한 표정과 생동감이 살아있어 여행자들을 푸근하게 만든다. 이 거리에서 길거리 버스킹 음악인 몇몇이, 혹은 여행 동무들이 제 흥에 겨워 아바의 〈댄싱 퀸〉이라도 불러주면 광장은 졸지에 즉석 춤 파티에 도취돼 여행의 흥취를 드높여 준다. 언어와 모습은 달라도 하나가 되어 웃고 춤출 때 사람들은 여행의 묘미에 흠뻑 빠져들게 마련.

20세기를 대표하는 전설적인 팝 그룹, 아바(ABBA)는 '스웨덴' 하면 자동적으로 떠오르는 또 하나의 아이콘이다. 1972년 혜성처럼 등장해 음악으로 세계를 제패하다시피 했던 아바는 스웨덴의 4인조 혼성 그룹. 아바는 멤버들의 이름 첫 자를 조합해 지은 이름이다. 70년대 후반 상업적으로 최고조에 달했던 그들은 스웨덴의 유명 자동차 볼보와 함께 당시 스웨덴 수출에 크게 기여한 것으로 알려져 있다. 이들의 음악은 50년이 지난 지금도 뮤지컬 〈맘마미아〉의

⤳ 전설적인 팝 그룹 아바(ABBA)

전 세계 곳곳 공연 무대에서 히트곡들이 그대로 소개돼 열띤 사랑을 받고 있다. 〈Dancing Queen〉, 〈The Winner Takes It All〉, 〈Waterloo〉, 〈Fernando〉, 〈Chiquitita〉 등 수없이 많다.

아바의 노래를 전편에 수시로 끼워 넣는 이 뮤지컬은 전 세계적으로 히트해 2020년 기준 40억 달러의 수익을 올려 역사상 가장 흥행에 성공한 뮤지컬 3편 중 하나로 기록되고 있다. 이 뮤지컬을 원작으로 한 영화 〈맘마미아〉 역시 대박을 쳐 요즘 젊은이들에게도 새롭게 인기가 드높다. 이런 아바의 모든 것을 보여주는 대형 '아바 박물관'이 스톡홀름 티볼리 역 근처에 자리한다. 지난 2013년 '스웨덴 음악 명예의 전당'인 양 완성돼 팬들이 성지 순례하듯 찾아 나선다. 아바 그룹 결성 전부터 전성기, 해체 이후의 근황들, 그들의 입었던 의상과 전 세계적으로 발매됐던 음반 재킷, 골든 디스크, 그들의 녹음현장 등 자료들이 대단했던 시절들을 입증하고 있다. 1982년 아바 그룹 해체 이후 이들을 기리고자 '아바 걸스(ABBA GIRLS)'라는 '아바 헌정 그룹'이 1995년 영국에서 결성돼 전 세계 42개국에서 그동안 4천 회 이상의 투어 공연을 실시했단다.

이렇듯 전설적인 아바는 지난 2021년 11월, 40년 만에 새 앨범, 〈보이지(Voyage)〉를 발매, 영국의 경우 발표 3일 만에 앨범 8만 장이 팔려 영국 내 초도 물량 신기록을 세우기도 했다. 또 '아바 보이지 콘서트'를 2022년 5월 영국에서 개최한다고 발표하자 3일 만에 25만 장의 티켓이 판매돼 아바에 대한 관심이 여전함을 과시했다. 한국에도 여러 차례 내한해 성황리에 공연했다.

스톡홀름의 또 하나 명소는 범선 모양으로 지어진 바사 박물관이다. 열 개의 돛을 달고 바람으로 운행했던 범선 바사호는 스웨덴의 국력이 절정에 이르던 시절 2년여에 걸쳐 만들어졌다. 당시 국왕이던 구스타프 아돌프 2세의 명령을 받고 전쟁에 출전하기 위해 1628년 스톡홀름 항구에서 출발한 후 거센 폭풍에 휘말려 바다에서 사라져 버렸다는 것. 선체 길이가 약 60m, 높이 50m로 당시로서는 꽤 규모가 컸던 이 배는 무려 333년이 지난 1961년에야 인양돼 현재 박물관 내에 전시 중이다. 긴 세월 수장됐다지만 7백여 개의 크고 작은 조각상이 여전히 화려함을 드러내 배 전체가 정교한 예술품인 양 감탄을 자아낸다. 7층으로 된 박물관의 4개 층을 통째로 뚫어 전시하고 있다. 배가 담겨있던 발트 해의 염도가 낮고 물살이 잔잔한 데다 진흙이 선체 전체를 감싼 덕에 당시 모습이 그대로 보존될 수 있었다는 것이 전문가의 견해다.

　스웨덴 왕실의 정궁(正宮)인 스톡홀름 왕궁 밖에서 매일 정오쯤 거행되는 근위대 교대식은 보다 본격적이며 위엄있고 멋있어 이 도시 여행 필수 코스 중 하나다. 대포 몇 대를 배치하고 늘씬하고 날렵한 백마, 흑마들이 동원돼 긴장감과 멋스러움을 더해준다. 고함처럼 외쳐대는 구호에 맞춰 푸른 제복을 입은 남녀 근위병들이 발을 맞춰 행군하면 위엄과 절제, 격식미의 또 다른 아름다움이 긴장감을 불러온다. 여성 근위병의 날카로운 구령과 호령도 끼워 넣어 성차별이 가장 적은 나라 중의 하나임을 드러내 보이는 듯하다. 18세가 되면 남녀 모두 병역통지서를 받는다니 더욱 그렇다.

　이 왕궁은 1754년 바로크 양식으로 지어졌고 그 안에는 여러 개

구역에 11층으로 나뉜 6백 개 이상의 방이 있다. 본래 있었던 르네상스 양식의 트레 크로노르 왕궁이 화재로 사라진 지 50여 년 만에 새로 지어진 곳. 국왕의 관저이자 외국의 국빈 등을 위한 공식 리셉션 장소로 쓰인다. 현재 왕의 거주지는 드로트닝홀름 궁전이다.

이 궁 안에서는 왕실 거주지, 근무지, 왕실 보물관, 트레 크로노르 박물관, 구스타프 3세의 고미술 박물관, 왕실 의전관, 부속 예배당 등을 둘러볼 수 있다.

마치 지하 동굴 금고인 양 보여지는 왕실 보물관에 들어서면 어둡게 내려앉은 분위기가 입장객들을 조심, 조용하게 만든다. 왕의 대관식 날 대주교가 왕에게 수여하는 왕권의 상징물들인 리겔리아(Regalia)가 지하 금고 안에 보관돼 있다. 진주와 다이아몬드 및 여러 종의 보석들로 장식된 화려한 왕관들, 대관식 망토와 예복, 수훈자에게 수여하는 훈장과 긴 금장 검(劍), 왕실 그림 등이 흘러간 왕족들의 영화와 권세를 온 모습으로 대변하고 있다.

그중 에릭 14세 국왕이 썼던 왕관은 23캐럿의 골드와 다이아몬드, 에메랄드, 루비와 진주 등으로 이루어져 화려함의 극치를 보여주고 있다. 1561년 스톡홀름의 유명한 금 세공기술자에 의해 제작된 것으로 전 세계에서 손꼽히는 유서 깊은 왕관 중 하나이다. 지난 5백여 년간 스웨덴 왕족들이 세례식 등 주요 행사 때마다 계속 사용해 왔다는 전통 왕관이다.

또 이곳을 방문한 각국 수반과의 회의 및 국가 간 교류를 상징하는 기념물, 휘장들이 전시돼 있는 방도 시선을 잡아끈다. 한국 것의 경우 태극기 문양을 가운데 배치하고 그 위에 한글로 '신뢰를 통한 평화'라는 우리 측 염원이 표현돼 있다. 당사자는 문재인 전 대통령으로 2019년 한국-스웨덴 수교 60주년을 기념하기 위한 국빈 방문 시 게시한 것으로 보인다. 노벨상 축하 리셉션이 열리는 곳은 칼 국왕 11세 갤러리(King Karl XI's Gallery)로 전투 중인 칼 국왕을 묘사한 천장 그림으로 유명한 곳. 노벨상 수상자들이 초대돼 현재의 국왕과 접견한다. 프랑스 베르사유 궁전의 '거울의 방'을 모델 삼아 만들었다더니 화려함이 눈부시다.

입헌군주국인 스웨덴의 현 국왕은 베르나도테 왕조의 칼 구스타프 16세(Carl Gustaf XVI, 1946~). 지난 1976년 즉위해 2025년 현재까지 재위 중이다. 스웨덴은 10세기에 최초의 통일 왕국이 성립된 이후 1397년부터 126년간 덴마크, 노르웨이와 함께 칼마르(Kalmar) 동맹국을 결성, 주도권 다툼에 나서기도 했다. 이때 덴마크에 의해 시민들이 처형되는 불운도 겪었다. 1849년부터 입헌군주제가 시작됐으며 한국의 4.5배 크기에 인구는 남한의 20% 수준인 1,050만 명 정도. 1인당 국내 GDP(국내총생산, 2023년)는 5만5천 달러 수준이다. 역사상 크나큰 재앙이나 큰 전쟁도 별로 없이 풍광 좋은 곳에서 높은 경제적 여유를 즐기며 안정적으로 잘 살아가는 '복지 국가'를 접하니 여행자 심사도 덩달아 밝고 편안해지는 듯하다.

[22]

아시시 - 이탈리아

▷▶ 사랑과 헌신의 성자, 성 프란치스코의 향기가 짙게 밴 산간 마을

⋯▶ 성 프란치스코 성당 모습

"오 주님 저를 당신의 평화의 도구로 써 주소서 / 미움이 있는 곳에 사랑을 다툼이 있는 곳에 용서를 의혹이 있는 곳에 믿음을 심게 하소서 / 절망이 있는 곳에 희망을 어두움이 있는 곳에 빛을, 슬픔이 있는 곳에 기쁨을 심게 하소서 / 오 거룩하신 주님 제가 위로받으려 애쓰기보다는 위로할 수 있도록 / 사랑받으려 애쓰기보다는 사랑할 수 있도록 도와주소서 / 우리는 줌

으로써 받고 용서함으로써 용서받으며 죽음으로써 영생을 얻기 때문입니
다"

많은 사람들이 비록 실천에 옮기지는 못하더라도 마음속에 품고
있는 생각과 행동의 지향점으로 삼고 있는 이 〈평화의 기도〉는 그냥
읊조리기만 해도 마음이 평온해지고 심적 휴식이 찾아온다. 기도문이
마치 일상의 공기처럼 깃든 마을이 있다.

이탈리아 수도 로마 테르미니 역에서 기차로 2시간여 걸리는 중부
아시시(Assisi)라는 산간 마을에 접어들어 그 풍광 속에 놓이자 절로
그런 느낌이 들었다. 지나친 과장일까? 아니다.
 필자가 그 마을에 대한 사전 지식을 안고 가서인지 실제로 그런 느
낌을 받았으니 신기한 노릇이다. 육신은 생각의 지배를 받는다. 이곳
은 '맨발의 성자'로 알려진 성 프란치스코가 태어나 셀 수 없을 정도
의 기적을 일으킨 가톨릭 최고의 성지다. 그가 쓴 시, 〈평화의 기도〉
는 그의 몸과 마음을 고스란히 담고 있다. 가톨릭 교회에서 아주 자주
쓰이며 일반에게도 극진한 사랑을 받고 있는 문장들이다

아시시에 그런 기운이 안착한 것은 언제부터였을까? 아마도 가난
과 희생, 사랑의 성자 프란치스코(1181~1226)가 8백여 년 전 찾아 들
면서부터가 아닐까 싶다. 아시시는 가톨릭 성자들의 시성(諡聖), 프란
치스코가 일생을 통해 사랑을 실천하고 죽은 후 그의 시신이 묻히고
그 영혼이 함께 하는 곳이니까 당연하듯 하다. '하느님의 음유시인'이
라는 별칭이 잘 어울리는 그와 그의 삶 터이다.

언제 어디서든, 심지어는 비행기를 수십 시간 타고 달려간 먼 길 위 여정에서도 우리의 마음은 쉼 없이 소란스럽다. 때론 길을 떠날 때 기필코 떼어놓고 오겠다던 잡다한 일과 고민들이 차창 밖 풍경과는 무관하게 느닷없이 떠올라 머리와 가슴을 갈기고 사라지곤 한다.

그런데 신기하게도 이 한적한 작은 마을, 아시시의 조용하게 가라앉은 듯 평화로운 풍경 속으로 들어가면 그런 생각이 한갓 쓸데없는 세속의 습관성 기우임을 일깨워 준다. 그런 분위기들이 이 동네의 기류를 낮고 청량하게 탈세속하는 기분을 갖게 하는 모양이다.

그가 일생을 통해 이곳에 심은 사랑의 선한 기류가 세상의 좋은 기운을 증폭해 사람들을 통해 불러들이고 번지게 해 아예 인류의 소문난 성지로 자리매김한 덕분이리라. 프란치스코 수도회의 본부이기도 한 이곳은 전 세계 신부, 수녀 등 목회자들과 순례자, 신도들이 찾아야 하는 필수 코스로 여겨지고 있다.

이탈리아 중부 움브리아 주의 해발 424m의 산정에 자리 잡은 아시시는 인구 2만7천여 명이 상주하고 있는 산간 마을이다. 면적은 $186.8km^2$로 서울시($605.24km^2$)의 3분의 1에 조금 못 미친다. 프란치스코 성당에서 내려다보이는 아시시 마을은 멀리 초록빛 산 구릉이 마을을 빙 둘러 감싸고 있으며 그 안에 채소밭과 숲들이 가득 채워져 있다. 군데군데 하늘 높은지 모르는 듯 키를 뾰족하고 늘씬하게 키우고 있는 스프루스 군락들이 이 성지의 성스러움에 일조하는 듯하다. 포도 나무와 올리브 나무들의 합창도 힘을 보탠다. 기차역에서 내려 바라보면 산 중턱에 마치 군사적 요새처럼 둥지를 틀고 있다. 기차역은 '가난의 성자'의 마음을 표현하려는 듯 그 어느 간이역보다 조촐하고 낮게 몸을 숙이고 있다. 얼핏 보면 역인지 무슨 건물인지 파악이 안 돼 가까이 접근해야 그 용도를 알게 한다.

가톨릭에서의 절차를 밟아 시성으로 지정된 사람은 그가 어떻게 살다간 사람인가가 세상에 널리 공표된 인물이다. 시성은 가톨릭에서 순교한 사람들의 탁월한 신앙과 헌신을 기리기 위해 교회가 이를 공식적으로 인정해 부여한 지위로 그를 기리는 축일이 제정된다. 또 성당에는 그의 업적을 대변해 줄 성화(聖畵)가 게시된다.

프란치스코의 시성(諡聖)은 1228년 7월 16일 교황 그레고리오 9세 당시에 이루어졌으며 축일은 10월 4일이다. 신도들은 그의 이름으로 세례명도 쓸 수 있게 된다. 현재의 프란치스코 교황의 이름도 '가난한 이들을 기억하라'는 생각에서 따라 쓰게 된 것이라고. 아시시는 2000년, 유네스코 세계문화유산으로 지정됐다. 미국 서부의 샌프란시스코란 도시 이름도 이 시성의 이름에서 유래된 것이다.

아시시를 성지로 빛내주는 성 프란치스코 대성당은 성자 프란치스코가 안치된 곳으로 가톨릭교도들의 중요한 순례지이다. 그가 죽은 지 2년 후, 교황 그레고리오 9세가 그를 성인으로 추대하였고 그의 유해를 봉납하는 성당의 건축을 명해 25년 만에 완성됐다. 프랑스의 고딕 양식과 움브리아 지방의 로마네스크 양식이 결합된 이 성당은 수도사 엘리아의 설계로 이루어졌다.

비탈이 심한 지형인지라 세계적으로 보기 드문 2층 구조. 성당이 상부와 하부 성당으로 나뉘어 있다. 그의 시신의 정확한 소재는 도난과 훼손을 염려해 비밀에 부쳐졌다.

하지만 6백 년이 지난 1818년, 하부 성당에서 유골이 발견되고 지하 성당을 건설한 후 다시 그리로 옮겨져 신도들이 그의 묘지를 방문할 수 있게 됐다. 이곳을 출입하는 관광객들에게 정갈한 옷차림을 요구하고 사진 촬영은 금지된다

성당의 외벽에는 외부 장식이 거의 없어 단순, 단아한 것이 특징이다. '아시시의 돌'이라 불리는 핑크빛이 도는 대리석들이 은은한 멋을 풍기는 성당은 화려하거나 거창한 느낌을 일부러 배제한 듯 보인다. 높은 첨탑이나 다양한 석상, 부조물 없이 그 앞에 펼쳐지는 초록빛 잔디밭과 조화를 이루는 성당의 모습은 조촐하고 편안한 느낌을 준다. 성당 2층에는 이탈리아 최고의 프레스코화라고 지칭되는 〈성 프란치스코의 생애〉가 성인의 숭고한 삶을 기리고 있다. 세계적인 중세 이탈리아 화가 겸 건축가인 조토(Giotto, 1267~1337)가 그의 생애를 28개의 장면으로 묘사한 작품이다. 성당의 아래층에는 역시 조토, 치마부에 등 르네상스 시대의 유명한 화가들이 그린 벽화와 스테인드글라스가 볼거리를 제공한다. 저절로 관람자들의 행동이 조신해진다.

아시시 마을 역시 마찬가지다. 그의 청빈을 빛내기 위해 일부러 조성된 것처럼 전체 분위기와 실루엣이 조용하게 내려앉아 있다. 작은 산간 마을은 번잡한 꾸밈이 전혀 없다. 다들 목소리를 낮추고 발걸음을 조심하며 풍경 속 그림인 양 움직이는 것처럼 보인다. 작고 낡은 벽돌과 돌멩이의 집합체로 이루어진 집과 상가들은 오랜 세월에 눌린 듯 침착하고 안정된 느낌을 자아낸다.

좁은 비탈길로 오르는 골목 군데군데, 마치 영접인사라도 건네려는 듯 자리한 아치형 입구들이 여행객들을 맞아준다. 눈이 부시도록 아름다운 코발트색 하늘에 그림을 그린 듯 돌계단 위 부서지고 헤져 빈티지한 집들은 소박한 조형미를 은근하게 전하고 있다. 세월의 흔적이 여실한 벽체와 나무 현관문, 작은 창문 앞에서 이야기를 거는 듯한 어여쁜 화분들이 멀리 아주 오래전 이사 간 성인의 환향을 기다리는 듯 보인다. 움브리아 지방의 수바지오 산 언덕 위에 성인의 영혼을 담은 중세의 세월이 떠나지 않고 재현되고 있는 것이다.

가톨릭 역사상 가장 존경받는 종교인으로 손꼽히는 성 프란치스코. 12~13세기를 걸쳐 살다간 그는 살아생전 사제 서품을 받은 적도 없고 명성에 연연한 적이 없어 자신이 시성의 반열에 오르리라고 꿈에도 생각하지 못했으리라. 더구나 그는 가톨릭과는 무관한 평범한 시민의 한 사람이었으니 더욱 그러하리라.

그런 그가 어느 때부터인가 이탈리아 가톨릭 교회의 전도사이며 '탁발 수사'로 불리는 프란치스코 수도회(The Franciscan Order)의 설립자가 된 것이다. 탁발이란 출가한 불교 승려들이 걸식으로 먹을 것과 입을 것을 해결한다는 의미를 담은 용어인데 그만큼 사욕 없이 가난한 삶을 영위함을 뜻한다. 그래서인지 성 프란치스코는 그리스도교, 가톨릭, 성공회, 루터회, 독일 개신교 등의 교파를 떠나 존경을 받고 있는 성인으로 알려져 있다.

부유한 포목상인의 아들로 아시시에서 태어난 그의 본명은 '조반니 베르나르도네'였다. 하지만 프랑스에 출장 갔다가 매료된 그의 아버지가 아들의 이름에 프랑스인이라는 의미의 '프란치스코'를 붙여 부르게 했다는 것이다. 이 마을에는 성인을 잉태하고 양육한 부모의 조각상이 마을 한켠에 서 있어 관심을 끈다.

경제적 여유가 풍부했던 젊은 시절, 재미와 향락을 추구했던 그는 기사(騎士)를 꿈꾸며 전쟁에 참가한 후 포로로 잡혀 1년여 감옥 생활을 하게 된다. 거기서 풀려나온 그 후유증으로 큰 병을 앓아 오랫동안 병원 신세를 지게 된다. 그때부터 그에게는 환상, 환청이 찾아와 예전과는 판이한 생활 방식을 취하게 된다. 환청에서 들리는 그 내용에 꽂혀 그의 인생은 전혀 다른 곳으로 접어든다.

전쟁에 다시 참여하려던 그에게 들려 온 소리는 "너는 주인과 종 사이에 누구를 택하겠느냐?"라는 질문. "주인입니다"라고 답했던 그에게 다시 날아든 소리는 "네 고향으로 돌아가라. 그러면 거기서 네가 해야 할 일을 알려주겠다"는 거였단다.

그는 그 소리를 듣자마자 말머리를 돌려서 다시 아시시로 온다. 대성당 앞 초원에는 프란치스코가 말을 탄 채 죄인이라도 된 양 고개를 푹 숙이고 가던 길을 되돌아오는 모습의 검은 조각상이 설치돼 있어 그때의 상황을 여실하게 보여주고 있다.

그는 아시시로 돌아온 후 근처의 나환자촌을 방문해 그들을 돕기도 하고 무너져 가는 성당을 수리한다는 명목으로 부모의 재산을 탈탈 털어 넣는가 하면 성당을 지을 벽돌을 사방에 구걸하러 다니기도 했다. 그를 되돌리려는 아버지의 회유도 뿌리치고 결국 그는 상속재산을 전부 포기하고는 군중들 앞에서 이렇게 외쳤다 한다.

⋯ 전쟁에 참여하려다 말머리를 돌려 돌아오는 성 프란치스코 동상

"내가 여태까지 아버지로 불러온 사람에게서 받은 돈과 의복들을 돌려줍니다. 이제 나는 하늘에 계신 유일한 아버지 한 분만을 섬기게 될 것입니다." 이런 그의 태도에 사람들은 정신 이상자라고 수군댔다. 하지만 변함없는 그의 진심을 차차 알아가면서 그를 따르는 사람들이 늘기 시작했다. 당시 그의 신조는 "예수 그리스도의 제자라면 몸에 걸친 것 외에는 아무것도 소유하지 않고 하나님 나라의 존재와 회개해야 함을 선포해야 한다"는 것이었다.

아무것도 소유하지 않은 채 야산을 전전하던 그는 동료 11명과 함께 '작은형제들'이라는 모임을 조직한다. 이 조직을 기점으로 시작된 프란치스코회는 아시시의 선사들이 성모 미리아 대성당 내에 있는 한 구역을 본부 삼아 각지를 돌며 선교 활동을 하게 됐다.

그는 가난에 아낌없이 자신을 투척하는 형제들과 "자신을 비우고 온전하게 하느님에게 마음을 바치면서 얻을 수 없는 것은 그에 대한 사랑으로 포기하면서 항상 순례자처럼 살 것"을 약속하고 행동에 옮겼다는 것이다.

 자신을 부인하고 일체의 소유를 마다한 채 아주 낮은 자가 되어 그리스도의 자세를 따라 하려 혼신을 다했던 그에게서 사람들은 사랑과 헌신과 평화를 실천하는 그리스도의 모습을 볼 수 있었다고 전해진다. 그 사람 자체, 그 사고와 행동으로 그리스도를 증거할 수 있었다는 것이다.
 그는 하느님이 창조한 모든 피조물 역시 극진히 사랑했다고 전해진다. 동식물은 물론 물이나 불까지도 생명을 함께 나누는 형제자매로 부르고 대했다고 한다. 심지어는 새들을 대상으로 전도용 설교를 하고 이에 반응하는 새들의 몸짓이 알려져 나라 안팎으로 널리 화제가 됐다는 것이다. 조토가 그린 프레스코화의 한 장면으로 수세기에 걸쳐 널리 사랑받고 있다.

 해마다 10월 4일, 성 프란치스코의 축일에 바치는 가톨릭 교회 미사 중 기도 내용은 이렇다

 "하느님, 가난하고 겸손한 성 프란치스코를 통해 살아계신 그리스도의 모습을 저희에게 보여주셨으니 저희도 그를 본받아 성자를 따르게 하시고 사랑과 기쁨으로 가득 차 주님과 하나 되게 하소서 아멘."

 '20세기 문학의 구도자'로 불리는 그리스의 작가인 니코스 카잔차키스(1883~1957)가 쓴 장편소설 《성자 프란치스코》의 서문에서는 이렇게 성인을 기린다.
 "나에게 있어 성 프란치스코는 사람의 본분을 다한 인간의 표본이

다. 시련 또한 평화로운 투쟁으로 이겨내면서 가장 아름답고 숭고한 의무를 실천한 인물이기 때문이다. 그것은 윤리나 진리 또는 아름다움보다도 더 지고한 차원의 것, 곧 우리를 통하여 하느님이 맡기신 물질을 갈고 닦아 영혼으로 승화시키라는 본질적 의무일 것이다"라고.

카잔차키스는 이 소설을 써 역시 한평생 의술로 아프리카의 가난한 사람들에게 봉사한 '원시림의 성자' 알베르트 슈바이처 박사에게 헌정했다 하니 감격이 더하다.

2013년 성인의 이름을 따 부임한 프란치스코 교황에 대한 인류의 관심이 뜨거운 것도 성인의 영혼을 빛내며 실천하리라는 기대 때문일 것이다. 그 이전에는 권위와 위세를 자랑하는 많은 교황들이 '가난하고 낮은' 프란치스코와 비교되는 것을 그토록 싫어했었다니 프란치스코 교황이 전 세계 언론의 주목을 받았으리라.

'노벨문학상' 수상자인 독일의 시인 헤르만 헤세(Hermann Hesse, 1877~1962)가 10여 년간 심혈을 기울여 연구, 1904년에 내놓은 《아시시의 성 프란치스코》 역시 성인의 삶에 깊이 탄복한 후 그와 같은 구도(求道)의 삶을 지향하기 위해 쓰인 것으로 알려져 있다. 헤세의 작품들에서 느껴지는 맑은 기운은 그런 철학이 배어있는 덕분이리라.

성인의 삶을 전하는 풍문 중 "아시시 장미에는 가시가 없다"는 얘기가 있다. 성욕을 이기기 위해 성인이 장미 가시덤불에 맨몸을 굴려 그의 사후에 피어난 장미들은 가시가 없다는 일화다. 이 장미들을 다른 곳에 심으면 다시 가시가 돋아나는데, 아시시에 다시 옮겨 심으면 다시 가시가 없어진단다. 살다 보면 믿기지 않는 기적 같은 일들이 일어나곤 하니 사실 여부를 함부로 속단하기는 어렵다. 성인의 축일에는 동물의 수호성인이기도 한 그를 기념해 일부 유럽 성당에서는 동물 축복식을 연단다. 신자들이나 이웃들이 반려동물들을 데리고 오면 신부들이 동물들에게 축복의 성수를 뿌려준다는 것.

성인의 얼굴과 자태를 그린 그림이나 조각상을 통해 볼 수 있는 성인의 모습은 갈색 수사복에 온몸에 핏줄이 드러날 정도로 깡말라 있어 그의 생애를 말없이 보여주고 있다. 로마 성 베드로 성당에 전시된 '성 프란치스코' 조각 대리석 작품 역시 깡마른 형상에 십자가를 들고 있는 모습이다.

아시시 시내 한가운데 있는 코무네 광장에는 오늘날 시청사로 사용하고 있는 프리오리 궁전이 있고 그 회화관 뒤쪽에는 성인의 부모가 살았던 곳이 자리하고 있다. 여기서 걸어 5분 거리에는, 귀족의 딸이었으나 16세부터 성인을 숭배해 그의 삶을 그대로 따라 살았던 성녀 클라라의 유해와 유품을 안치한 산타 키아라 성당이 있다. 그래서인지 성 프란치스코 성당과 아주 닮았다. 이 지방의 특산물인 분홍과 흰색 대리석 건물 전면에 물결인 양 조금 더 진한 분홍 줄무늬를 배치한 점이 다르다.

방문객들의 머리 위를 맴도는 성인들의 영혼은 그들에게 어떻게 살아야 할 것을 제시하는 영원한 지침서의 역할을 오랫동안 해내리라. 보통의 인간류는 부족함이 속성인 양 태어났으니, 그 부족함과 한계를 자각하고 그 부족분을 메우기 위해 노력하는 과정을 보여주는 여정이 우리에게 주어진 삶이리라. 인간들을 지어낸 창조주께 여쭙고 싶다. 진정 어디까지 노력하고 실천해야 그분의 뜻에 합당한지 말이다. 아니, 한계를 자각하고 노력하는 모습만으로도 흐뭇해 하실지 모른다. 인간의 본성이 부족함 투성이 자체인 걸 또 잊었었다. "내 형제, 죽음이여, 어서 오라." 성 프란치스코가 죽기 전에 유언처럼 남긴 말, 새겨 볼 일이다.

국내에 되돌아와 그간 그냥 지나치기만 했던 서울 서대문구 정동에 자리한 프란치스코의 작은형제회 성당에 들러보게 됐다. 프란치스코 성인이 하나님의 음성을 듣고 전장에 나갔다가 아시시로 말을 타고 돌아오는 그 유명한 장면을 밑 배경으로 해 이곳의 사업을 알리는 게시판과 성당 안을 둘러 보면서 잠시 기도하는 마음이 됐다. 성인의 숭고한 뜻이 부디 한국에서도 실천으로 작동하길 바라는 마음으로….

[23]

부에노스아이레스 – 아르헨티나

▷▶ 탱고가 흐르는 도시 한복판 거대한 레콜레타 '가택묘지'

⋯▶ 부에노스아이레스의 가택묘지인 레콜레타 일부 모습

　인간은 생명불식(生命不息)의 존재다. 우리는 매일 8만6천4백 초를 부여받고 그 시간을 매초 소진하며 살아가는 여행길에 있다. 주어진 시간은 곧 생명이다. 인생은 살아가는 것인 동시에 죽어가는 것이다. 인생은 시간에 올라타 쉼없이 달리는 여행과 같다.

미지의 땅을 여행하다 만나는 수많은 묘지들은 우리의 삶이 유한하고 우리의 인생 여정도 머지않아 끝이 나리라는 자각을 하게 하는 장소들이다. 한평생 어떻게 살아왔는가와 무관하게 인간의 말로가 어떠하다는 것을, 누구도 피해갈 수 없음을 웅변하는 곳 말이다. 때로는 거대한 모습으로, 때로는 아주 초솔하고 초라한 모습으로 여행자에게 말을 건네며 손짓한다.

어느 나라를 가든 여행자들이 유한한 생명의 존재에 대해 새삼 자각하고 잠시나마 자신을 둘러보게 하는 '묘지 여행'이 심심치 않게 등장한다. 굳이 피해갈 수도 있지만 세상을 감동시켰던 사람들이 너나 할 것 없이 한 줌의 흙이 되어 묻혀있는 그 장소들은 오히려 여행을 값지게 하는 요소들이다. 우리 모두 지구를 잠시 여행하기 위해 들른 방랑자들임을 일깨워 주니까.

사람들은 당장 주어진 그 평안함이 영원토록 계속될 것이라는 착각 속에 오늘도 살아간다. 자신이 죽는 날짜를 손바닥 보듯 들여다본다면 시시각각 죽음의 그림자가 구름처럼 덮쳐오는 상황에서 어찌 생존의 의지를 불태울 수 있으리. 그게 인간을 만든 조물주의 묘수인 듯하다.

세계 곳곳을 여행하면서 많이 들러본 묘지 중 유난히 눈에 들어온 곳은 아르헨티나의 수도, 부에노스아이레스(Buenos Aires) 한복판에 있는 '가택묘지'인 레콜레타(La Recoleta Cemetery)이다. '주택식 공동묘원', '주택묘지 박물관', '죽은 자들의 마을'이라는 별칭이 잘 어울리는 곳이다. 이렇게 차량이 쌩쌩 몰아치는 대도시 한복판에서 묘지들이 별도의 마을과 건물 집단을 이룬 예는 아마도 내 여행 경험으로는 처음이었던 것 같다.

'남미의 파리'라고 불리는 부에노스아이레스. 인구 약 289만 명, 브라질의 상파울루에 이어 남아메리카에서 두 번째로 큰 도시다. 그 대도시 북동쪽에 위치한 구역(Barrio) 이름이 레콜레타이다. 설사 대도시에 있는 묘소라 해도 어느 호젓한 마을 뒷동네나 교회, 성당의 한켠에 자리 잡은 사례들은 많다. 죽은 자들을 위해 마련한 비석이나 기념탑 정도가 큼지막하다 해도 레콜레타 정도는 아니었으니 더욱 놀랍다. 죽어서 안치된 5천여 고인들의 머릿수만 헤아려도 단연 최고라는 느낌이 들었다. 화려한 '주택묘지 박물관'이라고 해야 할 것 같다.

레콜레타에 입주한 묘소들은, 이 나라 저명인사들과 부호들의 사후 안식처로 대리석이나 화강암으로 지은 주택들과 아주 닮아있다. 분명 묘지이지만 고인이 실제 살고 드나들었던 주택처럼 현관문과 창문, 담벼락과 가로등도 한 세트인 양 구비돼 있다. 저마다 크기가 다르지만 상당수는 웬만한 크기의 주택 방 1~2개 정도의 규모를 갖추고 있다. 내부를 들여다보면 어느 곳은 부엌 싱크대도 식탁도 의자들도 보이니 현재 집주인이 거주하고 있는 것 같다. 작은 정원을 갖춘 곳도 있다. 마치 이 나라 건축 문화를 가늠할 수 있게 약식으로 집대성한 느낌도 주니 기분이 묘해진다.

시신의 유골들은 그런 주택묘지 안방이나 정원의 석곽 속에 안치돼 오랜 세월, 이곳을 방문하는 세계의 관광객들에게 볼거리를 제공하고 있다. 마치 시내 한쪽에 조성한 일련의 단독주택 단지를 연상케 하는 공동묘지인 셈이다. 자연 속 산등성이나 들판의 봉분에 자리 잡은 우리네 묘소와는 사뭇 다른 모습이다. 묘지는 화려한 장식과 함께 비장미와 처연함을 맛보게 한다. 죽어서까지 기여하는 시신들이다.

역대 대통령과 부인들, 노벨상 수상자, 유명 작가와 학자들이 안장돼 고인의 명패도 달려있고 묘지에 길 이름과 번지수도 달고 있다. 입구와 현관문, 창문 등이 설치돼 있는 대리석 석조주택 각각이 한 사람이나 가족의 지상묘지인 셈이다. 여러 묘지를 감상하며 다닐 수 있는 미로같이 좁다란 산책길도 나 있고 때로는 창문을 통해 묘지 내부에 안치된 관도 들여다볼 수 있다. 이곳의 관리인듯한 사람에게 물어보니 "가장 비싼 묘소 가격은 10억여 원, 보통은 5억 원 정도로 근처 주택 가격과 비슷한 셈"이란 답변이 돌아온다.

죽은 이들의 묘지 앞에 서면 늘 내 심장을 서늘하게 하는 시구(詩句)가 떠오른다.

"두 번은 없다 지금도 그렇고 앞으로도 그럴 것이다 / 그러므로 우리는 아무런 연습 없이 태어나 아무런 훈련 없이 죽는다 / 우리가 세상이란 이름의 학교에서 가장 바보 같은 학생일지라도 여름에도 겨울에도 낙제란 없는 법 / 힘겨운 나날들, 무엇 때문에 너는 쓸데없는 불안으로 두려워하는가 / 나는 존재한다 그러므로 사라질 것이다 / 너는 사라진다 그러므로 아름답다"

1996년 노벨문학상 수상자로 금세기 대표적 시인의 한 사람인 폴란드 여성 시인 비스와바 쉼보르스카의 시, 〈두 번은 없다〉의 경고 말이다.

이처럼 수많은 묘지들이 빼곡한 레콜레타 부근은 원래 수도원 공동체와 채소밭이 있었던 곳이었으나 지금은 부에노스아이레스에서 부유한 사람들이 많이 사는 부촌으로 불린다. 이곳에 19세기 말 황열병이 유행하면서 주민들이 도시 남쪽을 피해 북쪽으로 이사하면서 비롯됐다는 것이다.

1822년 시(市) 정부의 결정으로 공동묘지가 됐다. 초대 아르헨티나 대통령이 유명한 프랑스 건축가를 초빙, 자신을 위한 묘지를 만들어 달라 요청하면서 본격화됐다. 다른 유족들도 '망자의 집' 설계를 곳곳에 의뢰, 다양한 모습의 주택묘지가 자리 잡았다. 마치 작은 건축물로 멋 내기 경쟁을 한 주택 경연장 같다. 현재 묘원 전체 넓이는 약 1만5천 평에 이른다. 저마다 조각과 장식물로 한껏 예술성을 뽐낸 납골실들이 주택 모양의 묘소 안에 안치돼 있는 모양새다.

그중 관광객의 관심을 많이 끄는 곳은, 후안 페론 전 대통령의 두 번째 부인인 에바 페론(Eva Peron, 1919~1952)의 묘소다. 시골 빈민층의 사생아로 태어나 파란만장한 삶을 살던 배우와 가수에서, 육군 대령이었던 후안 페론을 만나 영부인이 된 그녀. 정치에 깊숙이 개입해 공짜 복지로 한때 국민들의 추앙을 받았다. 몇 년간 영부인, 선동 정치가 등으로 살면서 가난한 서민들의 지지를 듬뿍 받고 노동조합을 강력하게 지지해 전 세계 매스컴에도 자주 노출됐던 인물이다. 그러나 결국 나라를 재정악화 상태로 몰아 몰락의 단초를 제공했다는 비난에 시달리다 33세에 암으로 사망했다. 그녀를 애도하는 국민들의 꽃다발로 연일 뒤덮이는 한 달간의 화려한 장례식이 거행됐었다.

그 후 미국 브로드웨이의 거장이자 작곡가인 앤드류 로이드 웨버(Andrew Lloyd Webber)가 뮤지컬 〈에비타(Evita)〉를 작곡해 에바 페론의 존재가 세계적으로 더 유명해진 셈이다. 그녀의 묘비명이라고도 하는 "Don't cry for me Argentina. The truth is I never left you"라는 노래가 절로 떠오르게 만든다. 묘지 앞에서 카렌 카펜터(Karen Capenter)의 목소리에 실려 흐르는 뮤지컬 〈에비타〉의 장면들까지 곁들여보면 그녀의 고난이 전해져 와 70년 전 꽃다운 나이에 가버린 그 영혼을 위해 잠시 기도하는 마음이 된다. 나중에는 영화로도 만들어지고 그 안의 노래를 가수 마돈나가 불러 큰 히트를 치게 됐다.

아직도 에바를 기리는 시민들이 쉼없이 꽃송이를 헌화한다지만 필자가 방문한 그날 아침에는 그녀의 묘소주택은 아무 연고자도 없는 듯 먼지가 쌓이고 초라하게 방치된 듯 보였다. 세상사의 허무함과 쓸쓸함을 대변하고 있었다. 한쪽 구석 좁은 골목길 안에 있었던 그녀의 묘소에 당도했을 때는 묘지 현관문 사이에 누군가 끼워 넣은 시든 장미 두 송이와 한 장의 얼굴 사진이 그녀의 영혼을 달래는 듯했다. 유해는 주택묘지의 대리석 바닥 아래 안치돼 있다고.

에바의 남편이었던 후안 페론은 한때 군부 쿠데타로 쫓겨나 해외를 전전했으며 '페론주의'의 부활을 염려한 군부에 의해 그녀의 시신도 이곳저곳을 떠돌다 결국 24년 만에 현재의 자리, 진성 가족 묘역에 안치됐다. 아직도 그녀의 영혼이 묘지를 맴돌고 있다면 전 세계에서 찾아오는 관광객들에게 아마도 이런 노래를 들려줬을지도 모른다는 생각이 들었다. 우리나라에도 〈천 개의 바람이 되어〉라는 제목으로 소개된, 작자 미상의 시가 담겨있는 장송곡 말이다.

"나의 사진 앞에서 울지 말아요 나는 그곳에 없어요 나는 잠들어 있지 않아요 제발 날 위해 울지 말아요 나는 천 개의 바람이 되었죠 저 넓은 하늘 위를 자유롭게 날고 있죠"

외국에서는 영문 추모시 〈Do not stand at my grave and weep〉에 멜로디를 붙인 곡으로 널리 회자되고 있다. 그녀의 마음을 대변하는 듯해 듣자마자 슬퍼진다.

대로변에 떡 버티고 서 있는 묘원 입구는 장중한 신고전주의식 철문이 도리스 양식(고대 그리스 건축 양식)의 기둥에 둘러싸여 있어 아름다운 위엄을 자랑하고 있다. 그 위에는 '평화롭게 쉬소서'라는 의미의 라틴어로 된 대형 글귀가 새겨져 있어 이곳의 존재 이유를 알게 해준다. 그냥 지나치면 시민들의 쉼터용 공원 정도로 여겼을 법하니 말이다. 영어권에서 'Rest in Peace'로 흔히 사용되는 이 묘비명은 동서양을 막론한 묘원에서 가장 많이 발견되는 대표적인 글귀다.

하지만 부촌인 레콜레타 지역에는 묘원에서 얻은 우울감과 허망감을 떨쳐버릴 수 있는 곳이 도처에 있어 관광객들은 얼굴에 금방 다른 표정을 입히게 된다. 국립 박물관도, 문화센터도 멋진 성당도, 일본식 정원 등도 포진해 있다.

무엇보다 먼저, 이 도시에서 가장 오래된 산 텔모 지구의 재래시장 엘 가보라. 부에노스아이레스가 '잠들지 않는 도시'라는 말이 금방 현실로 다가온다. "살아있는 자는 무조건 즐거우라"라는 말을 전하려는 듯 시장은 온갖 기기묘묘한 노점상과 너털웃음, 춤추는 상인, 브라스 밴드의 음악과 관광객들로 북적인다. 아르헨티나 출신의 세계적인 '축구 영웅'인 디에고 마라도나(2020년 작고)와 리오넬 메시를 상기시키려는 듯 운동복과 모자를 파는 가게가 유난히 성업 중이다. 여행객 누구든 캡 모자 한두 개쯤은 사 들고 간다.

오래된 카메라, 축음기, 타자기, 골동품, 수공예품, 오색 유리병과 와인 잔이 넘치는 길가 노점상 사이 작은 길에는 탱고를 추며 분위기를 들뜨게 하는 춤꾼들이 멋진 몸매와 음악으로 자극한다. 밤이 되면 이런 상점들은 졸지에 사라지고 노천카페로 순식간에 뒤덮여 술 한잔 걸친 이들이 다시 온몸을 흔들어 대며 요란하게 춤을 춘

→ 길에서 만난 탱고 추는 커플

다. 몸치인 나 역시 어서 탱고를 배워 무리에 끼어들고 싶다는 욕심이 생긴다. 역시 '탱고의 나라'답게 뜨겁다. 열정적이며 도발적인 느낌의 탱고는 1880년대 부에노스아이레스의 하층민에서 유래돼 '멈추지 않는 춤'으로도 불렸었다. 아르헨티나의 대표적인 대중음악인 탱고의 기본 리듬은 4분의 2박자. 아주 경쾌하다.

세계 3대 극장 중 하나라는 르네상스 건축 양식의 호화찬란한 콜론 오페라 극장(Teatro Colon, 1857년 개관)의 공연도 즐겨보자. 또 아르헨티나 역사의 시작과 독립을 알리는 '5월 광장'에 들러 빛바랜 핑크빛 대통령 궁 '카사 로사다(Casa Rosada)'와 근위대의 멋진 교대식을 구경

하자. 목축과 낙농업의 강자인 아르헨티나는 쇠고기 가격이 한국 한우와 비교가 안 될 정도로 파격적이다. 꽤 저렴하고 맛도 좋다는 소문 탓인지 스테이크 레스토랑들은 문전성시를 이룬다. 거리 상점에 걸려 있는 소가죽 핸드백 등의 가격도 아주 매력적이다. 해외 여행 시 물건 사는 걸 오래전 결별한 필자 역시 어깨에 메는 가방 하나 건지고 흐뭇해 했으니 말이다.

유럽 이민자들의 정착지이며 탱고의 발상지로 알려진 항구, 라 보카(LA BOCA) 지역 까미니또 거리! 역시 동화 속 마을 같은, 알록달록한 파스텔톤 건물 사이 골목길에서 탱고를 추는 연인들이 쏟아져 나온다. 이들의 춤은 시간과 장소와 무관하게, 욕구가 발생하면 추는 그런 대상인 거다. 카페들은 다투어 아주 작은 임시 야외무대를 설치, 여행객들의 심사를 뜨겁게 달군다.

삶은 별로 심각한 게 아니며 그저 탱고에 맞춰 춤을 즐기는 자가 당장, 가장 잘 살아내는 자라는 듯한 외침을 남녀노소 무관하게 온몸으로 뿜어내는 듯했다.

세계 5대 와인 생산국답게 맛 좋고 값도 아주 '착한' 와인이 인기 품목인 야외 카페 테이블에 앉아 한숨을 돌리니 세계 각국의 다양한 묘지를 방문한 기억들이 줄을 이었다.

미국 버지니아 주에 있는 알링턴 국립묘지의 케네디와 재클린 묘소, 1년 내내 한 시간도 쉬지 않고 불꽃이 타오르게 해 그들의 영혼이 아직 우리 곁에서 활활 불타고 있음을 상기시키려는 듯 보였다. 파리의 몽마르트르나 몽파르나스 묘지도, 런던의 웨스트민스터 사원과 넌헤드 공동묘지도 줄줄이 떠오른다. 또 캄보디아 킬링필드의 해골 잔재들이 어지럽게 쌓인 해골무덤 등이 순식간에 떠올랐다 사라진다. 그걸 목격하면서 인간은 죽으면 그냥 굴러다니는 몇 개의 뼈다귀에 불과하다는 생각이 들어 만감이 교차했었다.

그러기에 유명한 영화 〈버킷리스트〉에서처럼 죽기 전에 누구든 하고 싶은 것들을 미리 작성, 실천해 보는 기회를 가질 필요가 있다는 생각도 들었다.
영화 〈버킷리스트〉는 폐암 말기의 자수성가한 백만장자 사업가 에드워드(배우 잭 니콜슨)와 가난한 빈털터리 자동차 정비사 카터(모건 프리먼)가 함께 하고 싶은 일을 해내면서 즐겁고 의미 있게 죽음을 맞이하는 과정을 그려내 많은 이들의 호응을 받은 영화다.

새삼 내 버킷리스트와 묘비명도 한번 생각해 보는 계기가 됐다. 그리곤 너무 인생을 숙제하듯 스스로 떠밀며 살아왔다는 생각이 스쳐 갔다. 또한 무엇을 버킷리스트에 어떻게 담을지도 구체적으로 자신 있게 말할 수 없음이 당혹스러웠다. 나는 내 일거수일투족에 너무 많은 의미를 부여하며 필요 이상으로 심각하게 따지고 쫓겨왔다는 생각이 들면서 말이다. 늘 시간의 가성비와 타인의 시선을 의식하면서.

평생 글을 써서 밥을 먹고 살아왔으니 말년에는 진정 프로다운 멋진 글, 누군가에게 진정한 위로가 되는 글 한편 남기고 싶다는 생각에 이른다. 간절히 원하는 인간에게는 경우에 따라 초인적인 능력이 발휘되는 은총과 기적이 일어난다는 것을 어렴풋이 느끼고 있으니 기대하며 노력할 작정이다. 다만 그 유명한 어느 작가의 묘비명, "내 우물쭈물하다 이렇게 될 줄 알았다"와 같은 처지는 피할 수 있으면 좋겠다.

인생과 죽음을 주제로 얘기할 때 단골처럼 생각나는 'Memento Mori(라틴어)'는 '죽음을 기억하라'는 뜻이다. 고대 로마 시절, 전쟁에서 이기고 돌아온 장군이 승전 축하 행진을 할 때 바로 뒤에 선 하인들을 시켜 이 말을 외치게 했단다. 순간의 기쁨에 취해 쉽게 자만하지 말고 겸손하자는 의미에서 행해졌다니 그 지혜로움이 아름답다. "네가 얼굴에 땀을 흘려야 식물을 먹고 필경은 흙으로 돌아가리니 그 속에서 네가 취함을 입었음이라. 너는 흙이니 흙으로 돌아갈 것이니라" 이런 성경 구절(창세기 3장 19절)도 떠오른다.

지구 반대편에서 수십 시간 비행기를 타고 내리길 반복하며 날아온 먼 나라, 아르헨티나의 레콜레타가 말없이 건네는 경고요, 되새길 교훈들이다.

[24]

앙코르와트 – 캄보디아

▷ 9백 년 전, 정글 속에 지은 세계 최대 불교 사원

⋯▸ 앙코르와트 사원 전체 모습

 흔히들 세계 7대 불가사의 중 하나라고 말하는 앙코르와트 사원을 찾아가서 내가 느낀 것은 그야말로 과연 '불가사의하다'는 충격감이

었다. 놀람과 혼란스러움이 교차했다.

  그리고 동시에 든 의문점은 도대체 이 정글 안으로 그 집채만 한 돌덩이들을 어디서 구해, 어떻게 실어날랐느냐 하는 것이었다. 연이어, 어느 거대한 장인 집단이 그 넓은 장소에 기가 막힌 설계를 하고 그를 바탕으로 일사불란하게 신을 위한 숭배예식과 당시의 생활상을 조각이나 부조로 표현해 냈냐는 것이었다. 이집트의 피라미드의 거대한 돌덩이들을 보고도 놀랐지만 그래도 거긴 평야 같은 사막이었다. 또 나일 강 근처이니 뗏목 등을 이용해 운반이 가능하다는 생각을 했었다.

  또 있다. 30여 년간 사원을 지은 후 그 근처에 살고 있었다던 1백만 명에 달하는 인구들은 다 어디로 사라졌고 거의 5백여 년간 정글 속에 묻힌 채 아무도 찾지 않는 '유령 도시'로 잊혀졌다는 것인지 기괴했다. 이런 의문에 대한 답은 아직도 정확하게 규명돼 있지 않아 불가사의하다는 느낌을 더해주고 있다.

  정글 속에 묻혀 폐허인 양 버려졌다는 것을 증명이라도 하듯, 그 사원 전체를 압박하며 휘감고 있는 기괴한 나무들이 거대한 용틀임을 하며 솟아오르고 있는 모습으로 진을 치고 있었다. 나는 생전 처음 보는 신기한 모습의 나무들, 이름이라도 당장 알고 싶었다.
  과연 앙코르와트를 벗어난 다른 지역에서도 생존하는지 물어봤으나 그 지역 원주민들은 대답하지 못했다. 그들은 마치 "그래서 앙코르와트가 신비한 사원이 아닌 거냐", "그런 건 물어볼 필요가 없다"는 표정을 하고 있었다.

귀국해서 힘들게 찾은 자료에 의하면 '스펑'이라는 나무였다. 뽕나무과, 무화과나무속의 나무란다. 그렇게 무섭게 휘감는 나무들의 뿌리 역시 하늘로 뻗쳐 사원의 기반을 흔들어 댔지만 한편으로는 무너짐을 막아주는 지지대 역할을 하는 게 아닌가 하는 생각도 들어 아무튼 다행이었지만.

폐허의 쓸쓸한 잔해와 섬세하나 웅대한 아름다움이 공존하는 앙코르와트를 만나는 일은 약육강식과 질시에 능한 인간 심사를 보여주는 듯해 쓸쓸한 슬픔을 느끼게 한다.

외세의 침략과 찬탈, 내전의 상흔이 그대로 전해지는 그 격전지에서 힘들게 살아남은 사원은 그에는 무심하다는 듯 전 세계 여행객들에게 비장(悲壯)의 아름다움을 뽐내고 있다.
후세 건축 전문가들은 그 사원이 인간의 창의성이 얼마나 대단한가를 입증하는 대표적인 건축물이라고 칭송하기도 한다. 1992년 유네스코가 지정한 세계문화유산의 하나로 세계 최대 규모의 사원이다.

이곳은 유난히 아침 일찍부터 서둘러 사원을 향하는 관광객들로 넘쳐난다. 사원 정면을 바라볼 수 있는 연못 해자(垓字) 앞에서 해가 떠오르는 일출 장관을 놓칠 수 없는 것이 주요한 이유 중 하나다. 여행사의 스케줄도 여기서는 보통 새벽 4시부터 진행된다.
어둠을 헤치고 하늘을 붉게 물들이며 뜨는 아침 태양은 어스름한 새벽, 환상적인 앙코르와트의 모습을 극적으로 드러내 준다.

또 앙코르와트 사원이 물 위로 솟아오른 양, 호수 면에 그대로 반사되면 탄성이 절로 나온다. 가슴 벅차오르는 절경에 호흡을 고르게 된다. 이 황금빛 햇살은 사원은 물론 이에 빠져든 흑, 백, 황색의 여행자 모두를 같은 황금빛으로 물들였다.

특히 밤낮의 길이가 같아지는 춘분과 추분에는 떠오르는 태양이 마치 사원의 중앙탑 꼭대기에 붙박이로 얹혀있는 듯 기막힌 장관을 보인다.

당시 왕이었던 수리야 바르만 2세가 축조한 '왕조 사원(앙코르는 크메르어로 왕조, 와트는 사원이라는 뜻)'이다. 서기 802년~1431년까지 약 6백 년간 존재한 크메르 제국이 1122년부터 30여 년에 걸쳐 조성한 당시에는 힌두교 성지.

당시 힌두교 3대 최고신 중 하나인 비슈누 신을 숭배하기 위해 지었다는 것. 지금은 국교가 불교로 바뀌어 외부 세계에서는 힌두교가 아닌 불교 사원으로 부른다. 사원의 전체 윤곽은 멀리 푸른 하늘 속에 솟아오른 5개 산봉우리를 본뜬 듯 60m 높이의 다섯 개 탑으로 이루어졌다는 것이다.

우리를 안내한 가이드는 사원의 구성과 실루엣도 멋있지만 무엇보다 백미는 사원 벽의 부조물이나 조각상의 섬세한 아름다움에 있으니 거기에 집중해 보라고 강조한다.

앙코르와트 전체 모습은 사원을 둘러싸고 있는 해자와 그 안으로 진입하게 하는 교량, 외벽과 사원 본체로 구성돼 있다. 이 해자의 둘레는 5㎞, 깊이는 대략 4m 정도로 깊은 편이다. 사원 건물을 가운데 두고 빙 둘러싼 수로의 폭은 상하좌우가 각각 190m 정도라니 큰 호수에 해당한다. 이곳에는 가끔 장난꾸러기들이 들어가 텀벙대며 헤엄치는 모습이 마치 지나간 세월을 단번에 현세와 연결하는 듯한 기분이 들게 했다.

해자에서 30m 떨어진 곳에 앙코르와트의 외벽과 탑문인 고푸람(Gopuram)이 세워져 있다. 외벽은 총 82만m^2에 달하는 면적을 둘러싸고 있는데 이 안에 빽빽하게 건물과 부조 장식들이 들어차 있었음을 말해준다. 힌두교 사원의 출입문 역할을 하는 고푸람은 돌로 쌓아 만들었고 위로 올라갈수록 좁아지면서 사각형을 이룬다.

고푸람은 화려한 외관을 갖춘 힌두교 문화를 대표하는 건축물로 알려져 있다. 외벽 안은 회랑의 모습을 하고 있는데 바깥쪽 부분은 사각기둥들이 줄을 지어 서 있고 기둥 사이의 천장은 연꽃으로 아름답게 장식돼 있다.

서쪽 고푸람에는 앙코르와트에서 유일하게 이를 드러내고 웃는 압사라 여신상이 부조돼 있어 눈길을 모은다. 춤추는 요정, 압사라의 모습이 압권이다. 이곳 앙코르와트에는 모두 2천 개의 압사라 상이 새겨져 있다는데 똑같은 모습은 하나도 없다니 감탄을 자아낸다. 압사라늘의 넓적나리를 감싸고 있는 얇은 천에도 무늬가 섬세하게 조각돼 있어 그 노력과 정교함이 놀랍다.

손바닥을 뒤로 꺾고 다리는 마름모꼴로 벌려 춤추는 그 모습을 포함해 다양한 부조들이, 넓고 긴 80m의 벽면은 물론 문틀의 구석구석까지도 채워져 있으니 말이다.

→ 앙코르와트 사원 석상들

8개의 회랑은 이 건물을 세운 수리야 바르만 2세의 업적과 위엄을 주제로 해 자신을 신격화하려는 의도가 엿보였다. 또 선대 왕가를 주인공으로 하거나 이들을 모신 궁정 신하들, 왕족들에 충성을 다하려는 모습들이 다양하고 섬세하게 기록돼 있어 과연 대단하다는 느낌을 준다.

이 사원의 총면적은 2만6천 평 규모로 동서가 1.5km, 남북이 1.3km. 아직도 앙코르와트에 머물며 그 신비와 유적물을 발굴하려는 조사단은 이 사원 축조를 위해 30여 년간 매일 20만 명이 동원됐다는 추정을 하고 있다.

지금은 목조 건물은 모두 썩고 없어져 돌로 만든 사원만 남았다. 이 사원들은 겉 부분은 회색 사암을 이용해 만들었고 그 안은 적갈색의 라테라이트 벽돌로 채워 넣었단다. 라테라이트는 적갈색의 토양으로 땅속에서는 부드럽지만 땅밖에서는 습기가 말라 굳으면서 단단해져 건축자재로 흔히 쓰였다는 것.

해자는 탈속의 사원을 속세로부터 분리하기 위해 마련된 것이며 주위의 열대우림이 후대에 이 사원을 삼키지 않게 하기 위한 방안으로 만들었다니 그 총명함이 놀랍다.

 나라의 흥망성쇠와 함께 국교도 힌두교에서 불교로 바뀌면서 그곳을 장식했던 힌두교 석상과 찬란한 부조물들은 상당수 불상으로 대체되는 변화를 겪어야 했다. 건축 당시의 원형은 목조와 석조 건물이 조화를 이루고 있었으나 제국 멸망 이후 목조 건축물은 흔적만 남겨지고 지금은 석조 건물만 명맥을 유지하고 있다.

 앙코르와트는 만물의 영장인 인간이 솜씨를 발휘한 세심하고 정교한 고도의 건축물이 긴 세월을 거쳐 자연으로 되돌아 가는 과정을 온몸으로 표현하는 듯, 끝없이 변화하는 우주 질서의 무상함을 그대로 보여주고 있다. 하늘로 치솟아 오르는 뿌리인 양 거대한 나무 덩굴이 사원 전체를 감싸고 파고드는 모습 또한 경이롭다. 대체 무슨 나무의 생명력이 저리도 강인하고 매서울까 두려운 기분마저 들게 한다.

⋯▶ 사원을 무섭게 휘감는 스펑나무의 위용

이 불가사의한 건축물은 현재는 캄보디아의 상징물이 됐다. 캄보디아 국기는 나라를 상징하는 문양으로 앙코르와트 모습을 담고 있다. 이 나라의 기둥이며 정체성의 상징이 된 것이다.

다른 나라들의 약탈이나 소유권 분쟁에도 힘들게 살아남아 오늘에 이르렀으니 고난과 분투의 역사를 상징하는 이 건축물이 이 나라를 꿋꿋이 지켜주길 바라는 국민들의 염원을 담은 모양이다. 나라가 쇠락을 거듭하면서 이곳은 잊혀져 갔지만 다행하게도 1860년 프랑스 출신 유명 박물학자가 이곳을 소개한 여행기를 써 다시 세상 속으로 모습을 드러내기 시작했단다.

이색적인 동양 문화에 호기심을 보였던 당시 유럽인들의 이목을 집중시켰던 것이다.

프랑스는 이를 탐내서 1863년 캄보디아를 사실상의 식민지인 보호령으로 삼았다는 얘기가 전해질 정도. 프랑스의 앙코르와트 사랑은 계속돼 1931년에는 앙코르와트의 모형을 파리 만국박람회에 통째로 전시하는 노력을 기울였고 그 덕분에 각 나라 학자들이 줄이어 이곳을 방문해 발굴 작업이 성시를 이루었다고. 이곳 유물의 상당수는 약탈당해 프랑스 루브르 박물관에 자리 잡고 있다고 전해진다.

프랑스로부터 독립한 이후에도 캄보디아 내전으로 유적은 상당히 훼손됐고 나중에는 치안 관리가 소홀한 틈을 타 이웃 나라 태국 등의 도굴꾼들이 많은 작품들을 뜯어가 팔아버렸다고.

앙코르와트 유적이 있는 시엠립 지역을 몇백 년간 지배했던 태국은 이 건축물들을 뜯어서 방콕으로 옮기려고 시도하다 캄보디아 국민의 격렬한 반대와 자금난으로 실패했다고.

유네스코의 세계문화유산에 등재된 이후에도 전쟁과 약탈로 심각하게 훼손됐으나 캄보디아 치안이 안정되는 2000년대 이후 유지와 복구 작업에 신경을 쓰고 있다니 다행 중 다행이다. 세계인의 사랑을 받고 있으며 인류의 소중한 자산이기도 한 사원은 부디 살아 남아야 하기에.

많이 훼손됐으나 여전히 경이로울 정도로 처연하게 아름다워 이 나라 국민들은 국가 상징물이며 국가 위상과 경제에 큰 기여를 하는 앙코르와트를 잘 보존해야 한다는 사명감을 가지게 된 것이리라. 우리나라 한국문화재단도 캄보디아 정부의 요청으로 2015년부터 사원 일부의 복원 사업에 참여했고 2023년까지 추가 사업을 진행했다니 더 관심이 간다.

속세에서 벗어난 듯한 신비스러운 모습 덕분에 미국, 중국 등에서 제작한 영화의 일부 배경으로 빛을 발하기도 했다. 부디 장구한 역사를 품고 있는 지구촌 인간계의 자랑인 이런 건축물들이 오래오래 보존되길 바라는 마음 가득하다.

[25]

빈 – 오스트리아

▷▶ 유럽을 제패한 합스부르크 왕가의 영광과 몰락의 비운이 담긴 곳

⋯ 합스부르크 왕가의 여름 별궁, 쇤브룬 궁전

　세상을 돌면 아름다운 자연, 그와 어우러지는 멋진 문화유산들이 우리를 새로운 경험 속으로 안내한다. 눈으로 감상하는 것이 우선이지만 그 뒤에 숨어있는 인간들의 이야기인 '역사 스토리'가 덧입혀지면 또 다른 얘기가 되고 더할 나위 없이 흥미진진해진다. 그 유품들로 인해 현재의 우리는 과거 속으로의 여행이 가능해지고 그 시대의 인

물들과 말없이, 침묵으로, 넌지시 교감하는 기회도 갖는다. 아는 만큼 보이고 그런 기초 위에 보면 더 알게 된다. 그러면 흥미진진해진다! 그 말들이 그냥 의례적인 수사가 아님을 뒤늦게 깨닫게 된다.

특히 화려함의 극치인 왕궁을 관람하다 보면 거기 머물던 왕가 주인공들의 영광과 영화로운 태평성대만 보이는 듯하다. 하지만 그네들의 역사를 알면 엄청난 고통과 격변의 소용돌이 속에 자기 자신과 가문, 왕좌를 지켜내기 위해 몸부림치며 두려움에 떨었을 그들의 드라마틱한 인생사가 상상이 간다.

그 주인공들은 이제 유구한 역사의 저편 인물들이 되어 '백골이 진토돼 넋이라도 있고 없고'의 경지에 이르렀으나 여전히 우리는 그들을 통해 배운다.

막대한 자금, 인력을 총동원해 오랜 세월을 거쳐 지은 왕궁들은 그 어느 문화유산보다 많은 영욕을 담고 있다. 특히나 현재도 유럽 44개국 중 10개국이 입헌군주제를 실시해 아직도 수많은 왕궁이 실제로 사용되고 있으며 여기저기 관광지로 존재해 많은 역사적 이야기를 들려주고 있다.

아직도 왕이 군림하는 나라는 영국, 스페인, 노르웨이, 스웨덴, 벨기에, 덴마크, 네덜란드, 모나코, 룩셈부르크, 리히텐슈타인 등이다. 그들이 남긴 호화찬란한 건축물과 유품의 가치는 잘 들여다볼 줄 아는 이들의 몫이다. 그래야 거기까지 찾아간 노력과 비용도 아깝지 않으리라.

다시 한번 역사 공부가 필요함을 절실히 느끼게 해준 유물 중의 하나가 오스트리아 빈에 있는 '쇤브룬 궁전'이다. 이 궁전은 유럽 전역에서 가장 오래되고 강력한 합스부르크 왕가의 여름 별궁이다. 그 질풍노도와 같은 역사의 뒤안길에서 유럽 거의 전 지역을 지배하며 650년이나 권세를 누렸던 왕가의 희로애락이 고스란히 담긴 유물이라니 더욱 그렇다!

혹 그들 역사에 까막눈이라면 그냥 사치에 탐닉한 왕가 자손들의 '한심한 사치 놀음' 정도로 비쳐 눈요깃감으로 대충 훑고 지나칠 일일 게다. 그렇다면 유물도 아무 말을 건네오지 않는다.

⋯▶ 중세와 근현대 미술관으로 변신한 벨베데레 궁전 모습

유럽의 각 나라마다 대부분 나름의 궁전이 있지만 내가 이 왕궁을 굳이 언급하는 것도 드라마틱한 그 역사 때문이 아닐까 싶다. 그 이름에는 '아름다운 샘물'이라는 의미를 담고 있다고 하지만….

1696년부터 1700년 사이에 처음 지어진 이 궁전은 서로 대치 상태에 있던 프랑스 부르봉 왕가의 베르사유 궁전보다 더 크고 아름답게 완성하겠다는 욕심으로 지어졌단다.

'합스부르크 옐로우'라는 황금 칠을 한 1천 개가 넘는 방과 호화로운 인테리어가 과연 인간이 '사치 능력'을 얼마나 표현할 수 있을까 하는 가늠자 역할을 한다는 생각이 든다.

그 안에 담긴 궁정화가들의 작품과 소장품들만 보아도 부귀영화가 어떤 것임을 가늠케 한다.

당시 유럽을 지배했던 3대 가문이 있다. 프랑스의 부르봉 왕가, 이탈리아의 메디치 가문, 오스트리아의 합스부르크 왕가, 바로 그 3개의 가문이다.

'결혼으로 만든 제국'이라는 별칭을 가진 합스부르크 왕가에는 전통적인 모토가 있다. '다른 이들은 전쟁하게 하라, 행복한 오스트리아여 그대는 결혼하라.' 이런 모토로 중세 유럽을 장악했다는 얘기, 아니 그 엄연한 현실이 궁금증을 자아낸다.

다른 국가들이 전쟁으로 남의 땅을 뺏는 대신 자기네들은 혼맥으로 인명 살상 없이 지배권을 확보하고 나라 간의 평화를 유지하겠다는 전략이다. 물론 그 밑으로 흐르는 고통과 아픔, 고뇌는 저 깊은 곳에 묻어둔 표면적인 전략인 셈이다. 핏줄, 혈통에 집착하는 인간의 욕구가 극명하게 드러나 있다. 결국 그 혈통에의 탐욕이 지나치면 어떻게 망하고 역사의 뒤안길로 사라지게 되는가 하는 교훈도 후세에게 생생하게 전하고 있다.

합스부르크 왕가의 역사가 곧 중세의 유럽 역사이기도 한데, 원천은 스위스 시골의 작은 시골 가문에서 시작한다. 어떻게 시골 작은 가문이 신성로마제국을 포함한 6백여 년의 거대 제국의 왕가가 되었는 지부터가 호기심을 자아낸다.

거대 왕가의 초석은 오스트리아 제국에서 장남 상속제에 밀려 순탄하지 않았던 차남, 막시밀리안 1세(1459~1519)가 부르군트 공국의 상속녀인 마리아와 결혼함으로써 단단해진다. 무남독녀 마리아의 아버지(공작 칭호)가 다스린 부르군트 공국은 네덜란드, 룩셈부르크, 벨기에 지역을 포함한다. 막시밀리안은 평소 '결혼을 통해 살아남는 자가 모든 것을 갖는다'는 생각을 갖고 이 결혼을 밀고 나갔다.

아내인 마리아가 죽자 곧 둘 사이에 태어난 아들 필리프가 대를 잇는다. 그 역시 왕권을 공고히 하기 위해 정신질환이 있는 여인, 후아나와 정략결혼을 하게 된다. 왜? 사랑보다는 아내가 될 그녀의 어머니가 스페인 왕국을 탄생시킨 카스티야의 이사벨 1세였기 때문이다. 1492년 신대륙을 발견한 콜럼버스를 후원한 카스티야의 이사벨은 신대륙 확보를 통한 거대한 이권과 재물, 세력으로 스페인 왕국을 창출해 내 권세가 하늘을 찌를 정도였기 때문이다.

질병으로 몸이 약한 그의 딸 후아나가 일찍 사망하면 스페인이 아들 필리프의 것이 된다는 치밀한 계산이 작용한 것이다. 하지만 운명의 신은 필리프를 먼저 제거해 버렸다. 그가 장티푸스로 먼저 죽게 되자 왕권은 후아나와의 사이에 태어난 장남 카를 5세에게 넘어간다.

카를 5세는 신성로마제국의 왕이기도 해 합스부르크 번영의 전성기를 맞아 유럽 영토 거의 전부가 그의 세력 안에 있게 됐다. '해가 지지 않는 나라' 영국이 출현하기까지 유럽은 합스부르크의 통치 아래에 있게 되는 것이다. 물론 프랑스를 제외하고. 당시 카를 5세의 왕관은 무려 17개나 됐는데 그의 대표적 직함은 이렇다.

에스파냐의 왕 카를로스 1세, 제일란트 백작 카렐 2세, 플랑드르 백작 샤를 3세, 나폴리왕 카를로 4세, 오스트리아 대공, 뷔르템베르크 공작, 신성로마제국 황제 카를 5세 등이다. 나중 골치가 아파진 그는 동생과 아들에게 독일 권역과 에스파냐 권역의 통치를 넘겼다고.

하지만 북부 아프리카, 포르투갈, 헝가리, 필리핀까지 그들이 손아귀에 있었다니 그 권세가 어떠했을지 대충 상상이 간다. 게다가 신대륙 발견으로 명실공히 해가 지지 않는 나라가 됐으니 말이다. 대충 프랑스를 빼고는 유럽 영토가 다 세력권 안에 있었던 것이다.

그러나 고민에 빠진 프랑스에도 합스부르크의 공주들이 대거 보내져 또 다른 세력 판도를 구축하게 된다. 프랑스 부르봉 왕가의 루이 13세와 안 도트리슈, 루이 14세와 마리 테레즈 도트리슈, 루이 16세와 마리 앙투아네트, 나폴레옹 1세와 마리 루이즈 등의 결혼 조합이 그것이다. 프랑스 혁명 당시 가장 욕을 많이 먹은 마리 앙투아네트도 적국이었던 합스부르크 출신 여인이라 해서 더욱 프랑스 국민의 지탄과 시샘을 받은 것으로 알려져 있다.

스페인의 한 교수를 포함한 역사가들은 이 거대한 제국의 멸망이 혈통을 이을 자손이 끊김으로써 발생하게 됐다는 분석을 한다. '혈통으로 흥한 자 혈통으로 망했다'는 얘기다. 근친혼은 결국 혈통의 끊김과 몰락으로 가는 질병을 가져왔다는 것.

몰락의 징후는 펠리페 2세~ 5세 사이에 대를 이어 일어난다. 합스부르크 왕가의 초상화들을 보면 합스부르크 왕족들은 모두 길쭉한 얼굴에 심한 주걱턱을 공통적으로 가지고 있음을 발견하게 된다. 역사가들은 그 가족들이 나중에는 궁중화가에게 그런 약점을 보완해 초상화를 그리라고 명령했다고도 한다. 심한 주걱턱은 구강 구조에 문제를 일으켜 음식물 소화와 청력에 문제를 가져오고 곧 의사소통과 권위에도 치명타를 입혔다는 것이다.

근친혼으로 인한 병폐는 결과적으로 지능도 떨어지고 임신과 출산도 방해해 왕가의 대를 잇는 데 문제가 됐다는 것. 역사학자들에 의하면 이들 결혼한 부부 11쌍 중 9쌍이 4촌 지간 등 가까운 혈족이었다는 것.

근친혼을 할 경우, 그렇지 않은 평범한 시민이 낳은 10세 미만 아이의 사망률에 비해 2.5배나 높다는 것이다. 일반 시민 중 10세 미만에 죽은 아이가 20%였지만 근친혼 왕가는 50%에 달했다는 조사 결과를 보이고 있다.

그 한 예로 펠리페 4세의 경우 자신의 친여동생 안나를 사랑했으나 대신 여동생이 낳은 딸(조카)과 결혼해 낳은 카를로스 2세에서 열성유전자가 폭발했다. 스페인 합스부르크 왕가의 마지막 계승자 카를로스 2세(1661~1700)는 10세까지 걷지도 못하고 업혀 다녔으며 기형적으로 입이 벌어져 식사를 죽으로 때우다시피 했다. 그나마 소화도 안 되고 지능이 떨어진 데다 대를 이을 자손을 낳지 못해 이 화려했던 6백 년 역사는 뒤안길로 사라지게 된다.

이런 역사의 뒷얘기를 알고 여행을 하는 것과 그저 유물의 생김새만 보는 감회는 다르고 다르다. 인간이 뿜어내는 역사를 모르면 그 안에 담겨있는 유물들은 한갓 화려함과 사치, 고루함을 덧칠한 물건일 뿐이다.

2022년 가을, 우리나라 국립중앙박물관에서 마련했던 '합스부르크 600년, 매혹의 걸작들' 전시도 그런 역사를 보여주기 위한 선택이었으리라.

[26]

우유니 – 볼리비아

▷▶ 해발 3,700m 산 정상에 자리한 광대무변의 소금사막

⋯▶ 해발 3,700m에 자리한 우유니의 소금사막

지구상에 마치 현실과 비현실이 엄연히 공존하는 듯한 착각을 불러일으키는 곳들이 있다. 그럴 때는 잠시 혼미해지다가 결국 조물주가 한 일을 감히 인간인 내가 다 이해할 수 있다고 믿는 것 자체가 오만이라는 생각에 이른다.

'그럴 리가? 소금이 사막을 이루었다고? 비가 오면 하늘 아래 또 다른 하늘이 펼쳐진다고? 그게 말이 되는 거야?'

이런 반신반의의 생각으로 도착한 남아메리카 볼리비아 우유니의 소금사막에서도 그랬다.

여행 애호가들에게 '환상과 꿈의 여행지'로 불리며 흔히 '버킷리스트'의 하나로도 손꼽히는 이 세계 최대 규모의 소금사막에 서서 직접 보지 않고는 도저히 믿기 어려운 일이다. 아니 해발 3,700m에 높이 자리한 그곳에 막상 서 있어도 여전히 혼란스럽기는 마찬가지다. 연신 고개를 갸우뚱하게 된다. 늘어져 잠자고 있던 의식에 졸지에 긴장감과 설렘이 몰아닥친 셈이다.

총 규모가 1만1천km^2로 605.21km^2인 서울의 18배, 경기 지역 전체 면적(1만199.73km^2)보다 넓다는 이 광대무변의 사막에 서면 동서남북도 종잡을 수 없는 데다 발아래 소금평원도, 바닥에 비춰 보이는 푸른 하늘도 모두 착시인 양 느껴진다. 하지만 불가역의 현실인 것을 어이하리.

미국 서부 산타모니카에서 자동차를 렌트하고 때론 비행기에 의지해 캘리포니아 전 지역과 근접한 네바다 주 등을 잘 있나 다시 점검(?)한 이후 날아간 곳은 남아메리카. 미국 현지 여행사를 통한 패키지 상품을 이용했다. 서울에서부터의 여행길은 너무 멀고 지루한 터라 미국에 들러 20여 일간 숨을 고른 게 안성맞춤이었다는 생각이 들게 했다. 우리는 멕시코 공항으로 날아가 각국에서 오는 온갖 인종의 다른 팀과 합류했다.

남미의 '한국인 국민 코스'로 알려진 페루의 마추픽추를 거쳐 두 번째 행선지는 볼리비아 우유니의 소금사막이었다. 당시 생각은 이랬다.

'아니 그 가난한 나라는 뭘 보려고 간다는 거지. 역시 패키지 상품을 이용하니 페루 이웃 나라라고 끼워 넣은 모양이군. 하고 많은 국가들 중에…'

그렇게 시큰둥한 상태로 그 낯선 나라 여행은 시작됐다. 인터넷을 뒤져보니 누구는 소금사막이 '남미 여행의 꽃이자 세상에서 가장 큰 거울을 만나러 가는 곳', '내 인생의 버킷리스트 중 하나' 등으로 적어 놓아 투덜대는 나를 그런대로 위로하는 듯했다.

볼리비아는 예상했던 그대로 현세를 거슬러 올라가 까마득한 옛날에 머물러 있는 듯했다. 곧 무너져 내릴 것 같은 낡은 가옥들이 즐비했다. 가옥이라기보다 헛간 같다는 느낌이 들었다. 인적이 드문 거리에는 엉덩이가 남산만 해 뒤뚱거릴 수밖에 없는 할머니들이 돈을 벌기 위해 싸구려 주전부리와 채소들, 손으로 짠 스웨터들을 헐값에 팔고 있었다. 1960년대 한국의 시골 마을을 돌아 보는듯한 느낌이 든다.

거리는 먼지가 자욱해 앞을 분간하기 힘들었고 자동차들은 탑승객이 삐져 나갈 듯 마구 찌그러져 있었다. 마치 시곗바늘을 과거로 돌린 듯 우리는 졸지에 과거 속에 던져졌다. 마치 과거를 회상해 억지로 연출한 영화의 한 장면 같다고나 할까? 그 오래전 봇짐을 짊어지고 다닌 유목민으로 돌아간 듯했다.

털털거리는 버스를 타고 달리고 또 달렸다. 흰 눈이 내린 듯, 혹은 얼음이 언 듯, 아니 모래가 하얀 백사장을 덮은 듯 보이는 곳을 그렇게 쉬지 않고 달렸다. 끝이 보이지 않는 사방이 온통 하얗게 덮여있었다. 근데 우리가 여태 달려온 곳이 흰 눈도 흰 모래도 아닌 이미 소금밭이었다는 거다. 나는 소금밭으로 가기 위해 계속 달려가는 줄 알았는데 말이다. 그 버스가 몇 시간 동안 달려온 목적지는 소금밭 내 어느 특정한 장소에 별도로 있었던 것이다. 아마도 비 온 뒤 지형상 빗물을 아직 머금은 곳을 찾아내려 달린 듯했다.

차를 세운 곳의 소금땅은 그 위의 하늘인 양 푸르게 구름을 담고 있었다. 하늘과 땅, 사방이 푸른 하늘로 덮인 셈이다. 이유인즉슨 적당하게 비가 와 물이 고인 곳이기에 거울 역할을 하는 땅 위 물바다에 하늘과 구름, 노을이 비쳐 또 다른 세상을 그려내고 있었던 것이다.

그곳에서 가이드들은 준비한 갖가지 조형물과 함께 기상천외한 사진을 연출해 쏟아냈다. 분명 눈앞에서 펼쳐진 풍경에 단순한 인간 피사체로 참여했는데 사진 속의 우리는 신묘한 세상 사람이 되어있었다. 전문 사진사들이 피사체들의 원근을 오묘하게 조종하고 간단한 소품들을 곁들여 연출해 낸 결과였다. 우리는 맥주병 위에 한 발을 들고 서 있거나 하늘을 향해 높이 솟구쳐 구름을 발로 차고 있었다.

우리는 어린아이들처럼 마구 좋아하며 고함을 질러댔다. 세상이 만들어 낸 인간의 국적과 나이, 성별 구분은 필요 없었다. 이 신기한 '마술 놀이'에 서로 흥분해 얼싸안았다.

⋯▶ 우유니에서 기념 사진을 찍는 여행객들

 노련한 가이드들은 이때다 싶은지 흥이 고조에 이를 때 소금밭 위의 향연을 펼쳐 보였다. 그들은 준비해 온 천막을 순식간에 펼친 후 테이블과 의자를 내놓고 준비해 온 바비큐 요리 보따리를 풀었다. 불판 위에 고기를 굽고 여행객들은 와인을 따라 마시며 그날 그 오묘한 조물주의 세상을 소리치며 반기고 마구 찬양해 댔다. 모두 자기가 처한 현실은 까맣게 잊은 듯했다. 일몰 후에는 잦아드는 태양 빛이 천지를 주홍빛으로 채색해 오직 탄성만을 연발하게 만든다. 이럴 수가 없는 거라고 소리를 질러댔다.

 밤이 깊어지자 가이드를 다시 따라나선 여행객들은 세상에선 다시 보기 힘든 은하수 무리에 완전히 빠져버렸다. 수만, 수십만 개의 별이 쏟아질 듯한 은하수가 하늘에도, 물에 비친 소금밭에도 있어 관객들을 천상의 세계로 데려갔다. 그 어떤 표현도 가당치 않았다.
 도시의 불빛이 전혀 없는 칠흑 같은 밤하늘에서 쏟아지는 별들은 거울이 된 소금 사막에도 영롱하게 반사돼 천지를 별천지로 탈바꿈시킨다. 마치 우주 공간을 유영하는 느낌을 준다. '더 이상 표현할 길이 없다!'는 말은 이럴 때 쓰는 거구나 하는 자탄과 자각을 불러올 뿐이다.

광활한 소금사막 표면은 6각형 또는 12각형 모양의 소금 결정 무늬로 뒤덮여 그 또한 처음 접하는 장관을 보여준다. 이곳에는 여행객들의 숙소인 호텔들과 그 안의 가구도 소금 벽돌로 만들어져 있으니 '소금 천국'인 것이다.

이토록 절묘하고 순수하게, 자신을 지배하던 의식과 현실로부터 까맣게 도망쳐 졸지에 전혀 새로운 세계에 온전히 놓인 적이 또 언제 있었던가 하는 생각마저 들었다.
우리는 지구가 아닌 은하계 어딘가를 유랑하는 별천지에 서 있다는 착각에 빠졌다. 지구상에서도 외딴 볼리비아의 시골 마을에 그야말로 별세계가 따로 펼쳐지고 있었다. 서울에서 수십 시간 비행기를 타고 만난 남미의 어느 시골 구석 밤하늘에 놀라 다들 미친 듯이 수시로 소리를 질러댔다. 이런 곳이 우리도 모르게 수만 년을 존재하고 있었다니 기가 막힌 모양이다. 막힌 기를 뚫기 위해 다들 소리를 지르는 건까?

일출 시에는 소금사막 위로 다시 솟아오른 태양이 하늘과 사막을 황금색과 붉은빛으로 물들인다. 그래도 다음날 아침에야 비로소 꿈에서 깨어났다. 나는 어느 먼 별나라에서 돌아와 깊은 산골 한구석 황량한 벌판, 낡은 숙소의 조촐한 침대에 드러누워 있었다. 내 주변의 낡은 가옥과 집기들이 나의 현실과 위치 파악을 종용하고 있는 듯하다.

창밖을 내다보니 어릴 적 깊은 산골, '깡촌'의 할머니 댁에 놀러 가서 두리번거렸던 기억이 되살아나면서 마치 거기 다시 서 있는 듯한 기시감이 들었다.

그러면서 매장량 1백억 톤(두께 최소 1m~최대 120m)으로 추정되는 어마어마한 소금사막이 이 가난한 나라에 기사회생의 어떤 계기를 만들어 주지 않을까 하는 기대도 하게 된다.

약 2만~4만 년 전 이 지역 거대한 호수(Lake Minchin)가 증발하면서 남겨진 소금층이라는데 그냥 단지 관광자원으로서의 소금사막으로 끝날 수밖에 없는 걸까 하는 생각이 들었다. 인류의 역사상 소금은 얼마나 막대하고 필수불가결한 자원이었는가 말이다.

소금은 지금처럼 단순한 조미료가 아니라 인류 문명과 역사에 지대한 영향을 미친 중요한 자원 아니었던가. 소금은 한때 화폐처럼 사용되었으며, 로마 군인들에게 급여로 지급되기도 했다. 영어 Salary(급여)의 어원이 라틴어 Sal(소금)에서 유래됐다는 것이 역사적 사실이다. 중세 유럽에서는 소금을 확보하는 것이 중요한 경제 활동이었으며, 소금길(Salt Road) 같은 주요 무역로도 형성되었었다. 또 중국을 포함한 여러 나라에서는 소금세(鹽稅)를 통해 국가 재정을 마련, 소금이 중요한 세수원 역할을 했다는 기록이 있다.

소금의 이런 중요한 역할로 인해 혁명과 독립운동에도 영향을 미쳤다고 전해진다. 프랑스에서는 소금세로 인해 백성들의 불만이 커졌고, 결국 프랑스 혁명의 원인 중 하나가 됐다고 한다. 인도의 경우 지배국인 영국의 소금세에 반대하는 간디의 '소금 행진(1930)'이 인도의 독립운동을 촉진하는 계기가 되기도 했다.

또 냉장 기술이 발달하기 전까지 소금은 식량 보존의 필수 요소였다. 고대부터 소금을 이용해 육류, 생선을 저장하는 기술이 발전했고, 이는 장거리 무역과 원정에도 영향을 미쳤다. 한국의 김치, 된장, 간장, 젓갈 등도 소금을 활용한 발효 음식. 다른 문화권에서도 중요한 역할을 했다.

우유니 소금사막은 볼리비아의 대표적인 관광 명소로, 매년 수많은 여행객이 방문하면서 지역 경제에 큰 도움이 되고 있는 셈이다. 관광업이 발전하면서 숙박, 교통, 가이드 서비스 등이 활성화되었고, 지역 주민들의 일자리 창출에도 기여하고 있는 것으로 파악됐다. 무엇보다 관심을 끄는 것은 이 소금사막에 세계 리튬 매장량의 약 50~70%가 있는 것으로 추정된다는 조사다. 리튬은 전기차 배터리, 스마트폰 배터리, 에너지 저장장치 등에 필수적인 자원으로, 세계적으로 수요가 급증하고 있으니 언젠가 볼리비아 경제에 큰 전환점을 가져다주리라는 기대를 하지 않을 수 없다.

현재 볼리비아 정부는 리튬 개발을 통해 경제 성장을 기대하고 있지만, 환경 문제와 외국 기업과의 협력 방식 등에 대한 논란이 이어지고 있는 상황이다.

우유니 소금사막은 지구의 이산화탄소(CO_2) 순환과 관련된 지구상의 기후 변화 연구에 활용되며, 미래 환경 연구에도 기여하고 있다. 또한 플라밍고와 같은 희귀 동물들의 서식지로, 생태계 보호 문제도 중요한 이슈로 떠오르고 있는 상황이다.

다음 날 새벽녘 숙소 앞에는 떠나는 관광객들을 잡기 위해 할머니들이 오색 실로 짠 뜨개질 스웨터를 펼쳐놓고 있었다. 행여 새벽부터 투어에 나서는 여행객들을 놓칠세라 아주 늙은 할머니들은 단체 여행버스 차창에 스웨터 등 옷가지들을 마구 흔들어 댔다. '어서 내려 하나 사달라'는 손짓을 차창 안으로 보내면서 말이다. 색색가지 색상으로 이루어진, 어디서 났는지 조각실의 매듭들이 옷 안에 가득한 저 구시대의 스웨터를 요즘의 여행객 중 살 사람이 얼마나 될까 덩달아 조바심이 났다. 밤잠을 설치고 나온 할머니들의 어설픈 장사에 많은 식구들의 먹거리가 달려있다고 생각해 그런 마음이 들었던 게다.

아주 오래전 내 할머니가 손주를 위해 겨울밤을 지새우며 짜서 입혔던 그 옷과 같은 것을. 이제는 혹여 옛 시절을 표현하는 데 필요한 무대 위 소품으로나 쓰일 듯한 옷 말이다.
나는 그걸 입든 안 입든 장사 중인 할머니의 용돈을 위해, 그리고 안 입어도 별문제가 없을 가격대의 옷이 너무도 싸서 여러 개를 골고루 샀던 기억이 난다.

역시나 그 옷들은 지금 대부분 장롱 안에 고스란히 놓여있다. 누군가에게 선물을 주기에는 조악한 물건들이기에. 하지만 더 나이 들면 옛일을 회상하며 재미있게 골고루 입어내리라. 그 할머니의 건강과 안녕을 기원하며 세상에서 가장 싼 그 스웨터들을 말이다. 추억과 사연을 담았으니 더 이상 그 스웨터들은 헐값의 물건, 무생물이 아닌 것이다.

[27]

바르셀로나 – 스페인

▷▶ 신이 내린 건축가 '가우디'와 피카소, 미로, 달리의 작품 본향

⋯▸ 가우디, 피카소, 미로, 달리 등을 배출한 바르셀로나의 중심지

　일생 무엇인가에 미쳐 살다 후손들이 그 자신이 해낸 일을 '성인(聖人)이 할 수 있는 일'이라고 추앙하고 만방에 선포한다면 그처럼 진실로 성스러운 일이 또 있을까. 그런 성인이 태어나고 온 인생을 바쳐 심혈을 기울인 한 도시의 예술 건축물 모두를 또 유네스코 지정 '세계문화유산'으로 지정했다면 이건 인류의 경사를 넘어 기적에 가깝

다고 해야 할 것 같다. 한 인간의 영육에 창조주의 영혼이 깃들어 진두지휘하지 않으면 가능한 일일까 해서 말이다. '신의 대리인'이라고도 불렸던 그 당사자는 바로 스페인 바르셀로나의 안토니오 가우디란 건축가다. 1백 년 전 하늘나라로 떠난 그의 생명이 지구촌에서 최근 다시 뜨겁게 불타오르고 있다.

병상의 프란치스코 교황이 서거 일주일 전인 2025년 4월 14일, 가우디의 영웅적 덕성을 인정, 그를 성인으로 추대하기 위한 전 단계인 가경자(可敬者, Venerable)로 선포했다. 조만간 교황청의 기적 심사 등을 거쳐 성인으로 추대되는 과정을 세상 만방에 미리 알린 것이다. 그래서 올해는 가우디 성당을 만나러 더 많은 관광객들이 몰려갈 것으로 보인다.

바르셀로나에는 31세의 가우디가 1882년 착공해 143년이 지난 지금도 후예들에 의해 마무리 작업이 진행 중이다. 아직 미완성이지만 전 세계 신자들이 매년 이 성지로 향하고 있다. 교황청은 이미 10여 년 전에 "가우디는 자신의 정신을 하느님께 개방함으로써 바르셀로나에 아름다움·신앙·희망의 공간을 창조했고 이를 통해 인간은 진리이자 아름다움 그 자체인 주님을 만날 수 있었다"며 "가우디는 생의 마지막까지 신앙의 햇불을 밝혔던 실천적인 기독교인"이라고 발표한 적이 있다.

가우디는 바르셀로나의 심장이요 존재 이유, 동의어라 할 수 있다.

스페인 제2의 도시이면서 최대 항구 도시인 바르셀로나는 지구촌 여행객들에게 '전설의 문화 도시'로 근래 들어 더욱 뜨거운 사랑을 받고 있다.

　파블로 피카소, 호안 미로, 살바도르 달리! 누구나 들어봄 직한 이들 세계적인 인물들의 공통점은 무엇일까? 혹자는 일단 천재적인 미술인들이라고 말할 것이다.
　맞는 얘기다. 그런데 더 좁혀들어가면 스페인 출신, 그중에서도 카탈루냐 지역 바르셀로나에서 태어났거나 활약하면서 50여 년 간격의 동(同)시대를 살다 가버린 미술계 거목들이라는 점이다. 여기에 표현주의 미술계의 대표주자이며 건축가로도 명성을 떨친 안토니 타피에스를 추가하면 '열정과 낭만'의 도시, 바르셀로나를 다시 보게 된다. 또 첼로 연주자이면서 지휘자로 명성을 떨쳤던 파블로 카잘스, '불멸의 세계 3대 테너' 중 한 사람으로 손꼽히는 호세 카레라스 역시 카탈루냐 출신이니 감탄과 박수를 보낼만하다. 이곳 여행을 하면 졸지에 횡재를 한 느낌이다. 이 대단한 천재들의 본향에 서 있고 그들의 숨결을 느낄 수 있는 것만으로도 가슴 벅차고 뿌듯하다.

　그 중심에는 100년 전에 작고한 안토니 가우디(Antoni Gaudi, 1852~1926)가 있다. 그가 태어나 50여 년간 줄기차게 예술혼을 펼쳤던 바르셀로나의 일곱 개 건축물들이 유네스코 지정, '보호해야 할' 세계인류문화유산으로 줄줄이 지정되는 이변을 낳은 장본인이다. '도시의 운명을 바꾼 남자'가 된 것이다.

　어느 한 개인이 설계하고 지은, 한 도시의 일곱 건축물을 모조리 그런 방식으로 지정하는 일은 전례가 없는 일로 평가되고 있다. 게다가 가우디가 건축 도중 교통사고로 사망해 남겨졌던 성당은 여전히

100년의 세월 동안 대를 이은 건축가들에 의해 목하 건축 중이다. 이제 코앞으로 다가온 그 완성 시기에 세계의 이목이 쏠리고 있으니 더욱 그렇다. 이 도시 관광 수입의 70%가 가우디 건축물과 관광지를 통해 얻어지고 있다니 놀랍고 부럽다.

인구 162만 명이 거주하는 바르셀로나는 더구나 천혜의 기후와 경관으로 스페인 최고의 관광 도시로 각광을 받고 있다. 또 인구 8백여만 명의 카탈루냐 지역의 주도(州都)이면서 지중해를 낀 지리적 이점에 힘입어 상업과 무역이 번창한 곳으로 나날이 상승세를 타고 있다.

높은 곳에서 바르셀로나 시가지를 굽어보면 압도적인 모습을 자랑하는 가우디의 작품, 142년째 건축 중인 '사그라다 파밀리아'를 도저히 지나칠 수가 없다.

가우디 사후 100주년인 2026년을 완공 시점으로 설정한 이 성당에는 아직도 높다란 기중기가 빙빙 돌고 있어 현재진행형임을 알리고 있다. 도시 한가운데 하늘을 찌를 듯 솟아오른 12개의 첨탑이 경이롭다. 스페인어로 지어진 원래 이름을 풀어쓰면 '성스러운 가족에게 봉헌된 속죄의 교회'라는 의미를 담고 있다. 여기서 성스러운 가족들이란 예수와 그의 부모인 성 요셉, 성모 마리아를 의미한다. 예수의 아버지인 성 요셉을 함께 기리는 성당은 어디서든 찾아보기 힘들어 다른 성당과 큰 차이점이 있다고 흔히들 말한다. 이 성당 공사가 시작된 날은 1882년 3월 19일. 기독교에서는 이날을 '성 요셉 축일'로 기리고 있으니 더욱 그렇다.

얼추 거의 다 지어진 듯 보이는 성당에서 가장 눈길이 가는 곳은 성당을 둘러싸고 있는 3개의 파사드(건축물의 주된 출입구가 있는 정면부)다. 이 출입구들의 이름은 각각 탄생의 문, 수난의 문, 영광의 문이다. 예수 탄생과 수난으로 점철된 전 생애 일대기, 영광스런 업적을 기리는 출입구들은 갖가지 그림과 조각, 부조 등을 담은 입체 세공으로 자세히 묘사돼 있다.

3곳의 각 파사드는 각각 4개의 종탑을 갖춰 모두 12개가 된다. 이는 '예수의 열두 제자'를 의미한다. 이외에도 예수를 상징하는 종탑과 성모 마리아를 위한 종탑이 별도로 설치됐다.

이미 '탄생'과 '수난'의 문을 설치한 파사드는 완성됐다. 아직 2년 남짓 남은 기간 중 '영광의 문 파사드'를 마무리 작업 중인 거다. 이중 '탄생의 파사드'를 소개하면 설사 문맹자라도 성서의 내용을 충분히 파악할 수 있도록 그림과 조각으로 형상화한 것으로 요약된다. 탄생의 파사드를 형성하는 세 개의 문은 소망의 문, 사랑의 문, 믿음의 문으로 구성돼 있다.

'소망의 문'에 만들어진 조각상이나 부조, 그림 등은 요셉 부부의 혼인, 이집트로의 피난 등, '사랑의 문'에는 예수의 탄생과 천사들의 노래, 동방박사와 목동들의 경배 등으로 이루어져 있는 식이다. 파사드 전면에 매우 사실적으로 새겨진 문양이나 부조들은 셀 수 없을 정도로 다양하고 많아 볼거리가 가득하다.

'수난의 문' 파사드 입구, 기둥에 묶인 예수의 조각상은 상당히 처참한 모습이 제작돼 있어 보는 이들을 안타깝게 한다. 또 가우디 사망 후 뒤를 이어받은 제자 호세 수비라치(Josep Subirachs)가 작업한 것 중 특히 시선을 잡는 것은 십자가에 매달린 예수의 나체 모습이 적나라하게 성기까지 드러내고 있다는 점이다. 예수의 십자가 처형을 묘사한 중세 스페인 화가 엘 그레코나 19세기 전반 프랑스 화가 들라크루아 등의 예수상 등 대부분의 그림들은 철저히 천으로 음부를 가리고 있는 것과 대조를 이뤄 매우 특이한 현상으로 회자되고 있다. 수비라치의 돌출된 감각이 현재까지는 그대로 용인되고 있는 모양새다.

현재 출입이 가능한 성당의 내부 장식은 기존에 보아왔던 기존의 것들과 아주 달라 파격적이다. 어둡고 무거운 여타 성당과는 달리 마치 햇살이 드리워진 나무와 꽃이 우거진 숲속으로 들어가는 듯한 느낌의 내부 장식은 가우디의 예술 철학을 잘 드러내 주고 있다. "자연은 신이 만든 건축이며 인간의 건축은 그것을 배워야 한다"고 그가 살아생전 되뇌었던 대로.

가우디가 설계하고 만든 작품에는 자연 제일주의, 인간을 창조한 조물주에의 경배, 초기 인간세계에 존재했던 고대 신화 등이 자연스레 녹아있는 것이다. 시간의 변화에 따른 햇빛의 양과 방향을 조절하면서 성당 내부 곳곳마다 스테인드글라스의 색상을 달리 배치해 희망과 탄생, 죽음과 순교 등의 메시지를 형상화하고 있다. 40년간 성당 건축 작업을 하다 교통사고로 사망한 가우디의 시신은 성당 지하에 묻혀있다. 혹자는 성당의 완성을 서두르지 않는 이유는 이 성당을 계속 후원모금으로 지으면서 화제 중심에 두려는 의도적인 지연작전이라는 설도 있다.

"독창성이란 자연으로 돌아간다는 것, 모든 것은 자연이란 위대한 책에서 나온다"는 가우디의 철학은 바르셀로나 곳곳에 자리한 나머지 건축물 등에서도 한결같이 선보여진다.

바르셀로나 중심 에이샴플레 대로변에 자리한 카사 바트요(바트요의 집)도 그렇다. 이 집은 개성 있는 멋진 집을 갖고 싶었던 한 사업가가 그에게 다세대식 6층 건물의 리모델링을 부탁해 이루어진 작품이다. 2년간의 보수 작업 끝에 변신한 이 가옥은 그때까지 풍미했던 건축물의 정형화된 외관과 내부 장식을 완전히 뒤엎은 파격적인 건물로 거듭났다.

우선 지나가던 사람들이 그냥 지나치기 힘든 외관을 하고 있어 별명이 '뼈다귀집'이다.

당대에선 보기 힘들었던 청회색 타일을 잘게 부숴 회색 시멘트 외관을 모자이크식으로 장식했다. 그리고 창문 밖으로 구불구불한 모양의 작은 발코니를 설치한 후 그 외부 난간 기둥은 동물들의 정강이뼈를 가져다 붙인

⋯▶ 카사 바트요(뼈다귀집)

듯 마감했다. 내부 곳곳은 인체의 장기와 비슷하다.

구불구불한 건물 지붕 역시 용의 비늘을 연상케 하는 상식을 했고 장미 테라스가 있는 옥상에는 버섯 모양을 연상케 하는 12개의 굴뚝과 십자가를 형상화한 첨탑 등이 보는 이를 미소 짓게 한다. 마치 어린이를 위한 주택형 놀이공원에 온 듯하다. 이 건물의 아치형 출입구부터 숲속 동굴로 들어가는 느낌을 살렸다. 층계로 이어진 내부 계단

난간은 동물의 긴 척추 모양을 하고 있고 벽면에 부착한 난로와 공기통도 구불구불해 직선 배열은 보기 힘들다. 이 집은 세계적인 사탕 회사인 츄파춥스(Chupa Chups)의 소유주인 스페인 베르나트 가문이 인수해 일반에 공개 중. 카탈루냐의 수호성인이라는 성 조르디(Saint Jordi) 날을 기념하는 축제 때는 이 건물이 온통 축하의 장미 송이로 뒤덮이게 된다. '용을 무찌르고 공주를 구했던' 조르디의 전설 일부를 이 건축에 구현했다 해서 젊은이들이 몰려와 자신들의 사랑을 고백하는 장소가 됐다.

필자에게는, 가우디 건물들이 독창성과 차별성을 과시하기 위해 너무 전위적이고 비실용적이라 부자연스럽다는 느낌으로 다가온다. 일부 건축 전문가들은 "바르셀로나가 그만큼 문화적 포용력이 있는 도시"라며 제작비가 많이 드는 건축에서 실험적 창의성을 내보이려면 전폭적 후원자를 만나는 행운이 필수불가결한 조건이라고 강조한다.

가우디는 그의 작품에 매료돼 후원을 작심한 사업가 에우제비오 구엘을 26세에 극적으로 만나 예술 인생에 큰 전환기를 맞게 된다. 경제성을 따지지 않고 전폭적으로 후원한 덕분에 마음껏 상상과 독창성의 나래를 펼칠 수 있었던 것이다.

당시로서는 용납이 힘들 정도의 기괴하고 파격적인 미학을 선보인 가우디의 아이디어와 솜씨가 현대까지 찬연히 살아 숨 쉬게 한 것이다. 이제나저제나 자신의 재능을 알아봐 주고 어떤 조건하에서도 믿고 지지해 주는 귀인들을 만나는 일은 인생 최고의 행운임을 깨닫게 만든다. 화려한 모자이크 타일로 만든 탑과 넘실대는 파도를 흉내 낸

긴 타일 벤치 등 독특한 구조물이 넘치는 가우디의 걸작 구엘 공원, 카사 밀라 등의 건축물들도 그런 창의적 재능을 확인하는 기회를 선사한다.

⋯⋯→ 구엘 공원

가우디가 단독 주택단지를 조성하기 위해 가옥 60채의 분양에 나서다 두 채만 분양돼 결국 공원으로 개조된 구엘 공원 안 건축물들이 좋은 사례일 듯. 그 안의 첨탑 등은 이슬람 건축물의 탑과 같은 미너렛(Minaret)을 도입했고 여타 작품에서도 이베리아 반도를 지배했던 이슬람 문화의 흔적과 영향도 스며있다.

바르셀로나 고딕 지구 몬카다 거리에는 20세기 들어 가장 영향력 있는 작가로 추앙받는 파블로 피카소(Pablo Picasso, 1881~1973)의 미술관이 자리 잡고 있다. 5개의 귀족 주택을 고딕 양식으로 개조한 것. 세계 최대 규모의 피카소 컬렉션을 자랑하는 이곳에는 4천2백여 점의 작품이 소장돼 있다. 피카소 작고 10년 전, 1963년에 그에게 헌정된 박물관이다. 피카소의 친구(하이메 샤바르테스)의 기증품으로 시작됐다. 피카소의 전 생애를 아우르는 작품들을 망라해 '완벽한 컬렉션'으로 평가받는다. 91세를 살다간 그의 대표작으로 조국을 짓밟은 독재자의 잔인한 만행을 고발한 〈게르니카〉와 〈아비뇽의 처녀들〉, 〈우는 여인〉 등이 알려져 있다.

가우디보다 29년 후, 스페인 안달루시아 말라가에서 태어난 피카소는 성인 시절의 대부분을 프랑스 파리에서 보냈지만 부모가 살던 바르셀로나에서 13~19세까지 청소년 시절을 보냈다. 그 스스로가 '나의 고향'이라고 부른 곳이다. 이곳에는 피카소 성장기의 스케치, 목판화, 석판화 등 초기 작품이 많이 전시돼 있다. 역시 화가였던 피카소의 아버지는 어린 아들의 재능에 놀라 스스로 작업을 포기했다는 애기도 회자된다. 피카소는 10대 시절 이미 스페인 미술계를 뒤흔들 정도의 회화기법을 보여주었다는 것. 그는 '노력하는 천재'로 불리며 죽기 전까지 노구를 마다하고 불굴의 예술혼을 발휘해 세상을 감동케 했다. 이곳에는 전 세계 애호가들이 몰려들어 매 시간마다 티켓을 제한적으로 판매, 성수기에는 관람 예약이 필수다. 사진 촬영은 금지다.

피카소보다 12년 후에 태어난 호안 미로(Joan Miro, 1893~1983) 역시 스페인이 자랑하는 초현실주의 화가며 도예가, 조각가이다. 바르셀로나 태생으로 이곳 시립미술학교에 다녔다. 주로 프랑스, 네덜란드, 미국 등을 돌며 작품 생활을 하다 50대 중반 이후 많은 시간을 바르셀로나에서 보냈다. 이곳 미로 미술관에 걸려있는 작품들은 밝고 경쾌하다.

다양한 색상과 입체적인 상징 기호를 도입한 추상화가 주류다. 전통적인 회화기법을 배제하고 창의적이고 자유로운 시도를 해 시적이며 순수한 감수성이 뛰어나다는 평가를 받아왔다.

한국에서도 여러 번 그의 작품들을 볼 기회가 주어졌다. 피카소, 달리와 함께 스페인의 3대 거장으로 불린 이들은 동시대를 살며 서로 교류하고 응원했다. 피카소는 특히 미로의 〈자화상〉을, 미국 작가 헤밍웨이 역시 그의 작품 〈농장〉을 구매하며 극찬했다고. 그의 대표작으로 〈야곡〉, 〈꿈 그림〉, 〈상상 속의 풍경〉, 〈해맑은 웃음〉 등이 손꼽힌다. 미로는 자신의 작품 대부분을 '무제'로 내놓았으나 전시회 주최 측과 화상들이 제목을 일부러 만들어 붙였다고.

독창성과 상상력으로 세상을 놀라게 했던 카탈루냐 태생의 살바도르 달리(Salvador Dali, 1904~1989) 역시 20세기를 대표하는 초현실주의 화가로 이름을 날렸다. 당대에 이미 유명해져 최고의 그림값을 자랑했던 그는 '비현실적인' 인물로 시선을 끌었다. 풍부한 색감의 언어로 "자궁 속의 세상을 묘사했다"는 그는 자신이 태아였을 때를 기억한다며 스스로를 '광기 어린 천재'라 불렀다고. 화가, 조각가, 영화 감독이자 배우, 보석 디자이너, 각본가 등 10여 개 분야를 종횡무진 정신없이 살다 85세의 나이로 생을 마감했다. 그의 시신은 자신의 미술관인 스페인 카탈루냐 피게레스 극장 미술관에 안치돼 있다. 대표작으로 〈기억의 지속〉, 〈예수의 십자가상〉, 〈전쟁의 얼굴〉 등이 손꼽힌다. 피카소와 프리드리히 니체에 깊은 영향을 받았다.

여기에 스페인 현대 미술계의 대표주자로 명성을 떨쳤던 표현주의 화가이자 조각가, 안토니 타피에스(Antoni Tapies, 1923~2012)를 추가하면 '열정과 낭만'의 도시, 바르셀로나는 경이와 부러움의 대상이 된다. 세계적으로 마니아 팬들을 두고 있는 그의 미술관은 붉은 벽돌과 철조망으로 꾸며진 기묘한 외관을 해 호기심을 부채질한다. 그의 작품을 한국에 소개하는 '2024 특별기획전-추상 경험' 전시회가 한 예술대학의 초청으로 2024년 5월~10월 5개월간 개최됐다.

또 카탈루냐 미술의 현재 흐름을 파악하게 만드는 바르셀로나 현대 미술관은 람블라스 거리 인근에 자리하고 있다. '백색의 건축가'로 불리는 리처드 마이어가 미술관을 설계한 것이 특징. 모던한 느낌의 인테리어로 유명하다. 무려 2천 점이 넘는 현대 작품이 전시되어 있어 카탈루냐 미술의 현재를 확인할 수 있다. 바르셀로나의 구도심이면서 분위기가 멋진 고딕 지구는 역사적인 건물들과 멋진 광장, 독특한 도시 분위기를 자아내는 작은 골목길, 유서 깊은 상점과 카페, 주점들이 자리하고 있어 구경할 만하다.

이 도시 남쪽에 있는 몬주익 언덕 위 국립 카탈루냐 미술관은 기존의 몬주익 국립 궁전을 전시 공간으로 쓰면서 태동했다. 11~20세기의 방대한 카탈루냐 예술품들을 소장하고 있어 필수 코스로 소개되고 있다. 지난 1992년 하계 올림픽이 열린 몬주익에는 이 대회에서 남자 마라톤 부문 금메달을 딴 황영조 선수의 질주 모습을 새긴 석상과 한글 기념비, 한국과 스페인의 우정을 기리는 동판도 조촐하고 정갈한 풀밭공원에 자리하고 있어 한국 관광객들이 들려본다. 주로 한국과 일본에서 서식하는 유도화의 분홍 꽃이 단아하게 피어있어 정겨움을 선사한다.

바르셀로나 북쪽 카탈루냐 광장에서 남쪽 항구 파우 광장까지의 산책로 람블라스 거리는 살아생전의 피카소, 달리, 미로가 자주 거닐었던 곳으로 노벨상 수상 작가며 《달과 6펜스》의 저자인 영국 작가 서머셋 모음도 이곳에 반해 '세계에서 가장 매력적인 거리'라고 불렀다고.

이 근처 대형 시장인 보케리아(산 조세프 시장)는 현지의 다양한 음식과 농산물, 꽃과 각종 기념품을 접할 수 있는 유명한 장터로 '미식가들의 천국'으로도 불린다. 근처에 쉴 새 없이 이어지는 거리 예술가들의 공연도 생동감의 원천이다.

람블라스 거리 종점에 해당하는 콜럼버스 탑의 전망대에 오르면 바르셀로나 시가지와 유람선들이 가득한 지중해 항구가 한눈에 들어온다. 이탈리아 제노바 왕국 출신의 탐험가 크리스토퍼 콜럼버스가 신대륙(아메리카인지는 나중 알게 됨) 발견 직후 돌아와 후원자인 스페인의 이사벨 1세 여왕에게 신고하기 위해 닻을 내린 바로 그 자리다. 스페인은 이를 기점으로 15세기 이후 17세기 중반까지 150년간 세계 곳곳에 식민지를 건설, '해가 지지 않는 해양왕국'으로 등극하며 최고의 번영을 누리게 됐다. 덩달아 미술과 문학, 철학이 융성했다. 현재 50만 6천km^2의 큰 국토에 4천7백여만 명의 인구를 보유한 입헌군주국 스페인 왕국(에스파냐). 바르셀로나가 속한 카탈루냐 지역은 이 해양제국의 중심지로 승승장구해 왔다. 지중해를 낀 탁월한 지리적 조건과 기후조건으로 인해 타 지역을 능가하는 부를 창출한 데다 끈질기게 독립 의지를 표명해 '스페인이면서 아닌 듯한 지역'으로 국내외의 주목을 받아왔다.

스페인은 서기 8~15세기 이곳을 지배했던 이슬람 세력을 몰아내고 1492년 통일되기 전 이베리아 반도 곳곳을 장악했던 여러 왕국으로 이루어졌었다. 현재 수도인 마드리드는 카스티야 왕국, 카탈루냐의 바르셀로나는 아라곤 왕국이었다. 통일의 주역이었던 두 나라는 자손들을 혼인시켜 상호 결합, 강대국의 초석을 마련했으나 영토가 더 큰 카스티야의 이사벨 1세에게 정치 주도권이 주어지자 경제적으로 훨씬 우월했던 카탈루냐 세력들이 반감을 드러냈다.

나중 프랑코 독재정권(1939~1975)하에서 노골적인 탄압과 차별 대우를 받게 되자 불만과 독립 욕구가 증폭된 것이다. 이들 지방정부는 지금도 자치권의 확대를 요구하는 상황이다. 스페인 전체 면적의 10분의 1에 불과한 카탈루냐지만 총 생산기여도나 1인당 국민소득이 전체 평균(3만1600달러, 2022년 기준)보다 20~25% 정도 높다는 통계자료가 그들의 목소리를 더 키우고 있다. 무엇보다 압권은 자신들만의 독특한 문화적 정체성을 유지해 오면서, 세계적 거인들을 줄줄이 배출해 지구촌 문화예술계를 빛내고 있다는 점이다.

[28]

바티칸 시국(市國)

▷▶ 세계에서 가장 작은 나라, 영적 지배력은 세계 최고

⋯▶ 바티칸 시국의 전체 모습이 한눈에 들어온다

"전 생애를 주님과 교회를 섬기는데 헌신한 교황께서 성부(聖父) 하느님의 집으로 돌아가셨다."

2025년 4월 21일 오전 7시 35분, 전 세계 13억 명의 가톨릭 신자들은 모두 기립해 가슴에 십자성호(十字聖號)를 긋고 슬픔에 잠겼다. 그 시간은 바로 가톨릭 교회의 수장이며 '가난한 자들의 성자'로 세상에 희망과 헌신의 사랑을 일깨운 프란치스코 교황의 선종 순간이다.

지구촌 소외당하는 이들의 아버지로 불리며 평생 약자를 위해 헌신한 프란치스코 교황이 89세(제266대 교황, 아르헨티나 출신, 1936~2025)의 나이로 세상과 결별한 곳은 로마 바티칸 교황청이다. 그의 시신은 자신의 유언에 따라 바티칸이 아닌 로마 시내의 산타 마리아 마조레 대성당에 안장됐다. 선종한 교황이 바티칸 밖에 묻히는 일은 아주 드문 일이다.

'약하고 가난한 이들의 성직자'로 불리며 세계인의 포용성과 헌신 및 사랑을 강조했던 그는 선종 하루 전까지 성 베드로 대성당 2층 발코니에 나와 중동 가자 지구와 우크라이나 등 분쟁 지역에 평화를 호소하기도 했다.

영국이나 프랑스 등 세계 각국은 모든 정부기관 청사에 조기를 게양하거나 조종을 울리는가 하면 각 성당마다 조의를 표시하려는 인파들이 줄을 이었다. 장례식에는 도널드 트럼프 미국 대통령 등 세계 각국의 정상 60여 명이 참석해 조의를 표했다. 그렇듯 세계에서 가장 작은 나라, 바티칸 시국의 영적 지배력은 세계 최고라 해도 무리가 없을 듯하다. 이 혼란스럽고 험악한 세상에 인간이 바로 나아가야 할 길을 제시하는 신성한 곳이라는데 이의를 제기할 사람을 별로 없을 듯 보인다.

새 교황은 교황 선출회의인 콘클라베의 4차 회의를 통해 5월, 미국 출신 로버트 프레보스트 추기경이 제267대 교황, 레오(LEO) 14세란 이름으로 즉위했다. 그는 교황 즉위 첫 일성으로 '모두의 평화'를 강조하면서 "평화는 부활하신 그리스도의 첫 인사말"이라고 전했다.

인류 문화의 주요 발상지인 유럽의 수많은 나라들을 여행하면서 지칠 정도로 자주 대하게 되는 성당들을 순례하다 보면 인류의 문화사는 절대자인 하나님에 대한 숭배를 영적, 물리적으로 표현하기 위한 여정이었음을 자각하게 된다. 인류의 희로애락이 사라지지 않는 한 과거와 현재, 미래 역시 문명의 발달과 무관하게 같은 행로의 반복 순환일 것이라는 생각이 든다.

그래서인지 유럽에, 특히 이탈리아에 들르게 되면 몇 번이든 신고하는 마음으로 로마 한가운데 자리 잡은 바티칸 시국(Vatican City State)으로 향하게 된다. 예약금을 지불하고 온라인 예약을 해도 출입구에서 기다리는 시간에 지치기도 하지만 말이다. 최근에는 줄을 대신 서주고 돈을 받는 암표상들의 호객 행위가 늘어난 것 같다.

전 세계에서 가장 작은 나라로 분류되면서 가장 강력한 영적 지배력을 행사하는 나라는 바로 바티칸 시국이다. 이탈리아라는 옆 나라의 수도 한가운데 국가 경계선을 희고 노란 페인트로 그어놓고 떡 버티고 있으면서 지구촌 관광객들을 쉴 틈 없이 빨아들이는 곳 말이다. 전 세계 13억 신자들의 마음을 붙들어 맨 곳이다.

수천 년간 인류 역사의 흐름을 수도 없이 바꾸어 놓은 기독교는 유약하고 단명한 인간이 얼마나 강력하게 영원불멸의 삶을 꿈꾸며 신에 의지하려 하는가를 단적으로 명쾌하게 입증하는 종교다. 인간의 표현력은 애당초 하느님을 경배하기 위해 육신에 장착된 것이며 그 소임을 다하기 위해서라면 초인적인 능력을 발휘할 수도 있다는 것을 자각하게 만든다.

우선은 세계 최대 규모의 성전인 베드로 대성당이라는 걸작을 통해서다. 또 그 대단하고 찬란한 성전 안에서 하나님을 찬양하기 위해 온 정성과 힘을 다해 표현한 불멸의 거대한 예술품들도 바티칸 시국의 존재 이유를 여실히 보여준다.

초미니 도시국가(시국), 바티칸의 면적은 0.44km^2로 우리나라 창경궁과 비슷하고, 여의도(여의 방죽 안쪽 넓이만 2.9km^2)의 약 6분의 1 정도의 규모다.

기독교의 한 종파로서, 영어식 정식 명칭은 가톨릭 교회(Catholic Church, 천주교)이며 전 세계에 13억 명 정도의 신도를 둔 세계 최대 규모의 기독교 교단이다. 2022년 통계 기준 세계 인구를 80억 명으로 볼 때 약 6분의 1에 해당하는 규모이니 그 영향력이 가늠된다. 전 세계 가톨릭 교회와 교구를 통괄하는 최고통치자, 교황이 위치해 있어 외교적으로는 성좌(Holy See, 교황청)라고 불린다. 세계 가톨릭 신자의 영적 국가를 의미한다.

하지만 정작 바티칸에 상주하는 인구는 9백여 명에 불과하다. 1929년 2월 11일 건국돼 주권을 인정받은 독립 도시국가인 이 나라의 국가원수는 현재 레오 14세이며 인구 대다수는 이탈리아인과 스위스 태생들이다. 교황 아래 수상격인 국무장관 추기경이 있다.

국가 명칭은 테베레 강 옆에 있는 바티칸 언덕을 뜻하는 말에서 유래한다. 이 나라 대표 관광지 중 하나가 된 성 베드로 성당은 서기 90년 예수의 열두 제자 중 한 사람인 베드로(본명은 시몬)가 묻힌 언덕에 세워졌다. 반석이라는 의미를 가진 베드로는 예수 그리스도가 지어준 이름. 그리스도에 의해 교회의 기둥과 반석이 되라는 사명을 부여받았던, 어부 출신 사도였다.

가톨릭의 기원은 기원전으로 거슬러 올라가야 한다. 당시 그리스, 로마의 각종 신이 난무하는 가운데 예수 그리스도를 유일신으로 모시면서 황제의 신격화를 거부하고 인간의 평등성을 주장한 그리스도교가 우세하면서 비롯됐다. 현재 세계 가톨릭 교회와 교도를 통솔하는 교황청은 교회 행정 중앙기관으로 교황청 집무실과 교황 거처가 있는 궁전, 성 베드로 성당, 시스티나 성당의 박물관 및 미술관, 성 베드로 광장 등으로 이루어져 있다. 바티칸 시국의 국가 운영은 소유 부동산과 바티칸 은행의 투자 수익, 세계 각국 가톨릭 협회로부터 들어오는 기부금, 이탈리아 정부의 보조금 등으로 재정을 충당하고 있음이 알려져 있다.

이런 것들은 그냥 단순한 외형상의 면모에 불과하다. 그 진면목을 제대로 알려면 한 국가의 세속 권력자인 황제와 가톨릭계를 대표하는 교황의 세력 다툼이 어떻게 전개돼 인류 역사에 어떤 결과를 낳았는지를 알아야 가능하다.

유일신을 강조하고 황제 숭배를 거부했던 기독교는 정치권의 박해를 이기고 4세기 초 밀라노 칙령으로 로마 제국의 공인을 받고 5세기

초에는 국교로 자리 잡게 된다. 교황권이 확립된 시기는 5세기 레오 1세(재위 440~~461) 때부터다. 그는 종교적으로나 정치적으로 막강한 영향력을 확대했다. 그 후 서기 800년에 이르러 교황 레오 3세가 프랑크 왕국의 카를 대제에게 황제 칭호를 부여하고 왕관을 씌어준 사건을 계기로 교황은 유럽 국가 황제들의 정통성을 부여하는 도전 불가의 절대 권력을 누리게 된다.

교황권은 11세기 교황 그레고리우스 7세와 독일의 왕, 하인리히 4세가 성직자 임명 권한을 놓고 격돌하다 결국 세속군주가 교황으로부터 파문당하는 '카노사의 굴욕'까지 만들어 낸다. 이는 왕권에서 쫓겨날 처지에 이른 하인리히 4세가 교황의 거처인 이탈리아 북부 카노사의 성으로 찾아가 맹추위 속에 성 밖에서 무릎을 꿇고 사흘간 용서를 빌었던 치욕적인 사건이다.

물론 교황의 정치력 지배력이 계속된 것은 아니었다. 교회와 교황의 권위는 십자군 원정(11~13세기)과 마르틴 루터 등의 종교개혁에 맞닥뜨리면서 이전보다 세속적 권력 면에서는 특히 크게 후퇴하게 된다. 십자군 전쟁은 유럽 기독교도들이 이슬람 세력에 맞서 성지 예루살렘을 탈환하기 위해 8차례 원정을 벌인 것으로 유럽의 정치, 경제, 문화에 큰 영향을 미친 사건이다.

19세기 들어서는 이탈리아 왕국이 이탈리아 반도를 통일하면서 그 영역도 현재의 바티칸 시국으로 좁혀지게 된다. 1929년 이탈리아 정부는 교황과 '라테란 조약'을 맺어 교황을 현재 바티칸 도시국가(市國)만의 지도자로 인정하게 된 것이다.

전 세계 가톨릭 교회의 심장부이자 세계 최대 박물관 중 하나로 30만 점의 예술품을 소장한 곳을 다시 둘러보면서 느낀 점은 관광 대상물인 바티칸의 역사와 소장품 등 모든 것을 미리 공부하고 와야 한다는 것이었다.

일단 종교사의 우여곡절을 알아야 바티칸 시국에 담긴 찬란한 문화유산을 이해하고 감탄을 거듭할 수가 있다. 이곳으로 떠나기 전 각자 나름의 공부는 필수다. 그래야 "아는 만큼 보인다는 말"을 절감하게 된다. 공부하고 온 것을 실물로 확인하는 현장에서의 시간을 보내야 그 안에 담긴 이야기들이 고스란히 가슴과 머리에 박혀 울림을 전달한다는 사실이다. 특히 인류 문화의 발원지인 유럽 중세의 역사와 문화가 녹아있기 때문이다.

해당 역사의 원인이며 결과를 총체적으로 보여주는 곳임을 알게 한다. 정치권력과 맞물려 돌아가는 가톨릭 종교사를 알아야 하는 것이 필수다. 특히 당시의 상황을 곧이곧대로, 또는 풍자·은유적으로 보여줄 수 있는 중세의 회화, 건축, 문학 등 예술작품은 권력과 재물을 통한 후원 없이는 이루어지기 힘들었다. 당연히 그 시대 권력과 손잡은 후원자들의 영향력이 고스란히 배어있게 마련이다. 공부하고 오지 않으면 전 세계에서 몰려든 관광객들에 떠밀려 괜한 고생만 하게 된다.

바티칸 궁전은 6세기 교황 심마쿠스 때 교황 거주관으로 건립됐으나 지금은 건물 대부분을 미술관과 도서관으로 이용하고 있는 중이다. 천재 건축가이며 화가인 미켈란젤로와 라파엘로 등의 벽화장식과 역사적인 고문서와 공문 등을 소장하고 있다.

우리가 성 베드로 대성당으로 부르는 산 피에트로 대성당(San Pietro Basilica)은 4세기경 성 베드로의 무덤 위에 세워졌다. 16세기에 들어서는 미켈란젤로를 비롯한 10여 명의 유명 건축가들이 차례로 공사를 주도하며 르네상스와 바로크 양식으로 120년 동안 재건됐다. 베드로는 예수의 열두 제자 중 한 사람이었고 예수가 "하늘나라의 열쇠를 주겠다"며 그를 반석으로 삼아 교회를 세우자고 했던 인물이다. 과연 이곳에 베드로의 무덤이 있는가 설왕설래가 계속됐었다. 그러나 1950년 새 대성당 지하실 공간에서 서기 1세기에 사망한 60대 중반의 남자 유골을 발견, 감정한 결과 그의 유골임이 판명돼 도로 그 자리에 매장한 사건이 있었다. 발견 당시 금실로 수놓은 자주색 천에 싸여있던 유골 주위 벽면에는 베드로라고 쓰인 낙서 여러 개가 동시에 발견돼 신빙성을 높였다는 것이다.

교황이 미사를 집전하는 제대 밑에는 베드로의 무덤이 있고 제대 뒤로는 베드로의 의자가 있어서 교황이 정통한 베드로의 계승자임을 강조한다. 전체 길이가 220m, 너비 150m, 높이 138m에 이르는 이 거대한 대성당은 가톨릭의 권위가 예전 같지 않고 쇠잔해져 옛 영광과 힘을 되찾으려는 의도에서 지어졌다.

그 유명한 미켈란젤로의 벽화 〈최후의 심판(Last Judgement)〉은 시스티나 성당에서 볼 수 있다. 프레스코화로 가로 13.7m에 세로 12.2m 크기로 7년(1534~1541)에 걸쳐 제작됐다.
신성로마제국군에 의한 로마 점령과 약탈 등 재난의 연속에 대한 분노의 감정을 담기 위해 당시 교황 클레멘스 7세가 시도한 것이라고 한다. 잠시 건축이 중단되기도 했지만 그림 속에는 인간의 모든 행태와 모습을 담은 총 391명의 인물이 등장해 제작 의도를 다분히 반영하고 있다. 이 그림은 천사들, 죽은 자들의 부활, 승천하는 자들, 지옥으로 끌려가는 무리 등 5개 부분으로 나뉜다. 인간에 대한 심판자인 그리스도의 천상 세계와 지옥의 세계에 배치된 인물들은 과연 어떤 역사적 인물들인지 궁금증을 자아낸다.

1541년 10월, 공식적인 낙성식에서 이 작품은 전 로마시민들의 경악과 찬탄의 대상이었다고 전해진다. 특히 처음 등장한 인물들은 그리스도를 포함해 모두 나체 상태였는데 비속한 부분은 모두 가려져야 한다는 트리엔트 공의회의 칙령이 내려 23년 후 생식기 부분에 덧그림에 그려졌다. 하지만 최근 화학약품으로 벽화에 낀 그을음과 때를 벗기자 원상태가 선명하게 드러났다고 한다.

역시 인류의 최고 문화유산 중의 하나인 〈천지창조〉 또한 천재 미켈란젤로의 작품이다. 규모가 커서 일반 카메라에 다 담기 힘든 대작인데 흔히 '시스티나 성당 천장화(Sistine Chapel Ceiling)'라고 일컫는다. 세계 최대의 벽화로 프레스코다. 41.2x13.2m 크기다. 1508년 교황의 명을 받아 성당 천장에 창세기 아홉 장면을 4년 반 동안에 걸쳐 그렸다. 하나님이 최초의 인간 아담에게 생명을 불어넣는 구약성경의 구절이 구현된 것. 프레스코화는 시멘트와 모래를 섞어 반죽한 모르타르를 벽면에 바르고 수분이 마르는 동안 채색하는 그림 기법이다. 이 천장화 그림이 있기 전의 시스티나 성당은 사뭇 달랐으리라. 이곳에서는 교황을 선출하는 '콘클라베'가 행해지는데 바로 이 그림 아래에서 전 세계 신자들을 이끄는 가톨릭의 수장이 결정된다.

상반신을 젖혀 이 그림을 감상하는 관광객들은 과연 어떻게 그 오랜 작업 기간 천장에 매달려 그림을 완성할 수 있었는지 찬탄을 쏟아내게 된다. 화가인 그에게 하늘의 은총이 쏟아지지 않고야 그 초능력의 예술성과 의지가 작동했을까 하는 질문도 던져진다.

↦ 바티칸 박물관의 주요 소장품인 미켈란젤로의 피에타 상

역시 미켈란젤로의 최고 걸작인 〈피에타(Pieta)〉 상 앞에서는 군중들이 떠날 줄 모른다. 성모 마리아가 죽은 그리스도를 안고 있는 조각상으로 피에타는 이탈리아어로 '연민'을 뜻한다. 흰색 대리석상이다. 갈비뼈가 드러날 정도로 깡마른 그리스도의 축 늘어진 모습을 안고 들여다보는 수심 가득한 마리아의 얼굴이 그야말로 슬픔과 연민을 자아낸다. 1499년 작이다.

성모 마리아상이 상대적으로 너무 커서 어색함이 느껴질 정도라며 비난을 받기도 하자 화가는, "당신들 보라고 만든 게 아니다. 위에서 봐야 제대로이다"라고 반박했다는 설도 있다. 하나님이 보게 하기 위한 구도로 접근해야 완벽함을 추구할 수 있다는 치밀함이 프로답고 놀랍다. 그렇게 봐야만 그리스도의 육신 핏줄과 손의 못 자국, 몸의 뼈대 등 구조가 잘 드러난다는 얘기다.

바티칸 박물관의 불멸의 스타 두 화가 중 또 한사람인 라파엘로의 〈아테네 학당〉도 볼거리. 역사 속 인물인 고대 철학자 플라톤과 아리스토텔레스, 그들의 스승이었던 철학자 소크라테스, 수학의 대가 피타고라스, 가난하지만 자족의 삶을 실천했던 거리의 철학자 디오게네스를 비롯해 라파엘로 자신의 얼굴도 슬쩍 끼워 넣은 그림이 재치있다. 각 분야의 대가인 옛 성인들의 살아있는 듯한 얼굴과 몸매, 처세를 멋진 그림으로 만나는 일은 유쾌하다.

⋯› 바티칸 박물관이 소장한 라파엘로의 아테네 학당

　1773년 설립된 바티칸 박물관의 본관은 피오 클레멘티노 미술관, 도서관, 유물관, 회화관 등으로 나뉜다. 그 안의 각실은 라파엘로실(室), 각 나라와 대륙의 지도실(地圖室)이라는 명칭 아래 분류된다.

　바티칸 박물관의 분관 격인 피오 클레멘티노 미술관에 있는 라오콘 군상(Laocoon Group)은 고대 최고의 걸작이자 헬레니즘의 대표작품으로 신화 속 인물인 라오콘의 최후를 표현했다. B.C. 175년~150년에 제작된 조각으로 높이 2.42m의 흰색 대리석 작품이다. 온몸의 우람한 근육과 생식기를 들어낸 트로이의 사제 라오콘과 두 아들의 몸을 거대한 두 마리 바다뱀이 휘감고 있는 모습이다. 원한으로 그를 없애려는 그리스 신들의 분노를 표출한 작품이다. 1506년 로마의 한 농부가 포도밭을 파다가 우연히 공중목욕탕 유적을 발견하게 되는데 그 안에서 나왔다고 한다.

베드로 성당에서 베드로 광장을 내려다보면 광장을 둘러싸고 있는 건물의 꼭대기에는 140여 성인 인물 조각상들이 도열, 장관을 이룬다. 성당 정면에는 '너는 베드로다'라는 말과 베드로에게 열쇠를 주는 장면도 묘사돼 있다.

마태오 복음서에는 "너는 베드로다. 내가 이 반석 위에 내 교회를 세울 터인즉 저승의 세력도 그것을 이기지 못할 것이다. 나는 너에게 하늘나라의 열쇠를 주겠다"고 되어있다. 지금의 베드로 성당을 상공에서 보면 성당 등 건물, 정원, 광장 등의 전체 배열이 열쇠 모양을 하고 있으니 경외감이 든다.

대성당 앞에 놓인 베드로 광장의 좌우 길이는 240m, 입구에서 좌우로 안정된 타원형 꼴이다. 광장의 좌우에는 그리스 건축의 도리아 양식으로 된 원주 284개 등이 회랑 위의 테라스를 떠받치고 있다. 회랑은 그리스도가 인류를 향해 팔을 벌리고 있는 모습을 형상화한 모습이라니 은혜롭다. 이 광장 중앙에는 높이 25.5m의 오벨리스크가 하늘 높이 뻗어있으며 좌우에 분수가 있다. 서기 40년 이집트에서 가져온 것으로 이 또한 복잡한 역사를 담고 있으리라.

세계 기독교인들의 성지인 이곳을 빠져나가는 길목에서 이곳을 지키는 근위병들을 만난다. 알록달록한 의상을 차려입은 군인들이 '장난감 병정' 같아 보는 이들의 미소를 자아낸다. 샛노랗고 파란 세로줄 무늬 옷에 흰색 목도리를 두르고 투구와 손목 부위에 빨갛고 흰 털 장식을 한 그들의 모습은 경쾌하고 유쾌하다. 마치 성지의 진지, 심각함을 좀 덜어내고 일부러 사람들의 마음을 가볍게 하려는 듯 보인다.

그런데 모두 스위스 출신 용병들이란다. 왜일까? 1527년 신성로마제국의 군대가 로마를 약탈하는 일이 벌어질 때 다른 나라의 용병들은 도망가고 오로지 스위스 근위병들만 남아 자리를 지킨 의리에 감동한 결과다. 그 이후 이곳 근위병은 오로지 스위스 젊은이들만 할 수 있다. 가까이 다가가도 애써 모른 척하며 꼼짝 않고 서 있는 발그레한 혈색의 그 근위대 청년들이 그리 기특해 보일 수가 없더라. 역시 알고 봐야 예쁘고 가까이 보면 더 예쁘다.

베드로 대성당 옆으로 펼쳐져 이탈리아와 국경을 이루는 길 이름은 '화해의 길'이다. 당시 이탈리아 총리로 세계 최초의 파시즘을 탄생시킨 베니토 무솔리니(Benito Mussolini)가 바티칸을 국가로 인정해 주려는 라테란 조약을 성사시키고 이 길을 냈다고 한다. 그는 당시 대체 무슨 계산을 한 것일까? 역사의 아이러니는 우리에게 끝없는 상상과 교훈을 던지며 늘 반복되는 모양이다. 해석과 적용은 후세들의 몫이다.

[29]

울란바토르 – 몽골

▷▶ 몽골의 영원한 황제, 칭기즈 칸의 혼이 살아있는 곳

⋯▶ 유목민 텐트(게르)

　폭염이 한창인 7월 중순, 정신 못 차리게 뜨거운 서울을 벗어나고 싶어 무작정 날아간 곳이 몽골(Mongolia)이다. 우리나라보다 북쪽, 기온 차이가 10도 이상 난다는 그곳의 선선한 초원에서 아무 생각 없이 별이 쏟아지는 풍경을 누리고 싶었다. 그와 함께 떠오른 한 역사적 인물이 출발을 부추겼다.

끝없이 이어지는 초원, 기기묘묘한 기암괴석들이 둘러싸고 있는 한 산골짜기의 게르(Ger)에서 깨어난 첫날 새벽, 이 산과 저 산을 반원형으로 잇고 있는 일곱 빛깔 쌍무지개를 수십 년 만에 접하고는 탄성이 절로 일었다. 순간 게르촌 초입에 적혀있던 '미라지(Mirage)'란 단어가 떠올랐다. 내가 접한 그 순간이 글자 그대로 '신기루' 같다는 생각이 들어서였다.

세계사에서 '가장 강력했던 정복자'의 한 사람, 8백 년 전 한 시대와 세상을 뒤흔들었던 칭기즈 칸(Genghis Khan, 1162~1227)의 숨결이 여전히 살아있는 그곳. 전혀 예기치 않은 어느 여름날, 불현듯 그가 호령했던 초원에 와서 연신 감탄사를 연발하고 있는 당시 상황에 딱 어울리는 단어 아닌가. 그리고 세상과 세월, 인간은 쉴새 없이 돌고 돌아 여전히 한 치 앞도 내다볼 수 없는 일들이 도처에서 벌어지고 있지 않은가 말이다.

세계에서 인구밀도가 가장 느슨한 광활한 초원의 나라, 몽골은 칭기즈 칸과 이음동의어다. 몽골을 얘기할라치면 우선 한때 유라시아 중심부를 뒤흔들며 '가장 무서운 사나이'로 군림했던 그의 이름이 자동적으로 떠오르기 때문이다.

한국에서 비행기로 3시간 30분을 날아 도착한 곳이 수도 울란바토르(Ulaanbaatar)의 '칭기즈 칸 국세공항'이다. 공항을 나서면서부터는 그의 얼굴이 그려진 화폐, 투그릭을 사용하게 된다.

시내 중심부 광장에 서 있는 국회의사당 전면에는 칭기즈 칸과 그의 왕위 계승자였던 아들과 손자의 동상이 버티고 서 있다. 울란바토르 근교 초원에는 세계에서 가장 거대한 칭기즈 칸 기마상이 관광객들의 탄성을 불러일으킨다. '위대한 세계의 군주'라는 뜻을 내포한 그 이름의 존재를 동상으로라도 재현하겠다는 의도다. 요즘 한국의 관광객들도 부쩍 그리로 몰려들고 있다.

아주 먼 옛날, 천지에 뿔뿔이 흩어져 있던 여러 부족을 하나로 통합해 거대한 몽골 제국을 세우고 세계를 흔들어 댄 놀라운 칭기즈 칸에의 배움과 기억이 없었다면 과연 세계인들의 발걸음을 몽골로 끌어들일 수 있을까 하는 궁금증이 생긴다.

우선 그의 존재감을 확인할 수 있는 곳은 칭기즈 칸의 거대한 기마상이 세워져 있는 천진 벌덕(Tsonjin Boldog) 벌판이다. 수도 울란바토르에서 약 50km 거리에 세워져 있는 이 동상은 세계에서 가장 큰 기마상이다. 칭기즈 칸은 물론, 그가 타고 있는 말의 몸집도 그렇다. 지상으로부터 50m 높이. 250톤의 강철을 사용한 이 동상의 높이만 40m, 이 동상을 받치고 있는 건물의 높이는 10m로 합하면 웬만한 아파트 10여 층의 높이와 같다.

이곳은 칭기즈 칸이 제국을 세우기 전 지나가다 황금빛 채찍을 발견하고 큰 행운을 얻은 곳으로 숭상받는 지역이다. 건물 꼭대기에 오르면 기마상의 대단한 크기를 실감할 수 있고 광활한 초원을 조망할 수 있다. 칭기즈 칸의 눈길이 가는 곳을 따라가면 맞은편 산 중턱에 있는 그의 어머니 동상에 이른다. 모자지간이 서로 마주보고 있는 것이다.

벌판 초입에는 개선문 형상의 건축물 위에 8명의 기마부대 장수들 동상이 기개와 용맹을 자랑하듯 세워져 있어 눈길을 끈다. 또 초입 한켠에는 새삼스럽게 한국의 LG그룹을 상징하는 로고와 깃발들이 서 있어 한국 관광객들의 눈길을 끈다.

한때 세계사를 뒤흔든 유목민의 제왕, 칭기즈 칸은 단지 잔인한 정복자가 아니었음을 역사는 인정하고 있다. 그는 1206년, 몽골 초원지대 여러 부족을 하나로 통합해 몽골 제국을 세웠다. 당시 몽골 제국의 최대 확장 영역은 동쪽 끝으로는 동중국해와 한반도 일부, 서쪽 끝으로는 헝가리와 폴란드 국경, 남쪽으로는 베트남 북부와 티베트 이란, 북쪽으로는 시베리아 일부까지 포함됐다. 마치 전광석화인 양 힘차게 뻗어 나갔다. 몽골 제국 건립 이후의 13세기, 세계 전체 면적의 65%를 장악했었다니 불가사의한 일이다.

⋯ 칭기즈 칸 동상

그가 선택한 무기는 단순한 활과 창, 칼 등이 아니었다. 무기들에 힘을 실어준 것은 칭기즈 칸의 전략과 리더십, 그런 지혜를 전투에서 실현시킨 역동적인 말의 민첩함과 기동성이었다. 이곳의 말들은 다른 지역 말과는 달리 몸집이 작아 회전이 자유롭고 빨랐다. 또 말굽을 별도로 만들어 장착하지 않아도 어느 지역이든 자유자재로 질주할 수 있었다는 것.

유목민들은 타고나면서부터 그런 말들을 사람인 양 친하게 지내며 익숙하게 타고 다녔다. 별도의 훈련이 필요 없을 정도였으니 사병으로 변신해 언제든지 싸울 수 있었던 것. 필자도 12세 마부의 도움으로 말 등에 앉아 1시간여 초원을 거닐면서 살펴보니 현재도 인위적인 말굽은 장착되지 않은 상태였다.

누구든 한 명의 병사가 그런 말들을 몇 마리씩 데리고 다니며 수시로 바꿔 탈 수 있게 해 기동성과 정보력을 높였단다. 몽골군은 말을 바꿔 타며 쉬임없이 이동했고 도주하는 척하다 되돌아와 적을 휩쓸곤 했다. 무엇보다 돋보인 것은 칭기즈 칸의 탁월한 리더십. 그는 계급과 혈통에 얽매이지 않고 실력 위주로 인재를 발탁했고 심지어 적군도 능력만 있으면 장군으로 삼았다. 한때 자신을 배신했던 병사들도 다시 기회를 줘 충성도를 높였다는 것이다.

그의 정복 이후 유라시아에는 '팍스 몽골리카(Pax Mongolica)', 즉 '몽골의 평화'라는 안정기가 찾아왔다. 동서양을 잇는 실크로드가 안정화되면서 동양의 비단과 종이, 서양의 유리와 의약지식, 그리고 사람과 사상이 왕래하면서 새로운 시대가 열리게 되었다.《동방견문록》을 써서 중국과 한국 등 동양을 유럽에 알린 이탈리아인 마르코 폴로(1254~1324)의 아시아 여행도 가능해진 것이다.

한마디로 칭기즈 칸이 유라시아 대륙 최초의 글로벌 네트워크를 열었다 해도 과언이 아닌 것이다. 그의 정복은 한 나라의 성쇠에 그치지 않았다. 이슬람 세계는 재편됐고 러시아는 몽골 지배를 통해 중앙 집권적 지배를 학습했다. 칭기즈 칸의 손자 쿠빌라이 칸이 건국한 원 나라는 97년간(1271~1368) 몽골 제국이 중국 대륙(중원)을 지배한 시 기로 이때 동서 문화가 더욱 융합됐다. 그는 소위 '글로벌 시대', 세계 화의 선구자 역할을 한 것이다.

몽골 제국은 인류 역사상 가장 넓은 단일 제국이자 황제국을 형성 했었으며 칭기즈 칸 사후 그의 아들들과 손자들이 네 개의 칸국으로 분열해 지배를 이어갔다.

칭기즈 칸은 그렇게 인간사의 어두운 침략 본능을 드러내는 동시 에 질서와 지혜의 힘으로 세상을 바꿀 수 있다는 가능성도 보여주었 다. 그의 가장 큰 유산은 이런 물음을 던지게 한다. "무엇이 진정한 힘 인가? 칼인가? 법인가? 아니면 마음을 얻는 일인가?" 답은 자명해진 다.

광활한 초원의 나라, 그의 유목민 후예들이 사는 몽골은 지금 선조 들의 옛 영광을 가슴과 머리에 되새기며 변신과 발전에 온 힘을 쏟고 있다.

몽골은 지금 주요 산업인 광업과 관광업, 축산업을 주축으로 회귀 와 재기를 꿈꾸고 있다.

몽골 정부 측은 최근 천혜의 무공해급, 아름다운 자연환경을 자랑 하는 몽골이 디지털 시대의 삭막한 영혼들에게 자연 속 휴식과 영적 여행을 즐기게 하는 좋은 관광 후보지로 급부상하고 있다고 홍보 중 이다. 2024년 몽골을 찾은 외국인 관광객은 80만8천 명으로 역대 최고치를 기록했다. 2030년에는 200만 명의 관광객을 유치하겠다는 야심 찬 목표를 발표했다. 현재 국내총생산(GDP)의 3~4% 수준을 10%대로 끌어올리겠다는 것.

광업의 경우, 구리 생산량이 세계 2위, 석탄 생산량이 세계 4위를 점하고 있을 정도. 풍부한 광물자원의 수출이 이 나라 전체 수출량의 89%를 차지할 정도로 기대가 크다.

이들 관광업에 한국 관광객 증가가 디딤돌 역할을 하고 있다. 특히 중노년층의 몽골 관광이 최근 급상승하고 있다고 한국 언론도 보도한 바 있다. 아닌 게 아니라 2025년 7월 중순, 이상 기온으로 폭염이 극성을 부리는 한여름, 몽골의 공항과 여러 관광지는 한국인 여행객들로 문전성시를 이루었다.

2006년 새로 지어 입주한 '칭기즈 칸 국제공항'을 벗어나 울란바토르 시내에 접어들자 한국어 이름을 그대로 부착한 식당 간판과 편의점, 커피숍들이 눈에 쉽게 띄었다.

특히 한국의 대표 편의점들인 CU와 GS 25가 대로변 주요 상권에 자리를 잡아 이곳 전체 편의점 매출의 75%를 차지하고 있다고 현지 편의점 주인은 전한다. 시내 한가운데 버젓이 '서울의 거리'가 뻗어있다. 1995년 서울과 자매결연을 하여 국립극장과 철도대학을 잇는 거리를 그렇게 명명한 것이다.

음식점이나 커피숍 등 많은 상점의 주인들이 한국인이어서인지 한국 상표와 이름 그대로인 상품을 판매하고 있었다. 매대 선반의 라면, 각종 과자나 설탕, 간장 등도 한국 것 그대로의 포장으로 잔뜩 진열돼 있었다.

　종업원들은 웬만한 한국어는 다 알아듣는 듯해 한국어 우선 사용으로 분위기가 돌아가고 있다. 일단 몽골어와 한국어가 세계 9개 어족(語族)군 중 하나인 우랄알타이어족에 속한 공통점이 친숙하다. 생김새도 매우 비슷한 데다 몽고반점, 몽고간장이란 단어도 익숙해 서로 자연스레 친근감을 표시하는 분위기다. 한국어를 유창하게 구사하는 가이드는 "이곳 몽골인들은 한국을 적어도 한두 번 들려보는 것이 필수처럼 되어있다"고 전한다. 그곳 관광지의 모든 안내 표지판에는 영어도 아닌 한국어가 국제 공용어인 양 쓰여있다.

　몽골의 심장부인 수도 울란바토르의 핵심 지역인 수흐바타르(Sukhbaatar) 광장에 가면 몽골에서 칭기즈 칸의 존재감을 다시 확인할 수가 있다. 국가적인 주요 행사가 열리는 광장 한가운데 서 있는 국회의사당 정면에는 칭기즈 칸과 그 아들, 손자(오고타이 칸과 쿠빌라이 칸) 등 3대에 이르는 거대한 동상이 자리 잡고 있다. 국립은행, 오페라 극장 등이 있는 이 광장은 1921년, 당시 청나라와 러시아 백군에 맞서 몽골 독립을 이끈 '혁명의 영웅' 담디 수흐바타르를 기념하기 위해 세워진 곳이다.

　울란바토르에서 가장 높은 곳에 자리해 시내 전체를 내려다볼 수 있는 '자이승 전망대'도 가볼 만하다. 탑 위에 오르면 탑의 안쪽 벽면에 2차 세계대전부터 몽골 공화국을 세우기까지의 과정이 모자이크 벽화에 담겨있다. 전쟁 당시 러시아를 포함한 연합군과 함께 싸웠던 몽골의 승전 기념탑인 셈이다. 곳곳에 남겨진 한국인 낙서가 눈살을 찌푸리게 한다.

전망대에서 가까운 곳에는 '몽골의 슈바이처'라 불렸던 한국인 독립운동가 이태준 열사의 기념공원도 자리 잡고 있다. 경상남도 함안 태생(1833~1921)으로 세브란스 의대 졸업 후 1914년 몽골로 이주, 이곳 환자들의 질병 치료에 헌신하면서 항일 독립운동도 한 '하늘이 내린 의사'로 존경받는 인물이다. 2001년 건립된 이 공원에는 선생을 기리는 가묘(假墓)와 기념관, 기념비 등이 세워져 있다.

울란바토르 시내 중심가는 여느 대도시 못지않은 모습의 높은 건물들이 들어서 있고 전 인구의 반인 150만 명이 수도에 모여 살고 있다. 초원 지대의 모습과는 시대를 뛰어넘는 듯 전혀 다른 느낌을 준다. 높은 아파트에 거주하는 것이 부유층이라는 인식이 자리를 잡아가고 젊은이들의 꿈인 양 되어있다는 것. 도심에서 12km 정도 떨어진 근교에 신도시가 한창 조성 중이다. 한국의 분당, 일산 등에 신도시가 생길 때의 모습이 그대로 재현되는 느낌을 준다.

울란바토르 외곽 변두리는 이제 천막 게르가 있던 자리에 시멘트와 벽돌로 지은 1~2층 주택이 듬성듬성 들어서기 시작해 우리나라 70년대 변두리를 연상시켰다. 왕복 4차선 도로변에는 컨테이너를 개조해 만든 임시상가가 자주 눈에 들어온다. 거리를 달리는 차량의 80% 이상이 일본제 차량으로 모두 먼지를 하얗게 뒤집어쓴 모양새다. 관광버스나 일반 버스는 한국의 현대, 기아의 중고차량이 대부분인 느낌을 줄 정도도 많다.

도시화가 더뎌 보이는 몽골의 매력과 장점은 무엇보다 광활하고 아름다운 푸른 초원이다.

산과 들에 소와 말, 염소 등을 목축하는 유목민들의 거처인 하얀색 천막집, 게르가 조화롭게 목가적이고 낭만적인 멋을 선사한다. 7월의 기온은 10~20도 정도로 계곡에 부는 바람이 가을 같다. 초원의 게르에서 묵는 밤에는 지구의 땅 위로 전부 쏟아져 내릴 듯 영롱하게 반짝이는 천상의 별 무리들이 경이롭고 신비하다. 밤 10시가 돼야 어두워지기 시작해 새벽 4시쯤에는 환해져 초원에서 풀을 뜯는 말과 소들의 부지런함을 접할 수 있다.

기기묘묘한 기암괴석이 둘러싸고 있는 자연 속, 쟁쟁하게 푸르고 맑은 하늘에 솜사탕 같은 뭉게구름이 시시각각 감탄사를 연발하게 한다. 도시의 복잡함과 온갖 공해, 사람들에 시달려온 타지의 관광객들은 이곳에서 쉼과 자유, 평화로움과 여유를 만끽할 수 있으리라.

이들 인구의 3분의 1이 아직도 소와 말, 염소들에게 풀을 먹이며 이동하는 유목민 생활을 하고 있어 게르 사용은 일상화돼 있다. 원주민이 이동 거처로 사용하는 조립식 임시 게르와 화장실과 샤워시설을 갖춘 관광용 게르가 있다.

몽골 초원에는 현지인과 관광객들이 쉴 수 있는 국립공원 20여 개가 있다. 그중 하나가 울란바토르 시내에서 70km 떨어진 테를지 국립공원. 말을 타고 대초원을 거닐거나 그들의 전통가옥인 게르에 들려 몽골인의 삶과 문화를 체험할 수기 있다

그들이 맛보라며 내놓는 몽골 전통의 수태차는 말젖과 찻잎으로 만든 음료. 들고 다니며 먹을 수 있게 엿가락 모양으로 말려 먹는 치즈, 말 우유에 발효한 술을 넣어 막걸리 같은 느낌을 주는 마유주도 맛볼 수 있다. 여행객들은, 목축업이 주종을 이루는 그곳의 대표 전통 음식인 허르헉(양, 염소 고기를 야채와 향신료, 달군 돌과 함께 솥에 넣고 조리),

양고기구이와 몽골식 샤브샤브 등을 주된 식사 메뉴로 접하게 된다.

'몽골의 스위스'라는 별명을 갖고 있는 이곳에는 눈이 시리도록 푸르른 하늘 아래 펼쳐진 드넓은 초원과 수천 년 비바람에 쓸린 멋진 기암괴석과 하얀 게르의 조화로움이 탄성을 불러일으킨다. 곳곳에 산적한 말똥과 소똥을 밑거름으로 자란 이름 모를 야생화들이 여기저기 무리 지어 펴서 소박하고 강인한 아름다움을 보여준다.

해발 1,700m 고지에 있지만 중간 높이까지 차를 타고 가 쉽게 거닐 수 있는 '야마트 산'은 특히 신선하다. 절묘한 바위들이 마치 잘 깎아놓은 석상 같아 멋진 돌무리 조각공원을 거니는 듯하다. 산 정상에는 유목민들의 행운을 상징한다는 늑대 동상이 서 있다. 바이칼 호수의 바람둥이 늑대가 이곳의 사슴과 사랑에 빠져 자식을 잉태한 자손들의 후예 중 한 사람이 칭기즈 칸이라는 전설이 있다. 이 동네에서 '늑대 같다'는 말은 칭찬이다.

몽골 샤머니즘의 상징물인 '어워'도 지역 입구마다 자리 잡고 있다. 우리의 성황당과 비슷하다. 돌무더기를 쌓으면서 소원도 빌고 마을의 무병장수를 기원하는 곳. 펄럭이는 붉은색 띠는 꺼지지 않는 불의 열정을, 노란색 띠는 신앙을 상징한다. 국적과 무관하게 돌무더기를 돌며 나름의 소원을 빈다. 무언가 이루려는 간절한 욕구는 지구촌 어디서나 같은가 보다.

대단했던 몽골 제국은 분열과 쇠락을 거듭하다 결국 17세기 중반부터 20세기 초반까지 약 3백 년간 만주족이 세운 청나라의 지배를 받는다. 청나라가 1911년 신해혁명으로 붕괴되자 입헌군주제 국가로 잠시 독립했으나 1919년 중화민국에 의해 독립을 빼앗긴다. 이후 1921년 소비에트의 지원을 받아 사회주의 혁명에 성공, 3년 후 몽골 인민공화국을 수립한다. 그러나 소련의 지배 속에 전전긍긍했던 몽골은 1991년 소련이 해체되면서 민주공화국으로 거듭난다. 1992년 신헌법하에서 현재 국가원수인 대통령은 임기 6년 단임이며 전 국민의 투표로 선출된다. 삼권 분립과 민주주의 시장경제 체제를 도입 후 발빠른 변신을 꾀하고 있다.

2024년 말 현재 몽골 인구는 348만여 명, 1인당 명목 GDP는 6,666달러로 세계 101위 수준(한국은 3만6,132달러에 29위)이라 아직 갈 길이 멀고 험난해 보인다. 그러나 800여 년 전 칭기즈 칸이 만든 기적 같은 역사는 아직도 이 나라 국민들의 자부심으로 굳게 자리 잡고 있다. 어떤 역경과 고난도 이겨낼 수 있다는 자신감을 심어주리라.

한국의 15배(156만km^2)인 큰 땅덩어리에 인구밀도는 세계에서 가장 낮은(1km^2당 2명) 이 나라가 과연 그 드넓은 초원과 사막을 어떻게 변신시켜 옛 명성을 되찾을지 자못 기대된다.

[30]

헬싱키 – 핀란드

▷▶ 백야와 극야의 나라, 시벨리우스의 영혼이 숨 쉬는 곳

⋯▶ 헬싱키 성당

"아, 핀란드여 보라. 이제 밤의 위협은 저 멀리 물러났다. 찬란한 아침에 종 달새는 다시 영광의 노래를 부르고 천국의 대기가 충만하였다. 어둠의 힘 은 사라지고 아침 햇살은 지금 승리하였으니 너의 날이 다가왔다. 오 조국 이여."

북극의 나라, 핀란드의 국가(國歌)인 양 사랑받는 교향시, 〈핀란디아 (Finlandia, op.26)〉의 외침이다. 조국이 다른 외지 이방인도 이 장중하고 기백 넘치는 음악을 접하면 가슴이 뛴다. 새삼 제 모국에의 충성을 다짐하며 자세를 바로잡게 하는 마력이 있다. 또 잠시 음악의 힘에 대해 생각하게 만든다. 오선지에 담긴 음악이 어떻게 생명체인 양 발현해 인간의 영혼에 뜨겁게 불을 지필 수 있는가 말이다. 각종 실험은 그 가능성을 말해준다. 음악에 취해 함께 들으면 인간 신체 내에서 옥시토신이 분비돼 상호 공감력, 사랑과 헌신, 신뢰감, 연민을 증진시켜 집단을 결속시키는 힘이 있다니 말이다. 얼마나 오묘하고 신비한가!

　한동안 강대국들의 압제와 고통, 슬픔 속에 시달려야 했던 약소국 핀란드의 국민들은 영원불멸의 저 음악으로 굳게 뭉친 후 이제 세계인들이 부러워하는 복지 국가로 거듭나고 있다.

　이 음악을 만든 사람은 핀란드를 대표하는 민족주의 작곡가 장 시벨리우스(Jean Sibelius, 1865~1957)다. 북유럽 강대국 사이에 위치한 지리적 여건 때문에 오랜 기간 스웨덴, 러시아의 지배를 받아온 핀란드 국민들은 그를 '민족 해방의 아버지'로 추앙한다. 숨어서 몰래 연주했던 선율들이 한 국가와 민족의 운명을 달리 할 수 있었다는 사실에 전율하면서.

　핀란드 국민들이 "국가보다 더 사랑한다"는 '위대한 열사(烈士) 음악'의 작곡가를 만나러 수도 헬싱키 북쪽에 마련된 '시벨리우스 공원'에 가는 것은 의무요, 기쁨이다.
　아름다운 자연에 둘러싸인 그의 은빛 청동 조각상은 귀를 크게 연

→ 시벨리우스 얼굴

채 입은 굳게 다물고 있다. 무표정한 얼굴은 과묵하고 내성적이나 그 이면은 치열한 애국심과 정의감으로 채워졌던 생전의 시벨리우스를 과감하게 표현하고 있다. 1957년 당시 92세의 고령으로 세상을 하직한 그를 핀란드 정부는 국민장으로 예우해 떠나보냈다. 이후 국민들의 열망 속에 그의 존재를 추모하기 위해 사망 10주기를 계기로 헌정된 공원이다.

'핀란디아'는 1899년, 지배 세력인 러시아 제국의 검열을 피하고 독립을 꿈꾸는 기틀을 마련하기 위해 몰래 작곡됐다. 심지어 '핀란드에 봄이 찾아왔을 때의 행복'이란 가짜 제목으로 프랑스 파리에서 초연됐다. 핀란드인이라면 이 음악을 듣기만 해도 러시아로부터의 독립을 간절히 소망하는 염원과 분노를 느끼니 지배층의 검열과 제지를 피하기 위해서였다. 이 연주는 당시 핀란드에서는 당연히 금지됐다. 핀란드는 1809년부터 90년간 러시아의 강압적 지배를 받아온 터였다. 이미 그 이전 수백 년간은 스웨덴의 지배 아래 있었다.

지친 핀란드인들은 독립을 꿈꾸며 분노하고 저항했다. 그들의 가슴에 뜨거운 불을 지핀 것이 바로 〈핀란디아〉인 것이다. 교향시, 〈핀란디아〉는 핀란드를 라틴어, 유럽식으로 변형한 표현으로 '핀란드를 위한', '핀란드를 표현한' 등으로 이해하면 된다.

즉 '핀란드를 찬미하는 곡'이 적합한 해석이다. 교향시는 단어 그대로 '시 같은 음악'이다. 주로 하나의 주제나 이야기 및 정서를 오케스트라를 통해 표현하는 방식이다. 민족정신이나 자연, 신화나 음악 등 어떤 이미지나 서사를 음악으로 묘사한 것이다. 그 덕분에 청중은 마치 이야기를 듣는 것처럼 음악을 감상할 수 있다. 이 글 맨 위에 담은 〈핀란디아〉의 시적(詩的) 표현은 이 음악에 감동한 핀란드 시인들이 1930년대 이후 가사를 붙인 것. 청중들로 하여금 더 진한 감정을 느끼고 때로는 합창으로 부르도록 한 것이다. 대표적인 핀란드어 가사는 베이코 안테로 코스켄니에미가 1941년에 쓴 버전이다.

'핀란드의 정신을 음악으로 그린 초상화', 또는 '말 없는 애국시'라 불리는 교향시 〈핀란디아〉는 고난과 저항의 민족정신을 격렬하고 장중하게 표현하기 시작한다. 고통의 세월을 말하려는 듯 비탄에 잠긴 탄식조의 선율이 선보여지다 차츰 음악이 고조된다. 이어 평화롭고 경건한 선율이 흐르고 결사항쟁의 투지와 애국심을 부르는 듯 강렬한 관현악이 끝마무리하는 구조이다. 나중 일부분이 합창으로도 불려 애국심을 더욱 고조시키게 됐다. 외세로부터 벗어나려는 핀란드인의 민족운동은 이 음악과 결합, 저항의 사기가 충천하게 됐다.

〈핀란디아〉는 현재 제2의 국가(國歌)인 양 국민들의 사랑을 받고 있다. 또 '장중하고 아름답다'는 평가로 전 세계 음악인들이 즐겨 듣는 음악이 됐다. 핀란드라는 국가의 정체성과 동일시되는 반열에 올라있다. 시벨리우스의 사망 10주기를 기념하기 위해 조성된 시벨리우스 공원은 숲이 고즈넉하고 아름답다. 그 한켠이 바다와 맞닿아 산책하기도 좋다. 무엇보다 은빛 찬란한 6백여 개의 강철파이프로 이루어진 24톤 무게의 파이프오르간이 설치돼 있어 멋을 더한다. 금방이라도 시벨리우스가 튀어나와 그가 작곡한 모든 음악을 들려줄 듯한 분위기를 연출한다.

⋯▶ 시벨리우스 기념물 파이프

　헬싱키 음악원에서 작곡과 바이올린 교수를 역임한 시벨리우스는 조국에 대한 애정을 담은 곡들을 작곡했다. 대표곡으로는 교향곡 1~7번, 바이올린 협주곡 D단조 op.47, 교향시 〈전설〉, 〈타피올라〉 등을 만들어 국가와 민중에 대한 강한 흠모와 애정을 드러냈다.

　그가 1930년 이후 생을 마감하기까지 20여 년 동안 작곡하지 않고 절필한 데에 대한 음악계의 설은 분분하다. 80세가 다 될 무렵인 1943년에 그는 주위 사람들에게 "죽기 전에 아주 좋은 작품을 만들고 싶다. 그런데 참혹한 전쟁의 비인간성에 지쳐 나는 불면에 시달리며 작품도 쓸 수 없다"고 한탄한 적이 있다. 당시 평론가들은 "국민적 영웅으로 추앙받는 그가 한층 성숙한 작품을 내놓아야 하는 데 심한 부담을 느꼈을 것"이라 입을 모은다.

'호수와 섬의 나라', 핀란드는 북극권의 나라 중 한 곳. 지도상 가장 북쪽, 북위 60~70도에 위치한 '겨울의 나라'다. 북위 66도 33분선 지역부터 북극점까지가 북극 지방이다. 겨울은 영하 30도, 여름엔 10도로 늘 선선하거나 춥다. 북극권은 여름에 해가 지지 않는 백야와 겨울에 해가 뜨지 않는 극야 현상이 일어나기도 한다.

이 나라는 빙하가 녹아 조성된 16만8천 개의 호수가 있고 섬도 18만 개나 있다니 상상을 불허한다. 흰 바탕에 청색 십자가가 그려져 있는 핀란드의 국기가 이 나라의 특징을 말해주고 있다. 흰색은 눈 덮인 국토를, 파란색은 호수를 상징한다.

인구의 92%가 핀족, 나머지 8%는 유럽인과 아시아인들이 차지한다. 핀족은 우랄 산맥 근처에 살던 아시아계로 분류된다. 어족(語族) 분류도 한국어가 포함된 우랄알타이어족에 속한다니 생김은 많이 달라도 친근감이 전해져 온다. B.C. 1500년 전 현재의 지역에 처음 핀족이 정착한 것으로 기록돼 있다.

핀란드라는 이름의 국가가 역사에 등장한 것은 12~13세기. 교황청의 지시로 발트 해 지역의 왕국과 공국들이 십자군을 조직, 이교도인 핀족을 교화시키기 위해 원정하면서부터다.

최종적으로 핀란드를 점령한 나라는 스웨덴 왕국. 이 나라는 1249년에 핀란드를 공격, 남부 해안을 식민지화하는 데 성공했다. 핀란드는 그렇게 수백 년간 스웨덴의 지배 아래 있게 된다. 그러다 러시아가 스웨덴과의 전쟁에서 승리, 1809년부터 90년간 러시아의 강압적 지배를 받게 된다. 핀란드는 1917년 러시아 혁명 후 독립을 선언한다. 1918년부터는 공화제를 실시해 통일된 독립 국가의 길을 걷기도 한다. 20년 동안 평화를 누렸으나 2차 세계대전이 발발하자 소련이 핀란드를 침공하는 제1차 소련·핀란드 전쟁이 일어나 영토를 잃고 수많은 사상자도 발생한다. 일명 '겨울 전쟁'을 치르고 난 뒤 이웃 발트 3국은 1940년 소련에 흡수됐지만 핀란드는 치밀한 외교전으로 국가를 지켜냈다. 그런 덕분인지 친서구적 국민감정이 강하다는 평을 듣는다. 서쪽으로 스웨덴, 동쪽은 러시아, 북쪽 노르웨이, 남쪽은 에스토니아와 국경을 이룬다. 남쪽으로 핀란드 만을 사이에 두고 발트 해에 면하고 있다.

이렇게 과거의 핀란드는 중세부터 근세에 이르기까지 끊임없이 외침에 시달리던 약소국.

면적은 33만8천km^2로 남한의 3.3배가 넘지만 인구는 553만 명에 불과하다. 국토 전체의 30% 이상이 북극권에 속한 데다 전 국토의 72%가 침엽수림이라 임업이 국가 경제의 밑받침이라고 한다. 2024년 현재 1인당 국민소득은 약 5만 달러 수준. 평생 무상교육에 노후연금, 의료혜택과 실업수당이 탄탄해 세계 수준의 복지 국가로 손꼽히고 있을 정도다. 한국과는 1973년 국교를 수립한 이후 나날이 상호 협력 관계를 넓혀가고 있다. 현재 6백여 명의 한국인이 거주하고 있다.

한국에서 핀란드와의 거리는 7,114km. 수도 헬싱키로의 비행시간은 13시간 50분, 시차는 한국이 6시간 빠르다. 옆 나라 스웨덴 스톡홀름에서 배로 출발할 경우 17시간 정도 걸린다.

도시 전체가 '디자인 박물관'으로 불릴 정도로 다양한 모습을 갖추고 있는 수도 헬싱키는 상하로 길쭉하게 놓인 핀란드의 남단에 위치해 있다.

우선 헬싱키의 볼거리로 손꼽히는 곳 중 하나는 '핀란드인의 요새'를 뜻하는 수오멘린나(Suomenlinna). 격동과 고통의 세월 속, 헬싱키를 지키는 수도방위 전진 기지 역할을 해온 군사 건축물로 유네스코 세계문화유산으로 지정돼 있다. 19세기 러시아 지배 시절 전쟁 속에서 헬싱키를 사수하기 위해 지어졌으나 지금은 시민들의 아름다운 쉼터로 자리 잡았으니 세상만사, 참 예측 불가한 일의 연속이다.

4개의 섬으로 이루어진 요새에는 별 모양으로 지어진 방위 벽과 여러 문의 대포를 포함한 군사 박물관과 장난감 박물관, 2차 세계대전 중에 쓰인 잠수함, 러시아 정교회 양식의 교회 등이 이 요새의 파란만장한 역사를 말해준다. 마켓 광장 뒤편 선착장에서 시내 교통권을 이용, 페리를 타고 15분 만에 이동 가능하다.

헬싱키 시내의 랜드마크라 할 수 있는 헬싱키 대성당은 푸른 하늘 아래 여러 개의 흰색 돔이 잘 어울려 신성한 아름다움이 돋보인다. 1852년 러시아 정교회의 대성당으로 지어졌으나 독립 이후 루터교 교회의 대성당으로 바뀌었다. 중앙의 큰 돔과 양 귀퉁이의 4개 돔이 우아하다. 기둥 위 예수상과 12사도상이 눈길을 끈다. 각종 내형 그림과 루터 동상 등이 볼거리. 칠흑같이 어두운 밤에 하얗게 빛나는 성당의 모습은 고결한 기품을 선사한다.

독일인 카를 엥겔이 설계한 이 성당은 당시 러시아 수도였던 상트페테르부르크에 있는 성당을 모델로 삼은 것. 1830년 착공해 22년 만에 완성. 엥겔은 헬싱키 대성당 앞 원로원 광장과 주변 건물도 설계했다. 광장 주변에는 현재 정부청사와 헬싱키 국립 도서관, 헬싱키 대학 등이 위치해 있다. 이 광장은 핀란드 주요 국가행사나 축제를 개최하는 상징적 장소 역할을 하고 있다. 광장의 동상은 의외로 러시아 황제 알렉산드르 2세로 '해방 황제'라 불리는 개혁군주다. 사회 전반에 걸친 다양한 자유주의적 개혁 시도가 러시아 지배하의 핀란드에도 선한 영향을 준 인물이기도 하다.

그는 핀란드가 입헌군주국 형태로 의회를 소집, 자국의 문제를 스스로 결정하게 했다. 언론의 자유도 일부 보장하고 군대를 유지할 수 있게 한다. 속국에 많은 자치권을 부여한 탓에 1881년 러시아 급진 혁명조직원들의 폭탄 테러로 숨졌다. 핀란드 의회는 자발적으로 원로원 광장에 그의 동상을 세웠고 독립 이후도 계속 러시아 황제였던 그의 모습을 지켜보고 있다.

헬싱키 대성당에서 다리 하나만 건너면 우스펜스키 대성당을 만난다. 1868년 러시아 건축가가 지은 북유럽 최대의 러시아 정교회 대성당으로 성모의 영면을 기린다. 화려한 성당 내부의 아름다움을 감상하고 근처 항구를 돌아보며 산책하는 코스도 추천할 만하다.

헬싱키 중심에서 북쪽으로 향하면 암석으로 이루어진 거대한 돔 형태의 교회가 시선을 끈다. '템펠리아우키오' 교회로 대형 암반을 깎아 만든 것. 사방이 바위와 돌로 이루어진 실내는 130여 개의 천장 유리창을 통해 자연광이 비추어 독특한 멋을 선보인다. 이곳은 뛰어난 음향을 뽐내는 파이프 오르간이 있어 콘서트장으로 각광받고 있다.

⟶ 북유럽 최대의 러시아 정교회 대성당인 우스펜스키 성당 모습

　국토의 70% 이상이 숲인 핀란드의 목재들을 활용한 가구나 장식품이 우리나라에도 널리 알려져 있다. 핀란드의 세계적인 건축가, 알바 알토(Alvar Aalto, 1898~1976) 작품들이 대표적이다. 원목 테이블이나 단아한 나무 의자(일명 스툴 60), 유리공예, 조명 등의 디자인으로도 명성을 얻은 그는 핀란드 화폐에도 등장할 정도로 국민들의 사랑을 받아왔다.

　헬싱키 공대 졸업 후 유럽 전역과 미국으로 진출, 자유로운 곡선이 돋보이는 나무를 주 소재로 해 친자연적 명품을 만들어 냈다는 평가를 받고 있다. 핀란드 학술원 원장을 지낸 인물로 그가 살았던 헬싱키 근교 30분 거리의 생가는 관광지로 보존돼 있다. 핀란드에는 국가가 지정한 디자인 지역(DISTRICT)이 있을 정도로 디자인에 관심이 아주 높다. 핀란드 국립 미술관이 러시아로부터의 독립 100주년을 기념하는 전시회로 알바 알토전을 기획했을 정도다.

헬싱키 중앙역 뒤쪽에는 알토가 설계한 핀란디아홀이 있다. 교향시 〈핀란디아〉에서 따서 붙인 이름으로 중요한 국제회의가 열리는 컨벤션 센터다. 역시 백색 건물과 눈이 부시도록 푸른 하늘이 어우러져 절로 핀란드를 떠올리게 만든다.

헬싱키를 언급하면서 빼놓을 수 없는 인물이 있다. 세계적인 명성을 누리고 있는 캐릭터 '무민(Moomin)'을 탄생시킨 국보급 예술가, 토베 얀손(Tove Jansson, 1914~2001)이다. 그에 의해 탄생한 소설과 그림책, 애니메이션 영화 등의 주인공이 바로 '무민'이다. 20세기 중반부터 현재까지 전 세계적으로 사랑받는 캐릭터로 스토리텔링과 디자인의 대표사례로 꼽힌다. '무민'은 북유럽 신화 속에 나오는 트롤 종족의 캐릭터. 강력한 힘과 회복력, 내구성을 지닌 괴물이자 자연의 정령이며 마법적 존재로 그려졌다. 1945년 소설《무민 가족과 대홍수》로 처음 등장했다. 초기의 기괴한 모습에서 현재의 하마와 비슷한 모습으로 바뀌었다. 이 소설은 49개 언어로 번역됐고 104편의 애니메이션, 각 나라 테마파크 등의 다양한 미디어로 확산돼 모르는 사람이 없을 정도다. 1990년 방송된 104편의 '무민' 애니메이션은 60개가 넘는 국가에서 방영됐을 정도다. 이외에도 TV, 뮤지컬, 발레 등으로도 소개됐다. 한국에서도 여러 차례 '무민'이 담긴 그림책들이 발간돼 청소년들과 중년층에게도 이미 익숙하다.

크리스마스가 다가오는 한겨울, 핀란드 하면 번뜩 떠오르는 곳이 산타클로스의 고향으로 알려진 핀란드 로바니에미 마을이다. 북위 66도 18분에 자리한 인구 6백 명 정도의 핀란드 북부 라피 주의 주도

(州都)다. 도심에서 북쪽으로 8㎞ 떨어진 곳에 자리하고 있다. 세계 어린이들은 착한 아이가 돼 '산타의 나라'로부터 크리스마스이브에 선물 받기를 고대한다. 스웨덴, 핀란드, 캐나다 등 북극권에 땅을 가진 나라들은 눈과 얼음 이미지에다 상업적인 목적까지 가세해 자국에서 산타클로스가 유래됐다고 주장하는 '산타클로스 원조 시비'가 심심치 않게 일고 있다. 산타는 어린이들의 수호성인인 성 니콜라스의 별칭이다.

핀란드는 또 사우나(Sauna)라는 단어 자체가 만들어진 '사우나 원조' 나라다. 이미 2천 년 전 칼렌루야 지방에서 장작불로 달군 뜨거운 돌에 물을 뿌려 증기를 만드는 방식으로 시작됐다. 연중 겨울이 절반 이상인 핀란드에서는 겨울의 일조량이 하루 1~4시간 정도, 따끈하게 땀을 빼는 사우나는 먹는 것만큼 중요한 생존수단이 됐다. 이 나라에는 두 사람당 1개꼴의 사우나가 있다. 호숫가에 자리한 야외용 사우나에 한번 들려 눈 감고 땀 빼면서 만사 잊고 진득하고 느긋하게 북극의 정취를 즐기고 싶다. 다양한 경험은 때론 눅눅한 삶의 활력소다.

나가며

여행의 최종 목적지

그간 참 많이도 쏘다녔다. 국내에서 해외여행이 자유화되기 이전부터 해외 유학생으로, 떠돌이 여행 애호가로, 때로는 취재차 특파원으로, 신분을 위장해 사업가인 양 한때는 여행 금지구역도 헤집고 다녔다.

이제 돌이켜보면 지구촌을 떠돈 그 시절들은 그 무엇보다 소중한 내 정신적 자산이다. 그 기회들이 쓸데없는데 한눈 덜 팔고 소중한 삶의 진수를 깨달으며 나름 내 생김과 목적대로 살게 해준 것에 감사하게 된다. 여행의 경험들이 내 전 인생을 지배한다 해도 무리가 아니다. 여행에서의 내 경험과 그 설렘, 기쁨, 나름의 깨달음이 없었다면 묵직하게 나이 든 지금, 내 기억 속에는 무엇이 자리할까 생각만 해도 삭막하다.

무엇보다 고마운 것은 나 자신, 창조주로부터 주어진 자연 속 생명의 한 가닥임을 자각하며 간간이 바람에 나부끼는 한 그루 나무인 양 여기며 살았다는 점이다.

그 어느 계절보다 녹음과 꽃이 우거진 한여름, 주어진 생명을 진지하게 즐기는 듯한 숲속에 놓이면 자연이 인간마저 얼싸안고 아름다운 화합의 하모니를 합창하는 모습과 소리를 여실히 보고 듣고 느끼게 된다. 별천지가 따로 없다. 살아있음이 마냥 감사해진다.

단지 문장을 위한 억지 표현이 아니다. 생명의 총집합체인 자연의 빛과 파동이 전해지면 실제로 그 안에 있는 인간 군상도 그렇게 반응하고 교감할 수 있다는 자각도 생긴다.

우주를 주관하는 미지의 존재, 그 존재를 늘 의식하고 그의 역사에 순응하고 동참하는 미물로서도 벅차고 감사하다는 생각 말이다. 그래서 인간은 조물주가 나눠준 유전자를 지녀 그 형상을 닮은 자연이며 동물인가 보다.

"여행의 최종 목적지는 장소가 아니요, 사물을 바라보는 새로운 시야를 갖는 것이다"라는 미국의 소설가 헨리 밀러(Henry Miller, 1891~1980)의 주장도 나와 같은 경험에서 나온 고백일 것으로 믿는다.

"다시 태어난다면 어떻게 살고 싶어?"
이 세상에 태어나서 가장 오래 함께한 그가 어느 날 내게 느닷없이 물었다. 잠시 당황했지만 5초 후쯤 대답했다. 당황의 첫 번째 이유는 살면서 여태 한 번도 그런 생각을 해본 적이 없었던 거다.

"다시 태어나도 지금처럼 살 거요!"
대답하고 나도 놀랐다. 대답하기 전 순간 망설였다. 두 번째 당황한 이유는 다른 대안이 떠오르질 않았다는 것이다. 이런 경우는 곧 어떤 것을 상상하며 그걸 소망하고 부러워한 적이 없다는 것을 의미하니 세 번째 놀라게 된다.

그로부터 며칠이 지난 후도 내 답이 같음을 스스로 확인하고 감사하다는 생각이 들었다. 내 삶의 여정에 별 후회가 없었고 살면서 어떠어떠한 삶이 부러웠던 적이 없었으니까 말이다.

혹자는 갸웃할 것이다. "내가 당신의 삶을 잘 아는데 다른 대안에 대한 욕심이 없다니? 진심이요?" 하면서 말이다. 그건 또 다른 개체, 그 사람의 생각일 뿐이다. 그러면서 내 삶이 그만하면 꽤 흥미진진했고 견뎌내기 힘들 정도의 모진 풍파가 없었고 지금 현재 별 부러움 없이 자유로운 시간을 보낼 수 있는 상황에 놓여있으니까. 이건 자위용 최면이 아니다.

왜 그럴까를 자문해 본다. 여행을 통해 접해본 삼라만상이 내게 불현듯 깨우쳐준 선물인 것이다. 행운이다. 그런 깨달음의 기회를 통해 허황된 욕심 없이 작은 것에 자족하는 마음을 가지게 된 덕분이라는 생각에 이른다. 이제 습관처럼 굳어진 그런 자세는 국내외 다양한 장소에서 숱한 종류의 사람들을 만나며 축지법(?)으로 살아온 언론인과 유학생으로서의 긴 세월 속 오랜 여행 경험이 내게 던져준 선물이라고 여긴다.

그러면서 "여행은 타지의 먼 곳으로 데려가지만 동시에 자신의 내면으로 데려가 자기 자신을 발견하게 한다"는 여러 여행자들의 얘기를 실감 나게 한다.

연작 소설 《잃어버린 시간을 찾아서》의 저자, 마르셀 프루스트

(Marcel Proust, 1871~1922) 역시 "진정한 여행은 새로운 풍경을 바라보는 것이 아니라 새로운 눈을 확보하는 데 있다"는데 적극 동감하는 바이다. 그래 맞다. 아주 오래전 시작된 여행의 한 시점은 내게 완전히 다른 사고와 인생관을 심어준 출발점과 전환점이 되었으니까.

'잘 나가던' 일간지 새내기 기자 5년 차 시절, 누구나 전화 한 통이면 만날 수 있고 내 기사 한 줄이 여론과 정책을 좌우할 수 있다고 착각하며 살던 시절의 얘기다. 온 세상을 가진 듯 기고만장했던 그 시절, 그럴듯한 외제 학위를 따고 능통한 외국어 구사자가 돼서 한국에 돌아오면 어느 자리라도 박차고 오를 수 있으리라는 욕구가 충만했던 시절이 있었다. '제대로 공부해 실력을 갖춰 새로운 눈을 갖자. 멀리 제대로 보고 앞서 나가자. 그럼 뭐든 해낼 수 있다'는 생각이 그 욕구의 디딤돌이 됐다.

지금부터 45년 전, 해외여행이 자유화되기 전 일이다. 영상 50도에 가까운 한여름의 모하비 사막 한가운데서 얼치기 초보 운전자가 몰던 자동차가 고장 나서 고사 직전까지 몰린 위협에서 구사일생의 구조로 살아난 다음의 일이다.

북미 대륙 구석구석을 자동차로 운전해 두 달 동안 섭렵하면서 접한 파노라마처럼 펼쳐진 대자연과 다양한 모습의 인간류들은 내게 충격이며 내 인생관을 송두리째 바꾸어 놓았다.

조물주의 위대한 예술혼이 만든 대자연의 오묘한 신비에 감복한 내게 그전에는 별 느낌이 없던 자연은 생명을 이어가게 하는 생명수와 같은 존재가 됐다.

세속적 잣대에 의한 성공은 육신의 먹거리 마련에 필요한 최소한의 궁여지책 정도로 여겨졌다. 가장 성공적인 삶은 주어진 생명을 기뻐하고 그 생명을 만든 조물주에 감사하고 찬양하는 삶으로 바뀌었다.

자연의 한 자락인 인간들은 그런 감사함을 본능적으로 어떻게 표현해 왔던가? 그 표현 방식인 예술, 즉 문학과 음악, 미술, 건축들은 어떤 절묘한 방식으로 그 대상을 찬양하며 그 감사함을 표현해 왔나 찾아다니는 일은 최고의 즐거움이 됐다. 그래서 지구촌 곳곳의 역사와 유물, 문화재 등을 살피는 일은 단순히 공부 대상이 아니라 흥미진진한 연애 대상이다. 여행은 또 다른 설렘과 호기심 속에 또 다른 여행을 부추긴다. 스스로 기회를 만들어 주는 감탄의 기쁨은 세상사 자질구레한 걱정거리와 불만, 시기심을 상쇄하는 힘이 있다. 그렇게 욕심 없이 부지런한 생활인으로 살면서 갖가지 여행 기회를 부여했던 나 자신이 기특하고 고맙다.

여행은 그런 나날이 점진적으로 확대되는 삶을 내게 선사한다. 큰 나무에서 작은 한 가지를 잘라 물병에 꽂으면 그 생명이 맞닿은 한 그 물병의 물은 1년이 지나도 썩지 않는다. 거기서 교훈을 건진다. 여행을 통해 내 몸 한구석에 그런 한 방울의 생기를 불어넣으면 내 영육이 또 다른 생기로 되살아난다는 것을. 그게 바로 인간을 품은 자연이다. 산천초목은 거대한 생명들의 집합체. 그 생명들이 쏟아내는 기운 속에서 어찌 작은 한 인간이 달라지지 않을 수 있으랴. 말없이 그런 긍정적이고 감사하는 마음이 선순환하도록 만드는 마음 근육과 습관을 키워주니 말이다.

그동안 가본 여행지 중에서 온 가족이 함께 가서 여행의 의미와 즐거움, 보람을 만끽할 장소들을 골라 이 책에서 소개했다. 독자들이 그 장소들과 거기서 만난 사람들을, 동(同)시대에 지구촌에서 함께할 수 있음에 감사하는 마음이 들었으면 좋겠다.

고혜련의
지구촌 인문산책
Best 30

초판 1쇄 발행 2025년 12월 25일

지은이 고혜련
편집 박하은 | **디자인** 박은준 | **마케팅** 이재영

펴낸곳 (주)제이커뮤니케이션
주소 서울시 서초구 논현로 83(삼호물산빌딩), A동 1215호
등록 2012년 03월 22일 제2020-000261호
전화 02-589-0050   **팩스** 070-4111-0095
이메일 jcommunication@naver.com

값 22,000원
ISBN 979-11-984805-2-1 03800

* 이 책은 저작권법에 따라 보호를 받는 저작물이므로 무단전재 및 복제를 금지하며,
  이 책 내용의 전부 및 일부를 이용하려면 반드시 저작권자와 (주)제이커뮤니케이션의
  서면동의를 받아야 합니다.
* 잘못된 책은 구입하신 서점에서 바꾸어 드립니다.